# 母性是本能？

最新科學角度解密媽媽基因

# Mom Genes

Inside the New Science of Our Ancient Maternal Instinct

Abigail Tucker

艾比蓋爾・塔克——著

譯——黃于薇

於是大家都跪了下來，張開雙臂喊著：「溫蒂小姐，請妳當我們的媽媽吧！」

「我嗎？」溫蒂驚喜地說，「當你們的媽媽當然很好，但是，我還是個小女孩，我沒有當媽媽的經驗呀。」

「沒關係，」彼得說……雖然他其實是最不懂的那個人，「我們需要的，只是一個像媽媽那樣溫柔的人。」

「哎呀！」溫蒂說，「我想，我就是那樣的人。」

——詹姆斯．馬修．巴里（J. M. Barrie）

出自《彼得潘》（*Peter Pan*）

一九一一年出版

# 目錄

一序言一

# 老鼠和媽咪

「感覺就像我長了一顆新的心臟。」

這句話，是我的死黨艾蜜莉在她女兒出生那天對我說的。當時我聽到這番新手媽媽的傻氣發言，還翻了個白眼。但十年過後，我自己也成了三個孩子的媽；當我在紐約市西奈山醫院（Mount Sinai Hospital）搭乘滿載的電梯，前往心臟病學專家探究母體心臟奧祕的研究室時，腦海中忽然浮現艾蜜莉這番話。

每年都有數千位孕婦和產婦因為發生危及性命的心臟衰竭，而被送進急診室，症狀包括頸靜脈怒張和呼吸困難等。她們的心臟幾乎無法正常輸送血液，這種病症稱為「周產期心肌病變」，目前成因不明；但像這樣的重大疾病若發生在一般人身上，最後往往需要立即進行心臟移植，或是就此畫下人生句點。

不過，命運之神對這些初為人母的患者另有一番安排。約有百分之五十的媽媽會自行好轉，是這類疾病當中治癒率最高的族群。有些媽媽甚至在短短一兩週之內，心臟功能就恢復到像新的一樣。成人的心臟組織很難自行修復，但不知為何，新手媽媽們能像蠑螈長出新尾巴那樣再生心臟細胞。

在西奈山醫院的這間研究室，有位名叫希娜．喬德里（Hina Chaudhry）的心臟病學專家自認已經找到原因。她和研究團隊對懷孕的小鼠進行手術，模擬心臟病造成的傷害，之後再切除牠們的小心臟做解剖，結果就如他們所預料：母鼠心臟細胞中的DNA和母鼠本身並不相符。

這些神祕細胞來自尚未出世的小鼠。在孕期當中，小鼠寶寶的細胞會透過胎盤進入母鼠體內，在媽媽的血管中到處亂晃；當心臟出現損傷時，這些細胞偵測到發炎反應，就直奔母鼠受損的心臟。這情況有點像我在削晚餐要用的帕馬森乳酪絲時削到自己的手，二女兒衝過來拿OK繃給我。

「這些細胞會全部聚集過來，」喬德里表示，「就像追熱式飛彈那樣衝回心臟。」胎兒的幹細胞在母體胸腔內增殖，轉變為血管；這些管狀組織甚至更像是心臟學界的聖杯，因為健全的心肌細胞是心臟病學專家數十年來努力想在研究室裡再造的東西。母體傷殘的心臟，很有可能是藉由這個全新的組織復原。

**感覺就像我長了一顆新的心臟**。

喬德里在旁邊的電腦螢幕上叫出一段放大很多倍的影片，畫面中是游離的小鼠胎兒細胞，被放在培養皿裡頭。因為加了綠色螢光蛋白，它們看起來很像一盤放在灰色肉汁裡的新鮮豌豆。

她按下播放鍵，這些豌豆開始出現脈動、顫抖，彷彿發出**剛貢**、**剛貢**的聲音，就像電影《熱舞 17》（*Dirty Dancing*）裡的派屈克．史威茲。我瞇起眼睛看著，開口問道，到底為什麼胎兒的細胞要這樣跳來跳去？

喬德里露出微笑：「它們在跳動。」

ЖЖЖ

不光是心臟而已。母親的身體就像她家的客廳，散落著小孩的廢棄物和殘餘物。科學家在各種不可思議的地方找到胎兒細胞，就像我發現電視機後面塞著某人的護脛，或是在洗衣籃裡撿到小王冠。孩子進駐我們的肺臟、脾臟、腎臟、甲狀腺和皮膚，他們的細胞深入我們的骨髓和乳房。

這一待，往往就是永遠。科學家在解剖年老婦女的遺體時，發現裡面還留有淘氣的胎兒細胞，但她們最小的孩子都已經是中年人了。代理孕母在分娩許久之後，體內都還散落著陌生人後代的基因。

這種現象稱為「母胎微嵌合」（fetal microchimerism）；「微」是因為這種胎兒

細胞通常非常微量，在孕婦體內，每立方公釐的血液中只有些許胎兒細胞，在產後婦女體內的含量更少。

「嵌合」（chimera）一詞原本是指希臘神話中的怪物「奇美拉」，是融合各種常見動物特徵、衍生出全新面貌的生物。

我盯著電腦螢幕，上面顯示著這種古希臘怪物的青銅雕像。牠有著羊腿、獅心、龍翼和三顆頭，其中一顆頭還會噴火吐息。

**這才不是怪物**，我心想。**我幾乎每天早上看起來都這麼恐怖，這就是人母**。

⨳ ⨳ ⨳

雖然母胎微嵌合早就出現在演化史上，也常見於從貓到牛的各種哺乳動物媽媽身上，但現代的研究人員才剛開始了解這個現象。所以，對於地球上人數約莫二十億左右的人類媽媽，科學界還有許多事情有待研究。但從某方面來說，媽媽的數量遠遠超過這個數字，因為微嵌合也會反過來進行；母親的游離細胞會進入胎兒體內，透過孩子持續存在。我有一位非常要好的朋友在三年前死於癌症，但由於這個現象，她有一小部分的細胞目前正在念小學二年級。

全世界有超過九成的女性成為媽媽，但直到非常近期，仍很少有科學家對我們體內的變化產生半點興趣，尤其是神經科學這類尖端研究領域。要怪的話，就怪科學界當權者一直以來的大男人主義傾向吧。有些思想家認為，這種忽略特定族群的狀況要追溯到達爾文（Charles Darwin），因為他自幼無母，可能受不了思考太多關於我們的事情，可憐哪。一直到二〇一四年，美國國家衛生研究院（National Institutes of Health）才承認在研究上「過度依賴雄性動物和細胞」，指示應涵蓋雌性樣本，在某些情況下也包括媽媽們。

關於媽媽的科學研究，還有另一個長期存在的缺失，那就是這類研究不僅為數甚少，還經常是研究寶寶的幌子；作為人類的原型，寶寶（我們都懂）不僅可愛得多，也比較不會受到文化和性格等煩人的變因妨礙，而且只要有餅乾就願意花時間配合。相較於快速成長中的嬰幼兒，媽媽通常都被認為無趣又容易預測，很難產生什麼讓人熱血沸騰的假說。在自然界中，有時鯨魚寶寶等動物會將海面浮標和其他不會動的大型圓球物體錯認為媽媽，科學家可能也有類似的想法。

現在終於有越來越多學者（其中許多是年輕女性）開始進行研究，像是在寶寶頭上安裝微型攝影機，或是把麥克風縫在寶寶的連身服裡。他們的尖端實驗工具包括媽媽生活中最平凡無奇的東西，例如家庭相簿、早餐麥片和無毒黏土等等。研究人員發現，媽媽本身並不是那麼平凡無奇，反而可能比任何人想像得都更為奇妙且複雜。

這就是喬德里的心臟研究如此引人注目的原因：她提供了無可辯駁的證據，證明只要觀察得夠入微，就會發現媽媽和其他人非常不同。

科學家仍在努力了解微嵌合這種機制背後的原因，以及對於女性的意義。雖然喬德里和研究團隊希望他們的微嵌合研究最終能夠發展出新的心臟療法，為更多病患帶來曙光，目前仍沒有人確定這些胎兒細胞在媽媽體內到底有什麼作用。

但願這些細胞是要幫助我們。「這是演化生物學，」在二〇一二年發表第一篇微嵌合論文的喬德里表示，「胎兒發展出保護母親的機制。」母親是確保胎兒日後存活最關鍵的有機體。胎兒細胞確實好像很認真在做好事，彷彿有個行善額度要趕快用完似的。除了心臟之外，它們還會修復媽媽皮肉上的傷口，比方我剖腹產的傷口，可能就是胎兒細胞幫忙修補的；它們還幫助我們避免罹患各式各樣的重大疾病。荷蘭有一項為期十年的研究，追蹤一百九十位年齡介於五十幾歲到六十幾歲之間的女性，發現體內可以測出胎兒細胞殘留的受試者，在各種死因上的死亡率都比較低。甚至有人認為，這些群聚的幹細胞可以延緩老化，就不需要買一罐上萬的臉霜來保養了。

有個著名案例是這樣的：醫生在一位婦女嚴重受損的肝臟中發現，兒子留在她體內的細胞幫她重建了整片肝葉。（這個案例最特別的地方在於，這位母親並沒有孩子。她的兒子從未出生，卻在流產之後繼續活在她的體內。）

不過，在某些情況下，寶寶的細胞可能會惡作劇。大家如果看過小孩子玩扮演遊戲，就會明白讓他們一直改換造型不是什麼明智之舉。這些貪心的胎兒細胞（雖然細胞實質上沒有意志，但即使是科學家，在講到寶寶的細胞時也常將它們擬人化）可能會和某些癌症聯手，尤其是乳癌，為的是暗中讓媽媽的泌乳量增加到最多。它們可能會侵擾甲狀腺，好讓我們的體溫升高來溫暖它們，進而造成各種代謝失調的毛病。雖然寶寶們有著可愛的娃娃音，但實際上他們可能是把**我們**當成娃娃一樣操控玩弄，甚至有點欺負我們。（有些演化生物學家還認為，我三個小孩的細胞也可能正在我體內互毆；坦白說，就算是真的我也不意外。）

媽媽們只要曾經看過孩子貼心地剪紙製作派對彩屑要幫她慶生、結果一轉身就把彩屑塞到洗碗機裡，都會了解這種甜蜜的背叛；這也就是為什麼我讀到母親腦部含有母胎微嵌合的證據時，忍不住睜大眼睛多看一遍。

過去十年來，我的生活出現許多異樣：突然變得喜歡柔嫩的臉頰、碧藍的眼睛、深深的酒窩和傻氣的笑容，就算想好完美的計畫卻總是漏東忘西，原本的我好像被另一個自己取而代之。躲藏在我腦袋裡的胎兒細胞，是否能為這些異狀帶來解答？

事實上，真正發生在媽媽腦中的事情比這還要更奇怪，這本書的內容也是如此。

第一次思考柔韌的母性本能背後，有什麼樣剛硬的自然科學原理，是我幾年前到亞特蘭大埃默里大學（Emory University）採訪一間知名田鼠研究室時的事情。首席研究員賴瑞．楊（Larry Young）告訴我，草原田鼠（*Microtus ochrogaster*）腦部會產生獨特的化學作用，讓牠們透過哺乳動物一套基本而古老的機制和伴侶結下終身的配偶關係：那就是當雌鼠成為母親時啟動的母性迴路。以人類來說，老媽媽的某些大腦部位也有類似的迴路交錯，這或許能解釋我們為什麼會有想稱呼情人為「寶貝」的詭異渴望。

雖然當時已經懷了第二胎，但我一直認為（也可能是我一直要自己這樣相信），母職是一種可以選擇的生活方式，而不是生物性的困境；那是一張標籤，不是一種狀態；是我許多帽子當中的一頂，可以偶爾戴上，而不是占據我的整個腦袋和接受昂貴教育培養出來的內在。但是楊對於成為母親的形容，彷彿是一場看不見又鮮為人知、會改造女性大腦的細胞級革命。

好吧，好吧——的確，過去幾年內，我在擔任全職雜誌作家的情況下歷經兩次懷孕，一路勉強走來，確實感覺不只是有點不對勁。我的心神似乎有點渙散，思緒經常一下子就被抽離拋棄，就像一張張的嬰兒濕紙巾。

但只要我能多睡一點，一定就會好轉了。我的大腦會恢復靈活，就像我的身體有一天（我天真地盼望）也能重新穿上懷孕前穿的牛仔褲；它們被我收在衣櫃的最底層，伸手可得，卻又如此遙不可及。其實，直到那天以前，我的舊牛仔褲還遠比我的新大腦更讓我煩悶。

這種對表象的關注完全是可以理解的。成為母親之後，外表的變化顯而易見，想不注意都難，即使小孩沒在我身上貼滿海盜貼紙也一樣。我三次懷孕增加的體重總和遠超過四十五公斤，至於減重……總之沒減掉這麼多。（不過，還是有更慘的例子：藍鯨懷孕會增重四萬五千多公斤。）我的肚腹兩側，仍然遍布閃電般的妊娠紋。

孕期當中，我們整個身體都在持續變化。痣的顏色可能會變深，聲音可能會變低八度（就像克莉絲汀・貝爾〔Kristen Bell〕在懷孕期間錄製《冰雪奇緣》（Frozen）時一樣——如此說來，那首折磨無數父母而在家長界惡名昭彰的主題曲，有些地方原本可能還要更高亢刺耳）。此外，鼻子變寬、足弓塌陷、腳趾甲脫落、頭髮變色或變捲，這些都不奇怪，還可能會像吞了炸彈氣旋那樣打嗝。我們的肝臟可能會發生膽汁滲漏，導致身體癢得要命。而且，因為體溫上升以及呼出的二氧化碳增加，我們還會變成蚊子眼中無比可口的目標。

這些全身性的變化可不容小覷。小威廉絲（Serena Williams）因此無法獲得法國網球公開賽的參賽資格，碧昂絲（Beyoncé）也因此放棄參加科切拉音樂節（Coachella），而且這些變化可能會存在很久、很久——或許是一輩子。某篇科學文獻相當刻薄地記載了有如蛋頭先生（Humpty-Dumpty）的典型媽媽體態：腹圍變大，腿圍縮小。我們也發現，老人家說的「生一個孩子、掉一顆牙」似乎真有其事；相較於未曾生育的女性，媽媽們似乎更容易缺牙，不論原因是體內鈣質流失還是沒空按時看牙。媽媽們在上了年紀以後，也比較容易有不良於行的問題。要往好處想的話，那就是曾經哺乳的媽媽中風機率比較低。

不過，比起媽媽內心的變化，這一切混亂都顯得稀鬆平常。

寫在牆上的字如果不去細讀，看起來就只是塗鴉。牙齒掉光的老媽媽們與阿茲海默症的關係也和別人不同；近年有項研究調查了一萬四千多名婦女，發現生過三胎以上的女性罹患失智症的機率比其他族群少百分之十二。

不過，並非所有關於神經方面的消息都是正面的。有許多危險且尚不明朗的心理問題困擾著媽媽們，尤其是在剛成為母親的過渡階段。雖然有五成以上的新手媽媽順利度過「產後情緒障礙」（baby blues），但每五位媽媽就有一人演變成真正的產後憂鬱症，科學家目前還不清楚這些病症的形成機制或原因。不只是生產前後，在往後的歲月裡，媽媽們精神抑鬱的機率也比較高。關於女性為什麼普遍比較容易發生情緒障礙，母親這個身分或許能夠解開這道謎題。舉例來說，女性在產後第一個月罹患躁鬱症的機率，是人生中其他時期的二十三倍。

這些情況都強烈暗示著，我們大腦中發生的事情就和討厭的外貌變化一樣極端。當媽媽的神經細胞吸收到分娩所產生的奇異化學物質，就會讓細胞基因表現受到活化或抑制，導致身體變化、腦部成長。結果就是，腦部在短短幾個月內經歷一番突如其來的翻新改裝，就像 HGTV 居家樂活頻道的住宅改造節目一樣，讓我們對原本習以為常的各種刺激有了不同的解讀，像是陌生人的臉、紅色、緊身T恤上面的氣味——我們以全新的奇異方式去感受這些事物。突然之間，孩子的笑容成了世界的開始與終結，我們原本的欲望機制被全面改造。

所以，成為母親後，最重大的改變不是我們的外表。

而是我們看待事物的方式。

當然，從《超完美嬌妻》（*The Stepford Wives*）到《使女的故事》（*The Handmaid's Tale*），有許多反烏托邦女性小說的題材採用女性被挾持、被入侵、被支配、被改寫程式或是被賦予新身分等概念，這並非偶然。

不過，有許多夜裡，我坐在餐桌旁喝著我的「黑酒」，一邊思考著成為「新女人」這件事情——這個詞是在我抱怨被人說是「老女人」之後，女兒們給我取的稱呼。我想到最後的結論是，這其實挺讓人覺得耳目一新。

自從在醫師診間首度聽到胎心音那彷彿來自外星的敲擊聲，每當我想像孩子們眨動的眼睛，或是在女兒從福來雞速食店的溜滑梯摔下來之後、檢視她的踝骨X光片時，我都會有一種屬於媽媽的暈眩感。**這些人是我在肚子裡造出來的**。這是我想得到最奇怪的念頭了；從某方面來說，想像我把自己生出來好像還正常一點。

從這樣的角度思考母親實際上做的事情，也是挺驚人。事實上，母親身上發生的變化非常奇怪而極端，所以科學家開始用原本專門形容寶寶（也就是我們在科學界的勁敵）的詞彙來想像我們。母親是沉悶無聊和容易預測的相反詞，我們是全新的起點，不是終結的死巷。用心理學家的話來說，我們正在「發展」當中。

⁂

「本能」這個詞，適合用來形容這些在重生之後出現的感官與感性嗎？在這個年頭，本能比較像亞曼尼的香水，而不是科學術語；本能是絕地武士仰賴的直覺，不是學者採信的依據。

一個世紀前，甚至是在更接近現在的年代，《紐約時報》（New York Times）和其他報刊上都能看到譴責女性不當行為的言論，例如某位時尚品味不佳、有著「臃腫腳踝」的草裙舞舞者偷走別人小孩（母性本能「受挫」），又或者是某位媽媽拋夫棄子、遠走高飛（「缺少」所謂的母性本能，不可取）。在那個時代，女性就像各州農產博覽會上得獎的豬隻一樣理所當然地孕育孩子，平日乖乖收聽美國農業部製作的廣播節目《主婦閒話》（*Housekeepers' Chat*）。

但我還是喜歡本能這個詞，許多研究者也不介意，主要因為這是個「只可意會、不可言傳」的詞語，而女性自己也認同並持續使用。順道一提，要是科學家們都能按他們的想法任意使用詞彙，我討論的對象應該不叫女性，而是「可發展成母親的基質」。令人滿意的是，最新的科學發現呼應了演員明蒂．卡靈（Mindy Kaling）在網路上說她剛發現自己擁有「強烈母性本能」的言論，因為女性確實知道自己在講的是什麼。母性本能既真實又強大，包含各種與認知及照料嬰兒有關、自發出現的情緒和行為。

但因為「本能」這個詞還是容易引起一些問題，請容我說明一下我在使用這個詞時**並沒有**要表達哪些意思。經常可以聽到沒有小孩的女性表示自己沒什麼母性本能，藉以表達沒有生養小孩的意願。我（通常！）並不是要解釋為什麼某些女性打從一開始就有／沒有生養小孩的計畫或渴望，也沒有要評斷好壞。（呃，我自己就是這樣的女性。我們後面會提到，那些要生兒育女的奇怪想法，全都是我老公的。）這些問題很有意思，不過都是人類才會碰到的問題，而且可以說是現代才有的問題——基本上，雌性哺乳動物根本就沒有想要小孩，牠們想要的是性交，後代只是交配後產生的結果。此外，在這件事情上，媽媽們未必會透露自己真正的動機。有一項費時數年的研究顯示，許多人類媽媽在產後母愛爆發，因此不會如實描述當初是否有懷孕的意圖，往往將意外懷孕說成是計畫懷孕。

讓我更感興趣的是女性在懷孕之後的變化，因為在這個時期，母親的身分開始成形、母性心理逐漸顯現，而原本的通盤規畫（如果有的話）就像開車去上游泳課時往窗外一扔的香蕉皮，不見蹤影。

關於「本能」，還有一個我想事先釐清的誤解，那就是很多人以為人類媽媽們很神奇地知道自己在做什麼。後面會談到更多相關的事情，不過顯然我們並不知道自己在幹嘛。我所描述的本能，是一種經歷轉變的心理狀態，是許多全新的感官、感受和衝動，而不是好媽媽行為指南。

真正吸引我的，反而是與這些神祕新感受有關的兩個問題。首先，媽媽和其他族群有什麼不同，媽媽們彼此之間又有什麼什麼相似之處？在哺乳動物的大家族當中，無論是倉鼠媽媽、袋鼠媽媽還是人類媽媽，都是被同樣的火花燃起衝動。我們和其他毛茸茸的動物表親十分相似，雖然這點有時讓人感覺怪怪的，但也算是一件好事，因為科學家可以用牠們來解剖，就不必找我們上場了；從羊和小鼠這些動物身上，我們得到不少資訊，能夠更了解自己。

我的第二個問題是，如果我們和血緣遙遠的哺乳類表親都這麼相似了，為什麼人類媽媽彼此的差異會這麼大？就像我們的產道一樣，媽媽們的故事也有不少曲折變化。在日本，過度涉入孩子生活的「怪獸媽媽」比比皆是；在德國，則有只顧發展事業的「烏鴉媽媽」。還有所謂的「遲到」媽媽（"late" mother，以一種法式的委婉講法表達「高齡」），以及「孤獨」媽媽（"lone" mother，這是英國形容「單親」的可悲俗語）。在澳洲，則是可以看到「衝浪媽媽」（Murfer）痛快地躍上浪頭。至於美國，大概有一百萬種育兒方針爭相成為主流：全職育兒、遠距工作與通勤上班；自由放任派與直升機家長；配方奶與母奶哺育；母嬰同室與哭到睡訓練法；就連 Magna-Tile 磁性積木也有透明和不透明的兩派支持者。

有些科學家已開始相信，在媽媽們的基因體當中，隱藏著導致我們這些差異的祕密——只要我們能像打開幸運餅乾一樣，找到方法一探其中的究竟。但我們也會看到每位女性的母職之路如何受到各種迥異的環境因素影響，例如妳是否幫人帶過小孩、有沒有學過雙簧管、是不是吃了太多速食，還取決於愛著妳的人是誰。

我想做的事情不是像媽媽一樣說教嘮叨，而是希望我們能夠一起找出是什麼讓媽媽們出現分歧，又是什麼讓我們團結一體。無論那是在顯微鏡下，還是猴子籠中，我都想要見證那股推動我們的力量。我想要知道，是什麼樣的力量驅動著推動搖籃的那隻手。

⁂ ⁂ ⁂

或許你對媽媽生態學不怎麼感興趣。或許你就像我在全國公共廣播電台（NPR）上聽到的那位擔心人口過剩、因而決定不生的二十幾歲女孩，她說關於當媽的事情，該知道的她全都已經知道了，因為她的足壘球隊裡有人生過一次小孩。或許對你來說這些資訊不怎麼有趣，不過母性本能除了促成大部分的擇偶行為和哺乳動物的社交互動，還可能強化其他各式各樣的人類現象，例如女性間的友誼、宗教體驗、右撇子、利他主義、女同性戀、語言、音樂、強迫症、養寵物，或許還能解釋為什麼女性在面臨嚴重困境時比男性更容易存活，例如大飢荒、麻疹大流行……沒錯，還有 Covid-19 新型冠狀肺炎和各種瘟疫。（感謝我的曾曾曾曾祖母。）

不過了解這件事情還是蠻實用的，甚至有一些馬基維利式的理由。每天，全世界都有數以萬計的女性成為母親。其中許多人是在開發中國家，像是媽媽人數眾多的辛巴威；當地有些產科病房還會根據產婦的尖叫次數收費。西方世界的出生率不斷下降，或許會讓人覺得成為母親已經不再是主流選項，但事實上，我們這個族群仍在擴大中。我們生得越來越少、越來越晚，但是如今在美國人口當中，當媽媽的比例比十年之前更高，而在二〇一六年時，四十幾歲的女性中約有百分之八十六已展開母親新生活。就連千禧世代也加入當媽的行列，每年約有一百萬人成為母親。

這使得媽媽們不只是一種自然形成的族群，也成為一股經濟勢力。我們在美國勞動市場上占了驚人的比例，百分之七十的媽媽有工作，大部分是全職工作者，還有百分之四十的家庭是由母親一肩承擔養家餬口的責任。而且我們在職場上的表現顯然很不錯，因為高盛公司（Goldman Sachs）為了留住升格為媽媽的員工，還嘗試用跨國空運幫出差員工把母奶送回家。就連英國祕密情報局軍情六處（MI6）都在積極招募媽媽當間諜；哎呀，當然不是要讓我們使出美人計，而是因為我們的「情緒智商」。

行銷公司渴望弄清楚我們的腦部是如何運作，這樣才更容易賣給我們「從內衣胸罩到酒精飲料」的各種商品（這是近年某場研討會的標題）。根據最新研究顯示，媽媽們從清晨五點就開始滑手機看購物應用程式，而且據說下單速度比其他人快百分之十五。有位分析師就強調「別忘了媽媽有多『辛勞苦悶』」，建議商家為焦頭爛額的媽媽們提供「容易消化的資訊」。微軟的聰明專家們還開發出一套方便的程式碼，可以根據我們在網路上運用非人稱代名詞的習慣變化和其他語言上的跡象，找出哪些使用者剛成為媽媽。

最後，我們還是關鍵選民，因為在近年的選舉中，女性比男性投下更多選票，而且成為母親這樣的隱性轉變有時似乎和政治立場的變化息息相關；除了容易認同友善媽媽的政策，也會有一些表面上看不出來的影響，例如可能「對軍人比較親切友善」。不過，這樣的轉變並非普世皆同：女性和政治體系之間有著複雜的交互作用，而母性本能對於兩大陣營都有發揮空間。本書完成時，家有未成年子女的美國國會女性議員人數已達二十多位，可見有越來越多政治人物也深陷尿布堆。

※ ※ ※

或許你也可以看出，全世界在媽媽力量引領之下應該能走向更美好遠大的未來，但我更關注對**我們**有裨益的事情。

不難理解，母職越是被視為一種選擇、是眾多人生道路之一，女性就越容易疑惑自己脫胎換骨成為母親之後是否會快樂。事實上，美國高齡、高教育媽媽的比例創下紀錄，正代表著我們當中有不少人多年來都滿足於過著不當媽媽的日子。現在的準媽媽得到憂鬱症的比率，比我們媽媽那一輩高出百分之五十，或許也不足為怪。我可以直接告訴你，成為母親這件事情，讓我嘗到生平從未有過的幸福與悲傷。

「我會快樂嗎？」這個問題或許超出科學範疇，但生物學可以揭曉是什麼力量造成這樣兩極的變化。我們無可避免地受到許多外力的影響，從自己細胞內發生的轉變，到來自整個文明的偏見，還有突然蔓延各地、將我們與小寶貝困在家裡長達數月的疾病。為母之道並非只有一種，每個女人都有能力蛻變成不同樣貌的母親。我自己就有好幾種當媽媽的樣子，而科學讓我了解到這些或好或壞的面向是怎麼產生的。

這就是母性本能的矛盾與奇妙之處，堅定無比又萬分靈活，既強大又脆弱，既古老又現代，既普遍又獨一無二。就像我的好友在生命最後的日子裡，一邊緊盯女兒不准她吃太多杯子蛋糕，一邊精心準備了一堆極具品味的衣服，能讓女兒穿到國中畢業；我從她身上學到，即使是死亡，也無法讓母性本能消失。不過，在特定條件下，母性本能或許會被削弱或毀壞。

但是，那也能夠修復和培養。深入研究這些問題的科學家們期待有更適合媽媽的新藥物問世，也希望有一天腦部掃描能像量血壓一樣，列入婦產科檢查的例行項目。不過，政府、社會和親朋好友現在就可以採取很多行動，讓媽媽們的人生有所轉變。

我們真的需要幫忙嗎？再怎麼說，雌性智人（*Homo sapiens*）在當媽這件事上已經有二十萬年的資歷。從某些方面來說，現代媽媽們擁有歷來最好的設備和資源，有能力決定何時生、怎麼生，甚至在萬不得已的情況下，還能借助從陌生人身上移植的子宮懷孕生子。我們可以一邊擠奶，一邊睡覺（就稱為「擠擠睡」好了）或是跑半程馬拉松（該說是「馬擠松」？）。從前被社會認為要「深居簡出」的孕婦，現在可以從事任何活動：在戰地報導新聞、競逐奧運金牌、攻頂阿爾卑斯山脈，或是擔任首相和執行長。

但是，就算有機器人推車和浮誇高級的嬰兒監視器，讓我們在相隔遙遠的時區出差時還能對寶寶唱催眠曲，主導權仍然不是隨時掌握在手中，我們也不完全是原本的自己。在成為母親的過程中，並不是我們對這個世界「改變想法」，而是我們的思維很自然地改變了。

在這個提倡個人主義、強調自我認同的時代，這話說出來感覺不太舒服，但是認清我們自己無法主宰一切、了解是母性的哪些層面不經我們考慮或同意就改變我們，才是取得掌控權的第一步。

普林斯頓大學（Princeton University）主導的一項研究顯示，媽媽們的苦難往往源自女性對母職的預期與真實育兒生活有落差，因而產生「資訊衝擊」，尤其是發生在教育選擇和職場上。假裝我們和以前並無不同（也就是假裝我們跟別人一樣），而且在母職這件事上有完全的決定權，不僅很可能適得其反，甚至相當危險。

或許很多人寧可不要知道這些事，就像雌犀鳥在剛當上媽媽時，會（用自己的排泄物）把自己和雛鳥一起封閉在樹洞裡面，只讓配偶不時帶成熟的無花果來餵養牠們。

但我寧願面對現實，即使現實可能是循環播放的洗腦兒歌，甚至是發現我的媽媽腦真如我暗中害怕的，變得像一坨炒蛋或豬肉絲，我也願意面對。因為，去了解我的重心（無論是生理上還是心理上）有什麼樣根本性的改變，才是往前邁進最好的方法。

某天，我其中一個女兒用紅色麥克筆在她腿上寫我的名字，這是她的習慣。不過，這次我站在她身旁看著，注意到一件事：「MOM」（媽）翻轉過來，就是充滿驚嘆的「WOW」（哇）。

第一章

# 媽媽動力

## 一個母親的誕生

「媽。」

躺在我身邊的她正呼呼大睡，毫無反應。我昏昏沉沉地意識到，她把助聽器拿掉了。算了……我拖著七十一歲的媽媽陪我到康乃狄克州這座風勢強勁的綿羊農場，住進他們的後廂房，主要也只是為了精神上的支持。

我跟我媽負責擔任夜間的「守望人」，要照顧農場裡十四頭大腹便便的母羊；在我們擠在同一個鋪位睡覺的農舍隔壁，那棟飽經風吹雨打的羊舍裡，有好幾隻母羊預計會在這個春寒料峭的夜晚臨盆。我們每隔兩小時就要起來一次，檢查牠們的狀況。當然，iPhone 第一次響起鬧鈴時我就猛然坐起；家有三個年紀尚小、任何時間都會醒來的孩子，所以我對此並不陌生。我媽近年比較少這樣夜半起來，但沒過多久，我們已經在穿靴子了。

大多數忍受睡眠不足、來到農場當志工的人，都是想要抱到鼻頭泛著淡粉色、腳還站不直的初生小羔羊，但我是為了牠們的媽媽。對於任何想研究母性行為之始（也就是成為母親最初階段）的人來說，綿羊是主要的研究對象。綿羊為群居動物，小羊通常出生不久就會加入有數百頭羊、難以區分彼此的龐大群體，所以短時間內就會建立母嬰連結；約有三成的母羊在分娩後馬上就能辨認出哪隻是自己生的小羊，其餘七成則在四小時內就能認出自己的孩子。

外面好冷，連閃爍的星星看起來都有如淚珠般晶瑩。

我和媽媽踏過積雪的草地，腳下發出細細的碎裂聲。我們進入飄著刺鼻氣味的溫暖羊舍，裡面一片漆黑，我在心裡暗暗複習著接生羔羊發生緊急情況的處理方式，如果農場管理員無法及時趕到，可能就得由我們來執行；其中最讓人不安的一種，就是在小羊沒有反應時，要將牠高舉過頭，在空中以近乎畫圈的方式甩動。有一本大大的手冊寫著雙胞胎和三胞胎小羊們在出生時可能發生的各種麻煩狀況，而我這晚難以安穩熟睡的原因之一，就是知道有隻名叫「五十六號小姐」的母羊去年誕下五胞胎，而且此刻隨時可能生產。

我深深吸了一口氣，打開羊舍裡的燈。

什麼事也沒有，那些母羊並沒有神奇地變成羊媽媽。牠們正嚼著乾草，像一群愛嚼泡泡口香糖的山谷女孩[1]。「牠們該不會**整晚**都坐在這裡吃東西吧？」我媽小聲問道，語氣裡帶點羨慕（我幫她準備的食物只有一根燕麥棒）。母羊們身軀龐大，但表現溫順，只是有時會不小心擦撞到彼此的大肚子。「牠們不曉得自己有多大隻。」某位農場工人提醒我們，這點凡是第三孕期的孕婦絕對都能體會。

我們檢查了母羊是否有最初期的產兆：雙眼圓睜、脖子挺直、嘴唇噘翹。我查看牠們毛茸茸的尾部有沒有羊膜（據說看起來像又大又舊、從後面凸出來的水球），或是填塞在子宮頸口的黏液塞（說是像一大團鼻涕）。五十六號小姐在我經過時很合作地豎起尾巴，排出一顆顆像葡萄乾巧克力的糞便。牠輕嘆一聲，然後打了個嗝。

1 譯註　Valley girl，對美國洛杉磯聖費爾南多谷（San Fernando Valley）地區中上階級年輕女性的別稱，起源於一九八〇年代。由於聖費爾南多谷地區多為富裕家庭，出身當地的女孩往往被外界認為無腦、炫富、注重物質生活，形成一種刻板印象。

雖然我守了一夜，但小羊並沒有在那晚來到世上。幾週後我再訪時，羊舍已儼然另一個世界。新的小羊一隻接著一隻（或者該說是三隻接著三隻）出生了，在擁擠的欄圈裡跳來跳去，就像熱鍋裡的爆米花。

而牠們的媽媽，看起來也和先前截然不同。

不只是因為母羊的體型比之前勻稱很多，不再像是吃了苜蓿後引發嚴重鼓脹症的病例，牠們的性情也有很大的轉變。我在羊舍中間地面的一捆乾草上坐下來，讓視線和母羊的乳房差不多等高，忽略湊到身旁輕咬我手肘和筆記本的幾隻漂亮小羔羊。

那種姊妹般融洽並肩吃草的畫面已不復見。剛升格為媽媽的母羊們顯得暴躁易怒，寧可獨自站在某處，這在群居動物身上相當不尋常。有兩隻羊媽媽爭奪起某個食槽的位置，先是互相推擠，後來還像公羊一樣用頭互撞。「牠們一直處於高度警戒中，」山核桃農場（Hickories）的管理員蘿拉・墨里根（Laura Mulligan）說明，「動不動就像是在說：『嘿，誰在弄我？我的小孩呢？另一個小孩呢？』小羊只要有奶就是娘，根本不管誰是誰，都得靠媽媽們來分辨。」這些新手媽媽在尋找小羊時，會發出有趣的低鳴叫聲；這種低頻率的咩叫特稱為「rumble」（原指低沉而連續的聲音），只有剛成為媽媽的母羊會這樣叫。

編號五一二的母羊剛剛從「牢裡」被放出來，那是產後休息用的欄圈，裡面有溫暖的糖蜜水幫牠恢復體力。牠是羊群中少數的黑羊之一，但牠生下的雙胞胎都和其他羊一樣雪白，馬上就混在白茫茫的羊群中，根本看不出來哪隻小羊是誰生的。黑羊有一瞬間略顯急躁慌亂，然後經過一陣彷彿大風吹的母子配對，不知怎麼地就在看起來都一樣的羊群中找到了孩子，牠們正在保溫燈的橘光下打瞌睡。

農場主人迪娜・布魯斯特（Dina Brewster）很喜歡看這樣的母羊認親秀，樂此不疲。布魯斯特自己也是個新手媽媽，農場裡隨處都能看到嬰兒用品和照顧小羊的器具混放在一起（我一度把掛在羊舍牆面掛勾上的某種綿羊用配種標示帶誤認成BabyBjörn 嬰兒背帶）。她經常好奇這些動物都在想些什麼。

「這裡有好多難以解釋的事情，還有滿滿的荷爾蒙。」她靠在羊舍的欄杆上說道，「我一直很想知道：為什麼？為什麼？牠們是怎麼曉得的？」

為了弄清楚綿羊轉變成媽媽的過程，有些科學家針對牠們的嗅覺進行監測。以母羊來說，鼻子是讓牠們產生母性行為的重要器官。在一項實驗中，研究人員將小羊放在密閉的透明箱子裡，讓母羊可以看到小羊，但聞不到小羊的氣味，結果母羊很快就對裡頭的小羊失去興趣。不過，如果將小羊藏在通風的箱籠裡，讓母羊聞得到但看不到，母羊仍會展現母性行為。

生產後，母羊很快就會記住自己小孩特有的氣味，而且聞得出冒牌貨。在二〇一一年做的一項實驗中，科學家想盡辦法要讓母羊將「外來小羊」認作自己的孩子；小羊身上的氣味含有超過一百種揮發性有機化合物，科學家為與母羊沒有血緣關係的初生小羊穿上特製背心，上面沾滿了味道與正牌小羊極為相似、但不完全相同的化學物質。結果，羊媽媽們並沒有上當，牠們對孩子專屬氣味的每個分子都非常熟悉。

人類媽媽母愛的表現，也包括極度靈敏的鼻子嗎？某種程度上來說，確實如此。在一項實驗中，加拿大研究人員給新手媽媽們聞三一冰淇淋的冰淇淋桶，但裡面不是焦糖果仁糖奶油冰淇淋（真過分），而是帶有各種氣味的棉球，包括嬰兒的味道。結果，媽媽們大多能聞出自己孩子特有的香氣。

這樣的感官變化雖然驚人（附帶一提，比起人類，我們對綿羊的感官變化還更為了解），但只不過是發生在新手媽媽身上的重大改變之一；這些根本性的變化翻天覆地、移山倒海、衝擊認知、徹底顛覆，有如系統升級、重新洗牌，讓人生目標就此改寫，有了新的使命和職責。

我們總認為懷孕生子是一個由下而上的歷程，從我們的身體孕育生命開始（嗯，確實通常是從下半身開始的）。但母性其實更像是種由上而下的現象，懷孕和分娩產生的荷爾蒙最初是由主導一切的胎盤控制，之後由自己的身體掌管；這些荷爾蒙不只改變我們的身體，也改變我們的心靈。

事實上，在一連生了三胎的衝擊之下，我不確定自己是否真的想知道我的大腦到底怎麼了。光是想到這件事，就讓我有種不舒服的感覺，很像打開裝著塑膠保鮮盒的抽屜，然後看到一堆大小不合、被微波爐融化的蓋子。尤其是最近，我的狀況算是一團糟。

但是，有個在生了我四十年之後的大冷天裡跟著我到羊舍來的媽媽，還有個目前想要成為「第一個登上火星的女性」並想生二十二個孩子的女兒，身為她們的女兒和母親，我對於這場女人共同的旅程以及我們在不知不覺中前往的境地，抱持著很多疑問。真的有所謂的母性本能嗎？能夠觀察跟測量嗎？每個母親都有嗎？只有母親會有嗎？我們會永久變成這個新面貌的自己嗎？

我就像那位靠在羊舍欄杆上的綿羊農場主人一樣，不斷想著：為什麼？為什麼？我們是怎麼曉得的？

讓我們從比較顯而易見的問題談起：某種程度上，「母性本能」一詞讓人覺得人類媽媽會神奇地知道該怎麼照顧孩子，但這完全不符合事實。在法國雷恩第一大學（University of Rennes）研究母性行為的神經科學家喬蒂・帕盧斯基（Jodi Pawluski）表示，人類身上「根本沒有那樣的母性本能，每個人都要學習怎麼當爸媽。」

我很高興聽到這句話，因為我老早就放棄等待藏在體內的超級媽媽現身。

將近十年前剛懷第一胎的時候，我就開始擔心自己對怎麼當媽媽或媽媽該做什麼一點概念也沒有，這樣的憂慮始終縈繞心中。當年我三十歲，高中時期打工當臨時保母的記憶已經有點模糊（也沒有特別喜歡帶小孩），而高中之後，我和小小孩相處的時間總共大概只有幾小時，很難說會想念與他們共度的時光。二十幾歲的時候，我和老公在華盛頓特區過著相當愜意的生活，經常為了撰寫報導前往世界各地，沒出國工作時，我們常去光顧附近那家又新又時髦的巴爾幹餐廳，或是沿著周圍的步道悠哉慢跑。我最大的抱怨，就是週末有太多朋友的婚禮要參加。

然後，好日子結束了。我體內藏著隱形的偷渡客，正靜待時機準備現身。我就要成為媽媽了，但我幾乎沒想像過當媽媽是什麼樣子。更不妙的是，我腦中半點媽媽需要的知識都沒有。我覺得自己應該要做點準備——但要做什麼？在第二孕期當中的某一天，我到購物中心閒逛，卻沒買嬰兒毯之類的東西，反倒花了很長的時間在店內走來走去挑選拖鞋和成套的睡袍；雖然我先前從沒買過這種組合商品，也沒特別想要過，但在那個當下，我覺得當我拖著腳步穿梭待產室和產房走廊，經過其他裝備齊全的待產婦女，偶爾停下來因疼痛優雅地皺眉蹙額時，這應該是必要的東西。

當然，身為一輩子都在追求高分的人，我覺得必須報名上個課。沒人確定拉梅茲呼吸法那一套是不是還存在，因為現在流行很多種生產輔助方法。但我知道自己不愛隨波逐流，而且我媽在三十年前也上過同樣的課程，這套「就像吹熄生日蠟燭」的呼吸法幫助她安然度過產程。

教授拉梅茲呼吸法的老師有著一頭時髦好看的灰髮，還有異常寬闊的屁股。她在課堂一開始就說，這屁股讓她在短短十分鐘之內就把唯一的小孩給噴出來，幾乎沒時間實地運用她要傳授給我們的這套方法。

在把瑪土撒拉[2]的生日蠟燭都吹熄之後，我上完了拉梅茲課程，但只有一件事情記得特別清楚。剛開始上課時，我們這些準媽媽全都要戴上一個卡紙做的名牌，尺寸很大，且是罕見的圓形。老師告訴我們，這些貝果大小的圓形直徑不多不少正是十公分：就是全開子宮頸口的等比例模型。其他有用資訊的印象都淡去了，只剩那個畫面還在我的腦海中。

經過十年，生了三個孩子的我沒有變得聰明多少；雖然是身經百戰的媽媽，但對於生產和育兒，我既缺乏老一輩的智慧，也不懂現在流行的那些技巧。我從沒搞懂睡

2 譯註　Methuselah，又譯默突舍拉，聖經中亞當的第七代子孫，據說他在世上活了九百六十九年。

眠倒退期是怎麼回事，也記不清楚孩子在哪時候長出哪一顆臼齒。我不得不去諮詢一些以前根本不知道有他們存在的專家，好訓練孩子怎麼睡覺（睡眠顧問）、怎麼吃飯（進食顧問）、怎麼騎腳踏車（腳踏車店裡的幾個可憐傢伙）。某次為了把女兒腳趾扎到的小刺弄出來，我還特地帶她去看醫生。還有，多年來我一直把某位專業頭蝨清除師的名片帶在身上。

每當我自以為對某種育兒方式有點心得，或是感受到一絲母性直覺的曙光，總是很快就被迫打消這樣的念頭。像是不久前我們全家出門遠足的時候，我在沒預料到的情況下必須要親餵寶寶，結果弄得上半身衣不蔽體（運動內衣在這種情況下實在非常棘手），而且周圍是一群身穿迷彩服、帶著雙筒望遠鏡的老人家。「這裡可是觀賞森鶯遷徙的**熱門地點**啊。」有位賞鳥人語帶輕蔑地訓斥我。

還有，某次我好不容易讓孩子的腸胃炎症狀緩解，週末終於可以展開計畫已久的家庭旅遊，結果孩子在飯店裡大吐特吐、錢包放錯地方、鑰匙被偷，然後是我們家可靠耐用的車子遭竊。車子最後找回來了，但車頭在小偷和警察的高速追逐中撞得稀爛。「這個嬰兒推車是你們的嗎？」負責在車體殘骸中清點東西的警員問道，「那這個手指虎呢？」

我跟老公甚至為這種滾雪球式的家庭災難創造了一個名詞：爸媽的骨牌效應。

還好，我並不是特例。越來越多研究顯示，人類媽媽的育兒本領天生就沒那麼高明。我們不懂美國農業部育兒指南教的那些事情，也不曉得發燒該怎麼辦、如何避免孩子噎到，或是怎麼確保睡眠安全。有篇報導的標題是「如廁訓練：科學上的未解之謎」（Potty Training Is a Scientific Mystery），這是媽媽們經常束手無策的難題。順道一提，兒童學會控制大小便的平均年齡不斷提高，從一九五〇年代的兩歲來到近年的三歲以上，看來我們本就貧乏的母性天分是更加退化了。難怪媽媽們紛紛加入像 Loom 這樣的團體；Loom 是個類似鄉村俱樂部的組織，為生活講究但充滿育兒焦慮的洛杉磯媽媽們提供「零批評的免費諮詢服務」，帶領家長「走出現代育兒方法的迷宮」。也難怪我們會下載 ChatterBaby 這種聲稱可以告訴你小孩到底在哭什麼鬼的 iPhone 應用程式。

我第一次看到 Snoo 搖籃床時狂笑了很久，這款可用 iPhone 控制的機器搖籃床要價美金一千三百元，配備麥克風、喇叭和 Wi-Fi 開關，可以感應寶寶的動靜和哭聲，並自動輕輕搖晃讓孩子重新入睡。

結果，幾個月之後，我訂了一台。（幸好只是租的，因為我根本搞不清楚要怎麼使用，這部機器懂的事情肯定比我多很多。）

不是每位人類媽媽都這麼手足無措，但從很多方面來說，我們的育兒能力都遠遠落後那些忙碌的母羊。雖然也有例外，但科學家所謂的「固定行為模式」在其他哺乳動物身上更為明顯，也就是牠們擁有與生俱來的育兒本能，天生就懂得如何照顧後代。

母鼠分娩後，就會像開啟自動導航模式一樣，知道要吃掉胎盤、為幼鼠清潔身體、叼起牠們移動、哺育牠們並留在近處保護，還會孜孜不倦地為幼鼠舔拭肛門；這差不多就是媽媽要做的所有事情了。

母兔的媽媽例行事項大概最為明確。在生產前一天，不早不晚，牠們會開始瘋狂拔下腿上的毛鋪在巢內。如果科學家剃掉母兔身上的毛，讓牠無法拔毛，母兔的其他育兒習性會一併失靈，可能導致幼兔死亡。

人類媽媽或許也有一點這樣的「築巢本能」，根據問卷調查的結果，不少孕婦在預產期越來越接近的時候，都會出現「一股不由自主想整理及打掃家裡的衝動」。我在上一次懷孕時，就曾熱切地在產前待辦清單上宣示要「**整理髮圈！**」不過，女人就算沒買到魔術靈，也還是會照顧孩子。

科學家一直努力想找出屬於人類的「固定行為模式」，或是所有智人（*Homo sapiens*）天生具備的共同育兒行為。有一種可能的行為是「媽媽語」

（motherese），也就是媽媽對寶寶說話時獨特的講話方式，音調較高，會刻意使用可愛的詞語；這種行為相當常見，從美國到日本都有紀錄，就連聾人媽媽也會本能地對寶寶使用類似模式的手語。基本上，研究人員在實驗觀察中可以輕易判斷是媽媽在講話，不是因為我們講了什麼荒謬的話（某項研究曾錄到「不可以吃貓貓」），而是憑我們講話時的音色。有研究人員提議，可以利用媽媽們在日常生活中對小孩說的話語，開發幫助幼兒學習語言的新軟體。甚至有人主張媽媽與孩子之間這種古老的二重唱是所有人類語言的基礎，或許也是音樂的根柢。

不過，就連媽媽語也不是全人類共通的現象，至少不像兔媽媽的拔毛行為或羊媽媽特有的叫聲那樣毫無例外。在某些文化當中，母親幾乎不會對嬰兒說話，甚至連看一眼都很少。例如在巴布亞紐幾內亞，嬰兒兩歲之前幾乎都被裝在軟背袋裡，由母親用頭帶揹在背後，而這絕對不是我聽過最糟的做法。唱歌哄寶寶也不算普遍的行為：根據一項針對美國新生兒加護病房所做的研究，有四成的媽媽並不會自然而然地對嬰兒唱歌。

就連哺乳這種堪稱哺乳類動物主要特點的育兒行為，在人類身上差異也非常大。母鼠會哺育幼鼠二十一天，就像時鐘一樣準確，但在人類媽媽當中，有人親餵母乳長達五年，也有人完全不哺乳。如果哺乳是根深蒂固的自然本能，為什麼還會有一本厚達四百多頁的暢銷教戰守則在介紹「母乳餵養技巧」？而我則很自然地請了一位泌乳顧問。

在人類媽媽比較**接近**普世皆同的育兒行為中，最驚人的應該是「左手抱嬰傾向」(left-handed cradling bias)。有八成左右的右撇子女性會不自覺地將嬰兒抱在左側，令人意外的是，**左撇子**女性傾向抱在左側的比例也差不多。在大多數的聖母瑪利亞雕像上，聖嬰都是坐在她的左邊，而一般小孩也通常喜歡待在這個位置：我的慣用手是右手，但我好像怎樣都無法用右手臂抱起寶寶，感覺就是怪怪的。雖然媽媽的這種傾向在產後的三個月內最為明顯，但直到今天，我家已屆學齡的孩子們在故事時間或看電影時，仍然會搶著要坐我左邊。

事實證明，偏好左側的媽媽在動物界並不少見。研究人員近來在各種哺乳類媽媽身上記錄到偏好左側的現象，包括印度狐蝠和海象等等；印度狐蝠媽媽倒掛或海象媽媽漂浮的時候，都喜歡讓孩子待在自己的左邊。

這種普遍傾向或許和哺乳動物的左右腦功能不同有關。當母親將嬰兒抱在左側並看著嬰兒時，資訊比較能傳送到母親的右腦，也就是掌管情緒的部位。同樣地，嬰兒看媽媽時也會看到情感較為豐富的左臉。最近研究人員在翻閱家族相簿後發現，「情緒比較低落、較少同情心」的媽媽們往往會將嬰兒抱在右側。義大利科學家詹盧卡·

馬拉特斯塔（Gianluca Malatesta）是這個領域的專家，他向我指出，有憂鬱傾向的黛安娜王妃經常用右手抱孩子。（也或許是因為身為連手指都不需要動的王妃，不太習慣搬動重物，包括嬰兒在內。）還有一些很有意思的研究顯示，常被母親抱在右側的嬰兒，長大後解讀他人臉部情緒的能力較為低落。就連小女孩也會將嬰兒娃娃抱在左側——不過這方面我沒有第一手資訊，因為我從沒玩過嬰兒娃娃。

不過，用左手抱寶寶或許不是媽媽專屬的現象，至少在人類身上並非如此。

近年有一項相當可愛的實驗：研究人員先請九十八位英國幼稚園學童抱著枕頭，此時孩子們看起來沒有特別偏好用哪一隻手；接著研究人員在枕頭上面畫出簡單的人臉，結果在這些五歲的女童**以及**男童當中，有許多孩子改成把枕頭抱在左邊，但顯然他們並不是媽媽。將嬰兒抱在左側的傾向在成年男性身上沒有這麼顯著，但仍可以看出這樣的傾向存在（不過我老公都是用右手抱寶寶）。

這種情況為找出人類母性本能的定義製造了下一個挑戰。在大多數的哺乳動物（例如大鼠）當中，雄性和親生媽媽以外的雌性通常會忽略幼獸，更糟的情況下還會吃掉幼獸。但人類有異親育幼行為：我們是高度社會化的生物，普遍擁有照顧別人的能力，而嬰兒在所有男性和女性心中，以及我們的神經迴路中，都有著特別的地位。

所以，有些我們以為是母性本能的行為，其實在所有人類身上都有。無論一個人的生理性別是什麼、是否當了父母，嬰兒都是最能引起反應的刺激來源。光是看著嬰兒，我們的體溫就會升高，抱嬰兒就更不用說了。當我們看到嬰兒臉部時，大腦的處理方式通常和看到成人臉部不同，而且會運用到更多腦部區域。在二〇一二年的一項研究當中，研究人員找來一些沒有子女的義大利成人，讓他們觀看陌生嬰兒、成人和動物的照片，同時用功能性磁振造影（fMRI）儀器觀測受試者腦部的血流狀況。結果發現，嬰兒的臉會刺激腦部特定區域的灰質。研究人員在報告中寫道，這種「人類特有的反應」似乎「不受限於成人與嬰兒是否有血緣關係」。

這種反應也超越了人種與民族：研究人員比較日本和義大利受試者的反應後發現，成人看到不同種族的人，通常會出現不同的神經反應，但看到嬰兒時，種族之分顯然無關緊要，大腦都會出現非常喜愛的反應。

嬰兒的哭聲也是一樣。英國有一項針對神經外科病患做的研究（選擇他們當受試者，是因為這些病患的腦部深處已經植入電極，至少這點對研究人員來說相當方便），在過程中，科學家向受試者播放嬰兒的哭聲，發現嬰兒哭號能讓腦內一個稱為「環導水管灰質區」的區域在千分之四十九秒內出現反應，這是大腦對其他類似聲音

（例如貓的哭號）反應速度的兩倍快。

嬰兒原始的訊號似乎能促使人們準備做出反應，並去查看及聆聽。有項研究室實驗顯示，聽到嬰兒哭聲的成人在需要快速反射動作的打地鼠遊戲中，表現優於其他聽到鳥鳴等溫和刺激的人。

除了這些實驗，還有更多研究證明人類天生就對嬰兒特別留心，而且就算不是媽媽，也多少會做出一點像媽媽的反應。無論男女，絕大多數人發現有棄嬰在排水溝裡大哭時，都會想辦法把那個小可憐從水裡撈出來。一般人或許不會承諾要長久收留照顧這個孩子，但至少都會試著找援手，而且肯定不會把孩子視為美味的開胃小菜。這些行為看似簡單，實際上卻讓我們和其他哺乳動物有了非常大的區別。

但科學研究也顯示，即使是在人類當中，某些天賦還是僅限母親獨有。

⁂ ⁂ ⁂

在羊舍守夜的幾個月之後，我跟我媽搭上飛機，又去了一間位於匹茲堡的產房，這次生產的是我妹妹。我把自己的孩子留在康乃狄克州，管他什麼母性本能啊，這場媽媽假期讓我十分享受；距離我在機場通關安檢時把一瓶瓶母奶拿出來做爆裂物測試，或是像做槍枝檢查的海軍陸戰隊員一樣拆解推車，已經不知道有多久了。經過充分休息、洗過澡，還帶著一堆居家設計雜誌的我，有點像在參加選美活動似地朝著眼窩深陷的妹夫揮了揮手，這位新手爸爸正在行李提領區附近等著我們。

「我有握到寶寶的一隻腳。」他說道，然後在接下來前往醫院的漫長車程中都一言不發。我很滿意地注意到他在喝 Dunkin' Donuts 的咖啡，以前他和我妹對於這種經典爸媽飲料不屑一顧，說那不過是「咖啡色的水」。**什麼自家烘焙義式濃縮咖啡豆，以後想都別想啦！**我在後座愉悅地偷笑。**也別奢望再去做熱瑜珈了！**這些苛刻的念頭，正是科學家所謂「經產婦」（生過多個小孩的媽媽）看到第一次生小孩的「初產婦」（我可憐的妹妹）受苦受難時非常典型的反應。

在走廊與送午餐的機器人緊張地僵持一陣之後，我走進產後恢復室，發現妹妹被一堆希臘優格的盒子包圍了，而我剛出世的外甥正和護理師在外面散步。

寶寶不在，我妹妹才下得了床。因為她發誓抱他時絕對不要站著，怕自己會倒下去。「是他頭上那味道的關係，」她解釋，「好像毒品一樣，我覺得我會昏倒。」

她可沒發瘋。嬰兒的味道對媽媽來說非常**特別**，就像那些用綿羊氣味和冒牌三一桶裝冰淇淋得到的實驗結果一樣；不僅如此，寶寶在我們聞起來更是難以解釋地**好聞**。

在另一個以氣味為主的研究當中，研究人員給受試者聞起司、香料和嬰兒的衣服，比起不是媽媽的受試者，剛生產完兩天的媽媽們給寶寶味道的「愉悅感分數」更高。對於新手媽媽來說，那個包著鼓脹尿布的小傢伙就像紫丁香木一樣芬芳馥郁、如同剛從烤箱出爐的巧克力豆餅乾一樣香氣誘人。

我們之後就會明白，這種愉悅的感受就是難題、麻煩和不為人知的問題癥結所在。那是大自然的祕密武器。以母親身分重生，就像是連神經都再生了，完全改變女性視為犒賞回報的事物。我們對於愉快的體驗發生根本的變化，像藥癮一樣限縮我們渴望的東西。這個在大約九個月之前侵入妳免疫系統的無毛小生物，突然成了眼中的燦日皓月、嶄新的指北星辰，使妳不惜以自己的骨頭和脂肪化為奶水來餵養他。妳的整個視野，如今都凝聚在一個（小小的）焦點上。

最不可思議的地方或許在於，這些快樂愉悅的刺激感受是緊接著深刻的恐懼與苦難而來。那個在新手媽媽臂彎裡熟睡的可愛小東西，很可能才剛讓她經歷人生中最慘烈的地獄。

我妹雖然因為密集陣痛兩天受了不少折磨，但還算得上是「順產」。

我的第一胎……可就沒這麼順利。

其他人似乎都很有把握一切會順其自然。我第一次照產檢超音波時，本該檢查有無基因異常、是不是雙胞胎的醫師，卻好像不吐不快似地說我「看起來很會生」。這是在說我很胖很豐滿嗎？嗯，算是吧。在我追問之下，他解釋說，比起他在其他地方看過的那些貧苦瘦弱、無家可歸的人，我比較大隻又強壯得多，足以應付日後辛苦的孕產過程。我老公在旁邊瞪大眼睛驚恐地看著，我則努力擠出一絲笑容，克制把醫師海扁一頓的衝動。

我大概真的有長胖的天分，到了第三孕期尾聲時，一切似乎就只剩下不斷變胖。我覺得自己像顆定時炸彈，又大又圓又在滴答滴答倒數，還無可救藥地狂吃抹了花生醬的蘋果。

經過了四十一週，然後四十二週也快過完了，大家都說懷孕九個月就會生，但我已超過十個月，陣痛仍舊遲遲沒有出現。所以，在約好的那天（剛好是舉辦超級盃的那個星期天），我打包好成套的絨毛拖鞋和睡袍還有其他雜物，前往醫院催生。

那天晚上我用了子宮頸軟化劑，隔天早上打了催生劑 Pitocin，後來又打了更多的 Pitocin。宮縮剛開始時像一陣陣漣漪，很快就變成一波波浪潮。「把她擠出來吧。」護理師用實事求是的口吻這麼說。襲來的波濤變高了。我聽過有人說視覺化技巧在生產時很有效，所以我盡責地試著想像自己是個衝浪客，努力挺過這些可怕的長浪。這個方法不奏效，我又嘗試另一個技巧：把目光集中在某一個物體上。但我找不到什麼比較有象徵性的東西，最後只好用盡全力死死盯著一瓶可樂的紅色瓶蓋。

我決定生產過程不使用止痛藥，不是出於育兒理念（我沒有這種東西），也不是顧慮腹中胎兒（畢竟連見都還沒見過）；真正的理由是我畢生害怕見血和針頭，而近來最害怕的事莫過於剖腹產。我知道生產時不施打藥物是躲過被開膛剖肚的方式之一，如果非得要用藥，至少限於最常規的暫時性醫療處置。

但是啊，我快受不了催生引發的宮縮了。經過整個早上含糊的哀叫，還有一些清楚得多的慘叫，一位護理師大步走進來檢查我的進展：四公分。

**四公分**！我心想。**這甚至還不到名牌的一半大啊**！

所以，或許我終究不是什麼特別健壯、能安然通過大自然終極考驗的女人，我甚至好像還沒搞清楚這個任務就要宣告失敗了。就這樣，我被注射了硬脊膜外止痛藥（哈囉，超粗針頭），雖然有點恐怖，但隨即迎來了短暫的美好時光。

由於腰部以下都處於麻醉狀態，我無法穿著時尚的生產服在走廊上晃來晃去，只好跟老公一起猛看電視節目。那是個灰濛濛的冬日，房裡窗簾密掩。

「你們不想要讓一些陽光進來嗎？」有位護理師用不太認同的語氣問道。

入夜了。看似什麼都沒發生，但顯然應該是有事情發生了，因為醫生進來後說我現在已經開到十公分，可以開始用力了。

第一次用力根本是災難。監視器上的胎兒心跳原本是很有活力的咕咚咕咚，卻突然開始往下掉，像一顆石頭在井裡的壁面之間彈來彈去，一路墜往很深、很深的井底，每一聲敲擊都比上一次來得更慢。醫生衝回來，但心跳聲慢慢穩定下來。我又用力推了一次，然後又一次、再一次。

好像有點進展了。生產過程中，以胎兒與產道的相對高低位置分成−3到+3幾個級距，而+3就是黎明前的最後一站。護理師說我進展快速，已經從−3、−2、−1一路衝到0了。我從來沒有對拿零分這麼高興過。實在太棒了。剩下三站！

但是大概過了二十分鐘之後才發現，好像有什麼事情弄錯了。另一位護理師檢查了一下，沒錯……先前那位量錯了。我退回−3。我這幾個小時都像童話故事裡的大野狼一樣費盡力氣地吸氣吐氣，結果胎兒絲毫沒移動。

「我不覺得妳有辦法把寶寶推出來，」剛過來的這位護理師冷淡地說，還用一種非常無所謂的態度把下巴靠在我顫抖不已的膝蓋上。

而我那已經急瘋的老公，此刻出現了完全相反的行為。「來吧！」他對著產道大吼，彷彿向一隊無形的英勇騎兵發出最後衝刺的指令。

我要怎麼客客氣氣地告訴這些人我快死了？我已經連開口都不想了。原本已經消失的疼痛再度湧現，我向來強韌的意志力逐漸消散，體溫飆高，陷入發燒的昏沉之中，每個人的臉都開始閃動扭曲起來。我踏出漫長而陡峭的一步，落入繁星遍布的山谷之中。

手術室。一塊藍色防水布在我眼前揚起，迅速而近乎歡欣鼓舞，有如剛搭好的馬戲團帳棚，慈悲地擋住了我的視線。外科醫生們在遠處閒聊著——在他們見識過的各種緊急剖腹產案例中，我絕對不是最危急驚險的。他們甚至讓我保持在清醒狀態，這對我來說實在不是什麼好事。我感覺得到肚子裡面一直被拉扯，一度還覺得有人在我的肋骨上面跳。我心想自己大概要被掏空了，就像一顆被挖空果肉、要在派對上盛裝雞尾酒的西瓜。但至少在我瞪著上方刺眼的手術燈時，已經不會覺得痛了。「寶寶出來了。」有人這麼說。接著是漫長而不祥的沉默，最後終於冒出遲疑的哭聲。

羊水當中有柏油般黑黑的胎便，也就是胎兒的糞便；這表示生產過程中肚子裡面的寶寶就和外面的我一樣恐慌，而且可能有吸到一些胎便。因此，寶寶必須在新生兒加護病房裡觀察至少二十四小時。

我模模糊糊地看到一團顏色像燻腸的物體，然後那小東西就被帶走了。

---

天亮了。雖然因為打了許多藥物還有點恍惚，但我逐漸意識到下腹部疼痛的傷

口。我的皮膚因為失血看起來有點黃綠色，腳踝也開始因打點滴呈現怪異的腫脹。我還不能走路，但話說回來，我一點都不想走動。我不想打給我媽，也不想跟艾蜜莉通話。我不想安排新生兒攝影，也不想跟已經進來打過招呼的泌乳護理師擬訂「作戰計畫」。我完全不想思考昨天或明天或關於寶寶的任何事情，只想回去大睡一場。

過了一會兒（可能是幾分鐘，或是幾小時，我真的搞不清楚），因飽受驚嚇極度疲累、一直窩在病房合成皮躺椅上的老公終於開口。

「我們該去看兒子嗎？」

（其實是女兒。）

我想是該去吧。其實去不去我都無所謂，但我擔心如果說不去的話，不曉得護理師會怎麼想。

我帶著點滴袋萎靡地坐在輪椅上，由老公推著（真難得）穿過走廊。我們經過一個又一個得意洋洋炫耀著嬰兒的新手媽媽，有些穿著成套的拖鞋和睡袍，就像我以前想像的一樣。**真是夠了**，我心想。

新生兒加護病房不大，幾個小嬰兒孤零零地躺在透明的塑膠「保溫箱」（isolette）裡頭；我第一次學到這個詞，英文聽起來就像「隔離」（isolate），感覺是英文裡最孤單的詞語。護理師指向最角落的那個保溫箱，老公推我過去，我低頭看著。

她伸開手腳躺在裡頭，身上只有尿布，還有很多很多繞來繞去的電線和管子，其中一條插在鼻子裡供應氧氣。但是，其實那些東西都沒有映入我眼裡。

我的眼裡只有她。我看到她的臉龐，小小的嘴因為皺眉頭而扁著。她有和我老公一樣的圓眼睛，還有和我一樣有稜角的眉毛。

「她有下眼睫毛耶！」我驚奇地倒抽一口氣，「她**實在**太棒了。」

她不只是棒而已。她是我這輩子見過最細緻、靈動、引人注目的東西。這幕景象深深烙印在我眼裡，就像當年在電視直播上看到世界貿易中心倒塌的那一刻，或是八年級時看到父親躺在棺材裡的臉；只是這次遭逢的巨變，不知為何感覺是快樂的。

我用顫抖的雙腳從輪椅上站了起來，準備張開雙臂第一次擁抱我的寶寶。她看起來很大隻，比其他嬰兒都大很多。部分原因是她不但足月，還過期了一點，所以她**確實**是比較大。三千九百四十一公克重的她，似乎比這個數字還更有份量。

因為要一邊留意我的點滴管和她的點滴管，抱她得花不少工夫，我大概只能維持一分鐘左右。

但我一直注視著她。

科學家要如何在研究室裡重現這種原始的頓悟？要怎麼用科學證明在那一刻——或者更準確來說，經過懷胎十月，還有基因和神經化學上無數難以察覺的變化，一點一滴累積匯聚成那一刻——我內心的一切規則都被顛覆，就像場上關乎勝敗的球門柱被拔起來拖走，挪移到遠遠超出人類正常喜愛之情的範圍，遠到讓我不得不打起另一種截然不同的球賽？

奇妙的是，在探討母愛這個崇高主題時，地位低微的實驗用大鼠卻往往能夠提供最好的答案。

別忘了，母鼠在生第一胎之前，可是一點也不喜歡麻煩的鼠寶寶。就像以前的我，身為一個沒小孩的都會女性，最喜歡的大概是可以無限暢飲含羞草雞尾酒的早午餐；同樣地，比起和鼠寶寶相處，還沒當上媽媽的母鼠絕對會選擇吃點心……要是有機會的話，貪吃的大鼠小姐很樂意拿這些鼠寶寶打打牙祭。

這樣的傾向大致會持續到孕期尾聲，但是在生產前的三個半小時，準媽媽大鼠的身上會出現某些重大變化，讓牠開始對幼鼠比食物更感興趣。（同樣地，雖然我是在新生兒加護病房第一眼見到女兒時，突然感覺到難以招架的龐大愛意，但根據人體研究顯示，隨著腦部的化學作用逐漸變化，我對嬰兒的態度應該是從懷孕中期就開始不知不覺地改變。）

## 我們怎麼會知道鼠媽媽突然變得喜歡鼠寶寶勝於吃飽飽？

早年曾有一項實驗，訓練剛生產完的母鼠只要按壓控制桿就能獲得鼠寶寶，幼鼠會從滑道滾下來掉進一個小碗裡。結果，實驗中的母鼠不斷按壓可以讓鼠寶寶掉出來的控制桿，因為牠們按得太瘋狂，滑道上面「堆滿幼鼠」導致塞車——讓人想到剛會走路的小小孩在遊戲區溜滑梯末端擠成一團的景象。面對這種奇景，人類科學家決定只容許每隻鼠媽媽的籠裡有六隻幼鼠，但「這似乎無法減緩母鼠堅決要寶寶的行為」。有一隻鼠媽媽特別心急，在三小時的實驗中，牠按壓寶寶控制桿的次數多達六百八十四次。科學家猜測牠最後會因為筋疲力竭而放棄，但最後只有科學家自己累得半死，在日誌中寫著他對於要一直往滑道塞新的實驗樣本「感到十分厭倦」。

這些剛生產的鼠媽媽在幼鼠被放入籠裡之後，並沒有把牠們吃掉；牠們只是想要有幼鼠陪伴的愉悅感。關鍵字就是「愉悅感」：鼠媽媽甚至會放棄來點古柯鹼，而選擇與寶寶相處的快樂時光，就像我在醫院病床上點頭打盹的妹妹一樣得了某種寶寶上癮症。若是未經生育的母鼠，就算有山珍海味等著，也不會願意冒險越過電網；但鼠媽媽為了到幼鼠身邊，即使有電網阻隔也勇往直前。你可以弄瞎牠、弄聾牠、給牠戴上口套、切除牠的乳頭、讓牠喪失嗅覺，甚至以電燒切除大腦的某些部位；你可以把牠的寶寶困在玻璃瓶內，或是掉包成天竺鼠或小塊的生牛心來耍牠……無論是好是壞，科學家把這些事情全都對鼠媽媽做了一輪，但鼠媽媽找寶寶的決心從未動搖。

研究人類媽媽時，我們顯然不能使用電暈她們或讓嬰兒從實驗室滑道一個個飛出來之類的方法，但科學家仍想出其他巧妙方法來測試嬰兒觸發的母愛有多強烈。

比方說，他們設法窺探我們頭骨底下的祕密，看看在我們吸入嬰兒腦袋上的「愉悅」香氣時會發生什麼事。在二〇一三年的一項氣味實驗中，科學家請三十位女性嗅聞某個不明物體（其實是新生兒穿過兩天的睡衣），同時透過 fMRI 掃描儀監測她們的腦部反應。結果，只有媽媽們的「視丘」出現明顯活動，這個區域負責掌管感官訊號與警覺。

此外，嬰兒的臉對媽媽們也特別具有刺激作用。二〇一四年有項實驗名為「孩子，我看著你的臉」（Here's Looking at You, Kid[3]），找來二十九位第一次當媽媽的女性和三十七位不曾生育的女性，請她們觀看放在黑色背景當中、去除身體的嬰兒和成人臉部照片（畫面相當詭異），並比較她們的神經反應。雖然對這兩組女性來說，嬰兒臉部的照片似乎都比成人臉部更具刺激作用，但媽媽們注視嬰兒照片的時間明顯比較長。

或許最重要的是，嬰兒的情緒對媽媽的影響力強烈得多。看到痛苦的寶寶時，我們的瞳孔會迅速放大，而且會比其他人更慢移開視線。當我們聽到寶寶哭叫時，連接在頭皮上的電子監測儀器會記錄到不一樣的讀數。

日本科學家運用「近紅外光譜技術」（near-infrared spectroscopy），追蹤媽媽們看到不同情緒的嬰兒照片時腦部氧氣含量如何變化；在這些測試照片中，有正在把玩有趣玩具的開心嬰兒、玩具被拿走後大發脾氣的嬰兒，還有被陌生男子近距離盯著看而感到害怕的嬰兒。結果，媽媽們前額葉皮質上出現活化反應的區域，和未曾懷孕的女性並不相同。

無論男女，對於不是媽媽的人來說，笑著的嬰兒比哭泣的嬰兒更有刺激作用；這個現象似乎相當合理。但對母親來說就不同了，fMRI 讀數顯示哭聲會讓我們的杏仁核產生一連串的強烈反應；而且奇妙的是，我們可能還會覺得哭聲能帶給我們獎勵感受。神經反應這種意想不到的轉變，可能有助於解釋媽媽們在實驗中安撫哭鬧不休的擬真嬰兒人偶時，為何能比別人堅持得更久，就算人偶程式被設定成無法安撫也一樣（現實中的嬰兒哭鬧似乎也常讓人覺得根本不會有平靜下來的時候）。其他人可能會避開情緒不佳的孩子，但媽媽們卻彷彿受到某種動力驅使而想靠近他們；而且研究顯示，相較於飢餓的哭聲，我們更容易受到痛苦的哭聲影響。

3 譯註　出自《北非諜影》電影經典台詞。

這些現象強調出某件資深媽媽們都清楚的事情：當媽媽並不只是愉悅地聞著寶寶香、揉揉他們的小鼻子這麼簡單。獲得新的快樂泉源，並不代表媽媽生活就會突然變得像帶著水杯去野餐那麼輕鬆。一如往常，有樂就會有苦。

我們很多人都清楚母職通常是一個極度艱苦的事業。經過一番內部重整後，我們開始將寶寶視為獎勵感受的一大來源，變得熟知寶寶所有的暗示行為，還被改造成能察覺及解讀孩子處於什麼狀態，包括他們在賣場發脾氣和晚上夜驚哭鬧時，也包括他們聽故事露出笑容和給晚安吻時。是這份不由自主的關切和過分偏執的專注，是我到新生兒加護病房的那天早晨在我眼前第一次睜開灰色眼眸、讓我著迷不已的小東西，促成了我們的轉變。

對於我們的這種經驗，科學術語稱為「敏感化」，就好像我們的神經延伸到身體之外的地方。我認為敏感化說明了母親們在看到電影、甚至電視廣告裡有受苦的小孩時，為什麼會特別難受。那感受對我們來說太深刻了。

對哭聲特別敏銳似乎有點令人鬱悶，但這或許能解釋為什麼我在飛機上聽到嬰兒哭鬧時，會覺得自己彷彿正在被人生烹活煎，像是一顆去皮的番茄在崎嶇不平的人行道上滾著。這就是身為母親的敏感。當然，這點對於其他哺乳動物媽媽來說糟糕得多：獵鹿人很清楚，想要吸引母鹿，只要播放小鹿叫聲的錄音就好了。

雖然所有的寶寶，包括在機上座位尖叫的那位，對於媽媽們都有一些影響力，但對人類媽媽來說，親生嬰兒才是影響最大的。相較之下，所有幼鼠對大鼠媽媽的吸引力都一樣，因為大鼠住在隱密的地下巢穴裡，不太可能遇到非親生的幼鼠，也就不用擔心會把珍貴的乳汁和注意力浪費在別人的孩子身上。此外，大鼠媽媽一胎可能產下十幾隻寶寶，所以不偏心或許比較好。

相對地，綿羊生活在群體中，而且一胎通常只生一兩隻，所以就如我們先前看到的，牠們已經演化成只把自己的後代當成最重要的寶貝。

人類媽媽的情況算是介於這兩者之間。我們和大鼠一樣，對於**所有**嬰兒都格外敏感，但自己的孩子在我們眼裡仍是最特別的小綿羊。人類媽媽的大腦對於自己孩子的反應最為強烈，而且在不同文化中都能發現這個現象：從喀麥隆到南韓，我們都對自己的嬰兒特別著迷。

「這一點其實不需要靠神經成像技術來證實，不過結果也確實是如此。」耶魯大學兒童研究中心（Child Study Center）主任琳達・梅斯（Linda Mayes）表示。

寶寶在媽媽眼中獨一無二，就算在實驗中和其他小孩穿著同樣的灰衣，我們大腦對他的反應速度還是比較快，而且在看到他時腦部有更多掌管獎勵感受的區域出現反應。回顧我的三個孩子在嬰兒期的照片，我現在看得出所有新生兒長得都很像，尤其是剛出生的頭幾週。脫去可愛的小衣服後，幾乎所有新生兒都和拔光羽毛、準備綁起來下鍋的寶鵰雞（Perdue Chicken）有著令人無言的相似之處。但是在剛成為媽媽的那個當下，妳的寶寶看起來是那麼與眾不同，臉上透露出獨特的性格、神氣、可能性和柔弱之美。

## 她有下眼睫毛耶！

媽媽腦部對於自己小孩的資訊處理方式也截然不同。我們不但能鎖定孩子的氣味，而且在產後一天之內，我們就能從那群看起來長得一樣、忿忿不平、臉頰紅潤的嬰兒捲餅當中認出他來。根據研究顯示，光是撫摸他們柔嫩的小手背，我們就能分辨出哪個是自己的孩子。就連他們尿布上的獨特氣味，對我們來說也很好聞——或者至少並不難聞；這個說法是根據二〇〇六年一份鑽研尿布的研究，題目相當直白：我家寶寶的味道才沒有你家的那麼難聞（My Baby Doesn't Smell as Bad as Yours）。要我的話會說，我家寶寶的便便聞起來一點也不像便便，比較像角豆樹。

孩子會讓媽媽大腦中與許多功能相關的區域變得更活躍，例如獎勵、情緒、同理、社會認知、動作控制……基本上就是什麼都包了。聽到自己五個月大的寶寶啼哭，我們的心跳會加快，若是聽到不認識的五個月大嬰兒哭號，則會變得比平常慢，即使沒人告訴我們哪個哭聲是自己的寶寶。

事實上，在產後四十八小時內，產婦就能明確認出自己寶寶的哭聲，明確到即使處在醫院裡其他同齡新生兒的刺耳啼哭中，她也只會因自家寶寶的哭聲而醒來。這個發現並非來自什麼不人道的實驗，而是對二十世紀中葉採取多床配置的產科病房所做的實際調查，我們的母親和祖母輩都曾擠在裡頭，度過感覺很漫長的產後住院時光。

在我第一次生產住院那無止盡的日子裡，乍來人世的女兒哭起來時，聲音總是刺耳無比，簡直就像遊隼的尖嘯，搞不好還跟翼手龍同一個等級。每次她尖聲啼哭，我都覺得自己像是被趕牛用的通電刺棍狠狠電擊。但我自己有時也會尖叫。「她吐奶了！」我會用正常來說只有宣布外星人入侵地球才需要用到的音調大喊大叫。

二十四小時過後，女兒可以離開新生兒加護病房了；這是件好事，只不過這下我跟老公得想辦法照顧她。病房內的我們如臨大敵，抱起她就像在抱一顆裹著包巾的手榴彈。基本上，我們事事都需要人協助：換尿布、拍嗝，尤其是哺乳。

但我會不計一切去學習怎麼做好這些事情。我很快就變成護理站的惡夢，任何時間都看得到我幾近半裸、敏捷俐落（儘管身上還有傷口）地在走廊上穿梭，到處找人幫忙。

因為，初生寶寶突然變成世界上最美好的東西，而我對所有嬰兒的情緒都很敏感，尤其是她的情緒；我有極度強烈的**動機**要採取行動，盡我所能地保護她、幫助她。以嬰兒為中心的愉悅感、對暗示行為的高度敏銳，還有堅定執拗的動機——這三者構成了新手媽媽本能覺醒的核心。

也許我根本沒必要弄清楚什麼時候該是上床時間，或是要準備哪一款安撫奶嘴，又或者是哪些時候到底該做什麼。也許我那個剛開始敏感化、帶著幾分飄飄然像人質般躺在病床上的妹妹，也不需要搞懂這些事。也許我們其實都不需要這樣。

但我們就是**想要**知道，帶著阿姨、保母或親切鄰居都不會有的堅決；即使她們在遇到可憐的棄嬰時會伸出援手，也不會像我們這樣。母性無關知識的有無，而是渴望在任何時刻為孩子做任何事情，窮盡一切，直到達成為止。媽媽完完全全被征服了。

大約九成的新手媽媽都表示自己「愛上」剛出生的寶寶，這點在神經科學上也有其根據。我們腦部對於親愛小寶貝產生的反應，很像情人所引起的腦部活動。

只不過，這個常見的類比其實正好相反，應該要倒過來講。在人類的物種自然史上，母愛的存在遠遠早於燭光晚餐，而且可能還解釋了種種浪漫行為為什麼存在。母愛是地球上最原初的戀愛。

回到匹茲堡，在完成包皮環切手術預約和文書作業等繁瑣的常規程序後，我妹妹終於可以帶著孩子出院了。在她家門口的階梯上，有部 Diaper Genies 最新最大的尿布處理器正等著她，旁邊還放著一籃藍色的花。

午餐我們叫了她最喜歡的南瓜咖哩，但她不想吃，因為怕裡面的香料會進入母奶中，害寶寶脹氣；她當然也不肯碰慶祝用的香檳，所以我跟媽媽接收了她的份。我們仔細討論著寶寶可愛的大腿肉，還有手指的長度。

「他還在呼吸嗎？」她每隔幾分鐘就會這樣問。

這些情況都非常正常。剛成為媽媽的女人心思經常在寶寶身上，平均一天約有十四個小時在想寶寶的事情。科學家認為這種寶寶狂熱或許能解釋強迫症在演化上的基礎，而且約有百分之十一的新手媽媽表現出強迫症的臨床症狀，相較之下，一般大眾只有百分之二。

我妹妹以前很常收聽全國公共廣播電台，她還開玩笑地說寶寶會把主持人艾拉·格拉斯（Ira Glass）當成真正的爸爸。但如今屋內彷彿陵墓般一片死寂，安靜到那個小寶寶每一次放屁或呢喃都有回音。我妹妹，一位出類拔萃、無所畏懼的運動選手，現在不敢抱著這個三點六公斤的小東西上樓梯。她的手機關機、語音信箱爆滿，而且至少就目前來說，她沒有打算回覆任何電話。

事實上，我原本的妹妹或許永遠也不會回來了。

我很確定原本的我再也沒有回來。而且，這個想法也得到最新的腦部掃描技術佐證。我的大腦運作和以前不一樣了，結構也和其他人的大腦不同，而且灰質發生顯著的變化。萊登大學（Leiden University）的研究室最近發現，與沒有小孩的女性相比，初產媽媽的大腦有明顯差異，而且灰質減少了。更驚人的是，對照她們在懷孕前所做的掃描影像，新手媽媽的腦部看起來也和**她們本人**在懷孕之前的大腦不同。另一項研究發現，某些媽媽腦部的灰質減少程度可達百分之七。像這種程度的改變，以一般成年人來講可說是前所未聞，只有腦部重傷後存活下來的人才可能出現。

萊登大學研究室甚至寫出一套演算法，可以直接根據腦部剖面辨識誰已為人母，而且準確度幾乎百分之百。看來，媽媽腦的症狀明顯到可以像疾病一樣診斷出來。

這些扭轉媽媽心智的變化至少會持續兩年，而且有可能延續終生。「妳是……歐洲人嗎？」在我住院期間，有位護士小心翼翼地這樣問我，一邊觀察我衣不蔽體地在房裡忙著。

事實上，我大半輩子都是個正經又規矩的新英格蘭人。

但我現在脫胎換骨了。

「母性本能」一詞，或許低估了這場無形神經革命的規模有多大。本能這個詞聽起來像是許多選項當中的一種，而不是一切可用的資源。塔夫茨大學（Tufts University）的羅伯特・布里奇斯（Robert Bridges）傾向稱之為母性的「現身」（unmasking），也就是內在一直以來隱藏的潛力或沒有顯露的身分突然顯現出來。

我很喜歡這個用詞，因為它讓新手媽媽的苦悶工作有了幾許化裝舞會的氣息，也因為它暗示身為母親的自我是正當存在，而不是什麼過度肉麻、滿頭亂髮的假冒者。

和過去的自己告別，是有點令人感傷。每一次重生，也都是一場道別。

但新生的我和那個原本是我妹妹的人，肯定有很多很多話可以聊。

第二章

# 爸爸基因

## 父親如何造就母親

那我妹夫呢？他也永遠消失了嗎？還是他只是在買另一杯 Dunkin' Donuts 咖啡，隨時會回來？

身為半職業級的武術格鬥好手，還是兒童發展和資訊工程的博士候選人，他不論在體能還是精神上，都比大多數的新手爸爸更有所準備。他讀過最新最專業的育兒書籍，買了最熱賣的育兒用品，還鑽研各式各樣的兒童數據。但我們住在匹茲堡的期間，他看起來總是臉色發白，還常拿著各種肯定難以襯托豆子豐富風味的保麗龍容器猛灌咖啡。

他的內在是否也有什麼轉變正在發生？成為爸爸，是否也像變成媽媽那樣充滿驚喜？或許我們不該只關注媽媽獨有的母性本能，而是該探究有沒有「父母本能」存在。

雖然媽媽們在科學研究上已經很受冷落，然而得到的研究經費還是比爸爸們多，許多關於父性本能的問題雖然很有意思，但始終乏人問津。不過，至少目前為止的研究顯示，雖然成為父親的轉變對個人來說可能很衝擊，也能以科學方法檢測出前後差異，但媽媽和爸爸成為父母的過程卻有許多不同。

嗯……沒錯。這個顯而易見的事實，不僅在剖腹產的過程中和我的膀胱跟腸子一起赤裸裸攤在眼前，在產後也同樣明顯。可以肯定的是，在精神上和我同感創傷的老公是個好士兵。當上爸爸後第一個夜晚，他在厚度跟全麥餅乾差不多的行軍床上可憐地睡了一夜，一句怨言也沒有。

但就在他睡覺時，有些事情發生了。我動完手術被推回房間時，沒人注意到我病床上的呼叫鈕壞了。半夜我痛得要死，想叫人來幫我加止痛藥，但儘管我按呼叫鈕按得越來越瘋狂，還是沒有人來。我用嘶啞的聲音向老公求救，但不管怎麼叫，都沒辦法把這個筋疲力盡、完全斷電的新手爸爸叫起來。最後終於有位機警的護理師察覺狀況不對，過來查看。維修人員拿著手電筒，刺眼的光線在房間裡照來照去，但我老公還是沒醒。到了隔天早上，他才從我口中得知夜裡發生的事情。

我在那天晚上意識到，儘管我和老公在育兒事業上是正式的合夥人，但我們的命運截然不同。經過切開又縫合的身體讓我移動困難，腹部就像快墜毀的熱氣球一樣慢慢消氣塌扁，而他躺在那邊的長椅上，幾乎毫無影響。我們兩人之間的生理差異在過去十個月間變得越來越大；邁向那十公分的旅程，讓我到了一個截然不同的新世界。在生產後的種種異常之中，我們的心理和情緒似乎也走向分歧。

或許，一直以來都是分歧的。

也許我不應該對這些現象如此意外。正如一般男性和女性在生理上有明顯差異（例如骨盆形狀和身體脂肪分布），我們的神經構造也有所不同。女性的海馬迴比較大，而且有較多與語言相關的神經迴路，男性則是杏仁核較大。我們在旋轉圖形及閱讀約翰．葛里遜（John Grisham）的小說時，使用的大腦區域並不相同。

在成為父母之前，這些性別差異就已經影響了我們對嬰兒暗示的反應，至少實驗結果顯示如此。沒錯，人類天生都喜歡嬰兒，但平均來說，女性似乎先天就對嬰兒比較敏感。更妙的是，在未生育族群中，育齡婦女可能是對嬰兒暗示最敏銳的，尤其是正值排卵期的育齡婦女。

在美國國家衛生研究院所做的一項實驗中，研究人員給沒有小孩的男性和女性聽一段白噪音，中間參雜刺耳的嬰兒哭聲。女性聽到嬰兒哭聲時，大腦會立刻活躍起來，相較之下，這段期間「男性的大腦一直處於休息狀態」，他們的心思仍然在「飄蕩著」。

另一項實驗則是給受試者觀看不同的人臉照片，根據受試者的臉部溫度來測量情緒波動反應。女性看到嬰兒照片時，鼻尖從代表平靜的綠色變為代表興奮的黃色。至於男性，嗯，他們是在看到女人照片的時候鼻尖溫度會升高。

但到底為什麼女性會比較喜歡嬰兒的照片？為什麼我們會時時被孩子牽動情緒，而男性多半不會如此？

答案或許來自古老的家庭必需品：蛋和奶。

自然界裡，在哺乳動物的圈子之外，媽媽未必總是負責照顧的一方。以魚類來說，會照顧後代的魚種裡頭，通常是由雄魚挺身「游」出，擔下這個責任。不少人類媽媽對《海底總動員》（*Finding Nemo*）裡面充滿責任感的小丑魚爸爸都很熟悉（可能看到都膩了）。在皮克斯製作的這部動畫電影當中，小丑魚尼莫的媽媽並沒有什麼戲份，因為她已經被吃掉了，嗚呼哀哉。然而在現實中，魚媽媽往往才是**吃魚**

**的那一方**。許多魚類都有一種驚人的適應機制，稱為「無限制成長」（unrestricted growth），意思就是雌魚在一生當中可以不斷長大，牠們會一直狼吞虎嚥、越長越大，同時產下更多的卵。（得知這件事讓我忍不住嫉妒地盯著女兒的金魚缸看，據說裡頭的居民都是雌性。）因為雌魚的受精卵會落在海草上，或是雌魚體外的其他地方，雄魚可能會接著肩負起守護魚卵和魚苗的工作，魚媽媽則可以扭腰擺鰭、逍遙自在地在大海中到處賣弄風情，找尋下一個在外面播種的機會。

雌鳥沒這麼逍遙快活，不過約有九成的鳥種是由配偶雙方共同分擔育雛的工作，彷彿有人在冰箱上貼好家事分配表一樣。因為鳥類的受精蛋也是在雌鳥體外發育成熟，鳥蛋和雛鳥若有父母一起保護、提供溫暖和食物，就能有更多機會存活。我家後院住著一對老鷹，我時常看著牠們在巢裡照顧雛鳥，默默致上敬意。

不過，哺乳動物的雌性不會產卵下蛋。即使在受精之後，卵仍藏在我們肚子裡。在體內孕育胚胎，說明了哺乳動物何以能在地球上如此強盛：懷孕可確保後代幼體溫暖、飽足並免於掠食者的威脅，讓我們即使在最惡劣的環境當中也能繁衍。

不過，這種巧妙的適應機制雖然讓我們比恐龍活得更久、稱霸地球，但也讓女性成為負責把屎把尿的主要照顧者。

以哺乳動物來說，雄性是散播配子的那一方，理論上幾乎可以繁衍出無數的寶寶。雌性則得出借體內空間長達數月之久，在這段期間無法繁衍其他後代。哺乳動物媽媽別無選擇，只能將資源都投注給已經占據自己肚子的胎兒，暫時停止傳遞基因給更多後代。但在此同時，雄性可以繼續讓更多卵子受精，不用把受精卵都放在同一個籃子裡。

長達九個月、可能到十個多月的孕期（母象更慘，要二十二個月），只不過是媽媽陷入困境的開始，乳汁讓身為哺乳動物的媽媽們受到更多限制。我們「哺乳動物」的分類依據就是源自於乳房，雖然有少數無毛動物（例如鼬鯊、襪帶蛇）演化成在體內懷胎，但只有哺乳動物的母體會分泌乳汁。

身上隨時帶著給孩子的現成食物，有時候感覺還蠻輕鬆的。我曾經無數次忘記帶備用的包屁衣、尿布，甚至是推車。呃啊，我還曾差點把小孩給忘了。但是哺乳中的媽媽，絕對不會忘記帶奶給孩子喝。

不過，這個延續兩萬年的便利之處還是會帶來其他後果。在嬰兒奶粉問世以前，隨身攜帶母奶自助吧代表媽媽可以靠自己餵養新生兒，但這份沉重又私密的工作往往會使得哺乳媽媽暫停排卵，讓我們能將心力更密集投注在手中嗷嗷待哺的嬰兒身上。

對人類媽媽來說，還有一點讓事態更加複雜，那就是我們分泌的乳汁特別稀。其他哺乳動物花在哺育幼獸的時間遠比我們少得多，像乳汁濃稠的野兔一天大約只要餵奶五分鐘，海狗可以一週只哺乳一次。而人類呢，可能有半個晚上都在想辦法餵飽孩子。其他哺乳動物幼獸幾週大就斷奶，人類卻需要哺乳數年，因為童年期很長。

在這方面，我們身體的副產品（也就是卵和奶）影響著母親的心智。哺乳動物孕育及養育孩子的方式，代表照顧後代的責任落在雌性身上，因此媽媽的大腦具備在情感上強化這層重要關係的機制。

如母性行為學者蘿拉．格林（Laura Glynn）在 TEDx 演講中所言，「為了保護傳承我們基因的後代，女性的神經系統承受了不少負擔。」或者該說有些科學家是這樣認為的。在哺乳動物當中，絕大多數物種都是只有媽媽能夠品嘗某些喜悅的滋味。這種喜悅的感受，讓她能承擔起育兒的重擔。

從美洲豹到長頸鹿，大部分哺乳動物的爸爸都完全不照顧後代。我們人類媽媽在理所當然地怨嘆爸爸是「豬隊友」或時常消失之餘，或許該慶幸自己是人類，因為在哺乳動物當中，臭爸爸對育兒還算有點貢獻的物種僅占百分之五。

我承認，上面這些冷冰冰的生物學論調，對於我這樣幸運擁有許多優勢的現代新女性來說有點令人惱火；我有位耐性十足、不屈不撓，應該算得上是神隊友的伴侶。

他不但是個有口皆碑的便當大廚，還有堪比摺紙的換尿布技術。我老公天生就對受苦的脆弱小動物特別心軟，例如他老是擔心小孩養的倉鼠小橘最近有沒有吃到足夠的新鮮花椰菜。在生小孩之前，我一直理所當然地認為他跟我的育兒能力應該不相上下，就算他在任何面對尖叫嬰兒的「兩性之戰」實驗中表現勝過我，我也不會意外。剛當上爸爸時，他在開車載我們從醫院回家、準備迎接一家三口的新生活時，因為太過緊張拿到生平第一張超速罰單。他還在托嬰中心的畢業典禮上掉過眼淚。我老公正是積極參與育兒的爸爸典型。

其實他並不是特例。現代父親顯然已經掌握不少育兒技能，如今美國約有兩百萬名全職爸爸，人數刷新歷史紀錄。現在的單親爸爸比以前更多，而且爸爸與小孩相處時間平均每週超過七小時，是一九六五年的三倍。在競爭最激烈的圈子裡，菁英爸爸們的育兒之道，似乎已轉變成像媽媽們那樣將資源集中灌注在少數後代身上。

如果我能帶大家回到石器時代，應該就會發現從智人出現開始，在妳忙著用剛發明的方法生火時，若能有個同居的男性原始人在旁邊看著孩子，其實有不少好處，更別說他還可以拿起棍棒替妳擊退劍齒虎。幾乎可以確定的是，早期的人類爸爸確實有參與養育小孩這個漫長又費心的工作。父親參與育兒的現象，其實早在婦女開始疾聲呼籲之前就已經存在並且盛行，也以顯著而獨特的方式刻劃在爸爸的大腦中。

當然，哺乳動物的爸爸們不需要經歷懷孕和分娩的過程。（某篇研究提出一個有趣的問題：「為什麼男人在產後感覺更有魅力？」嗯，不解釋。）爸爸們也不會泌乳。（好吧，是有一些奇怪的狐蝠爸爸會泌乳……不過那比較像是因為牠們吃了什麼怪東西，不是因為有父代母職的野心。）

不過，少數幾種哺乳類爸爸在迎接新生命到來時，荷爾蒙**可能**會發生變化，包括人類在內。

舉例來說，新手爸爸常有睪固酮濃度驟降的現象，這種化學物質的減少或許能解釋為什麼會出現「產翁現象」（sympathetic pregnancy）。產翁現象又稱為擬娩症候群（couvade syndrome），有些特別投入育兒準備的爸爸會因此長出彌勒佛似的渾圓肚子。準爸爸們常會長鬍子，但原因我們還不太清楚；而且在南太平洋的某些文化圈，準爸爸們在太太懷孕期間甚至會抱怨自己腰痠背痛，誇張地去躺床休息。新手爸爸也可能經歷某種形式的產後憂鬱症，不過情況遠遠不如媽媽普遍。

在嬰兒暗示實驗中，相較於還沒有孩子的男性，新手爸爸們對於嬰兒的暗示行為明顯有比較多反應，而且寶寶的氣味對他們也特別有吸引力。有些研究發現，媽媽和爸爸在與嬰兒互動時，腦部有類似的神經模式，而且——爸爸們先別看！——越是積極參與育兒活動的爸爸，睪丸就越小。與孩子同住的爸爸們，甚至和媽媽一樣擅於分辨孩子的哭聲。

不過，密西根州立大學（Michigan State University）的母親行為研究專家喬．朗斯坦（Joe Lonstein）表示，這些文獻記載的變化還是「完全比不上女性身體發生的改變。我們在母親身上看到的改變程度，是任何人在任何其他階段都不可能發生的。」

關於媽媽們的劇烈改變，我們等一下再繼續談。要注意的是，那套能夠辨識出媽媽大腦的聰明演算法，沒有辦法判別哪些男人是爸爸。父親的神經構造並不像母親那樣具有典型的特徵。爸爸們腦部結構的改變未必有可預測的固定模式，也不像媽媽那樣灰質一定會減少。雖然我和老公在為人父母這件事情上有許多共通點，像是共同的價值觀、生活作息和教養方針，而且去年都沒辦法弄斷用來把聖誕樹綁在休旅車車頂的繩子……但我想，我們兩人都覺得是我**改變**得比較多。

一九八〇年代有一張著名的圓餅圖，正好呈現出這種感覺。根據當時的訪問調查，在孩子出生一年半之後，爸爸們認為父親這個角色在自己的各種身分當中，大約占百分之二十七的比重。媽媽們卻認為母親的角色占了百分之五十五，這個比例在圓餅圖上占的區塊，大到看起來就像《Pac-Man》遊戲裡面不斷張口吃豆子的小精靈，準備要吞掉「配偶」、「職業」和女性在當媽媽之前擁有的其他身分。

或許你會認為這是文化期待造成的現象，但實際上，女性產前對於母親角色在自己各種身分中的占比預期，只有百分之十六，預期與現實有著非常驚人的落差。準爸爸們的預期則是百分之十七，至少和實際情況不算相去太遠。

※ ※ ※

正如沒有小孩的男性和女性對於嬰兒信號的反應不同，媽媽和爸爸的回應也不一樣。整體而言，母親對於小孩的情緒還是比較敏感。當小孩哭泣時，媽媽腦部深處與痛苦和情緒有關的區域就會被啟動，但爸爸並不會。只有聽起來比較緊急的哭聲才會驚動爸爸，這或許解釋了為什麼新手媽媽每晚的睡眠時間比爸爸少四十五分鐘。（這是平均數字，也就是說，一個夜晚的實際睡眠時數有可能差更多，相信我。）

在某些實驗中，研究人員分別播放寶寶肚子餓時的啜泣聲，以及剛割完包皮的哭號聲。很自然地，爸爸們聽到割完包皮的哭聲都非常注意；但媽媽大多比較擅長分辨這兩種哭聲的不同，並分別給予回應。在大多數情況下，母親比較會根據感受回應嬰兒的情緒，對於強烈的負面情緒會給予最多注意。我們也比較擅長記住寶寶的笑臉，這顯示出寶寶對我們來說特別能帶來獎勵感受。

媽媽想到寶寶的頻繁度是爸爸的兩倍，我們也更常和寶寶說話。實際上，就連「爸爸語」是否存在都不是很明確。在一項實驗中，研究人員將錄音機藏在幼兒的衣服口袋內，然後聽了超過一百五十小時含糊不清又沒什麼意義的咿咿呀呀。當爸媽對小孩說話時，媽媽的聲音頻率會提高四十赫茲，這是媽媽語的典型特徵，但是爸爸的音調絲毫沒有變高。

隨著時間過去，這些差異可能會減少。等孩子稍微長大一點時，爸爸確實會和孩子有更深的連結；大概在孩子一歲左右，父親對孩子的興趣會變得比較濃厚，因為寶寶已經變成可以玩飛高高的學步兒，不再是一個包得緊緊的小可憐。我老公對我們剛出生的孩子總是顯得有點困惑。「她看起來好像一雙捲起來的襪子。」他曾經這樣形容裹在包巾裡、還是個小不點的女兒。還有一次他說：「她看起來好像《羅傑斯先生的鄰居》（*Mister Rogers' Neighborhood*）節目裡的布偶。」

但即使孩子大一點之後，仍然可以在最普通的情境下看出爸媽之間的差異；例如上游泳課時，媽媽們通常會讓一歲大的小孩面對著自己，這樣母子之間可以經常有親密的眼神接觸，爸爸們則多半會讓孩子面朝其他方向。還有，在外工作的媽媽比爸爸更有可能因為孩子生病而請假。我們傾向給孩子安撫和擁抱，爸爸則往往讓他們蹦蹦跳跳、飛高高，用他們的腳踩腳踏車、搔他們的小肚子，還會發出各種令他們分心的聲音（這我可以作證）並鼓勵冒險行為。父親鼓勵孩子冒險的傾向已經在研究中量化證實，只不過研究方法有點令人心驚：把玩具放在樓梯頂端，然後靜觀其變（雖然過程中你可能會忍不住想用手遮住眼睛）。

日常生活中這些有趣的細微差異，或許暗示在對事物輕重緩急的判斷上，父母之間存在著攸關生死的極端差異。有些經濟學家甚至認為，將救濟金交給母親，比交給父親更能確保孩子的福利，原因大概是母親會更願意照顧孩子。有人在坦尚尼亞的鄉間地區做了一項實驗，讓父母們從三種禮物當中擇一，分別是童鞋、現金和糖果；結果，辛勤刻苦的母親們大多選擇了小孩的鞋，而爸爸們則偏好拿現金或糖果。

⁂

父性本能儘管在男性內在埋藏得更深、發展得更慢，而且有許多不同的表現方式，但的確是一種類似母性本能、促使父親關愛寶寶的核心動機；最重要的是，父性本能的顯現，似乎與男性和小孩母親相處的時間多寡有關，而且在小孩誕生後，父親與小孩的相處時間也會有影響。這套機制的運作方式仍存在許多謎團，不過或許和氣味有關。英國新堡大學（Newcastle University）的研究團隊找來九十一位男性進行研究，發現男性受試者在實驗環境下聞過懷孕婦女的體味之後，注視嬰兒照片的時間明顯變長。

同樣有影響作用的，可能還包括練習。就像媽媽們一樣，人類父親能夠靈活應變、具有聰明才智，而且有積極努力的動力；不僅如此，他們的大腦會根據所知的事物而成長。就像倫敦計程車司機腦部主掌定向能力的區域會被強化、野鳥觀察家腦內專司臉部辨識的迴路受過很多訓練，如果爸爸們可以像媽媽一樣負責照顧孩子，他們的大腦和行為也會跟著變化——但我們的文化期待有時並不給爸爸們這樣的機會。

例如有項研究顯示，請長時間陪產假、在第一時間陪伴新手媽媽的父親們，比較可能會在嬰兒出生九個月後仍持續負責換尿布和洗澡等工作。（附帶一提，我們不要小看內疚感在這些機制中發揮的作用。）有一項齧齒動物研究發現，小鼠媽媽必須以超音波對小鼠爸爸發出吱吱叫的聲音，才能促使小鼠爸爸參與育兒工作。

但無論作用機制是什麼，媽媽和爸爸在生物學上有一個關鍵差異：新手媽媽是受到荷爾蒙的影響而想尋求與嬰兒相處的機會，新手爸爸則是要透過與嬰兒相處的經驗才能讓相關的荷爾蒙增加分泌。男人如果在一夜歡愉過後再也沒跟對方往來，並不會像女人（受孕後）自動變成媽媽那樣，蛻變成擁有育兒本能的爸爸。和成為母親相比，成為父親比較像是一種可以選擇要不要經歷的過程。如果要成為父親，男人要做的第一件事情就是陪伴在側，而很多男人並沒有這麼做。

當然，就像人類在世界各地有各種不同的文化一樣，各地男性的行為也有許多差異。但是，幾乎每個地方的爸爸都會根據當地環境決定要不要棄守，他們總會觀察風向，而情願付出一切的媽媽們則比較傾向堅持到底。

有很多環境變因可以用來預測人類爸爸留下的可能性有多高，環境嚴苛度就是其中之一：若是生存條件比較嚴苛，例如要有兩個人才能鞣製鹿皮（或是湊足頭期款），爸爸們比較可能會留下。但另一方面，在有傳染病流行的地區，爸爸們比較可能會拋妻棄子，原因可能在於即使有父親在也無法阻擋病菌，而且就算孩子病死，他們還是可以在其他地方開枝散葉。一個例子是，在巴西爆發茲卡病毒一年後，記者回到疫區訪查，發現感染茲卡病毒的媽媽和孩子幾乎都被她們的性伴侶拋棄了。

在社會上生存的方式也會影響父親對兒女的養育模式。在飲食以肉類為主、必須獵殺大型獵物的漁獵文化當中，父親的育兒參與就會比較明顯。以對爸爸很友善的因紐特人（Inuit）為例，他們的傳統飲食幾乎百分之百都來自動物的肉，因此需要捕殺鯨魚等不易獵殺的動物。相對地，溫帶農業文化提高了男人能夠養育的小孩數量，也就降低了他對每個小孩的平均父職參與度。

父子血緣關係的確定程度也很重要。在現代西方文化中，妻子通姦的比例大約只有百分之三，但在其他時代和其他地區，戴綠帽的比例可能達到百分之十以上。目前的最高紀錄來自納米比亞的辛巴族（Himba）部落，根據二〇二〇年的DNA分析報告，有將近一半的孩子親生父親另有他人。

某項有趣的研究發現，爸爸們難得有一項觀察能力贏過媽媽們，那就是「辨識小孩臉部的相似程度」。也就是說，男性比較容易察覺小孩長得像不像自己——如果發現孩子是別的模子印出來的，很可能就會棄之不顧。

然而，即使在適合男性參與育兒的理想環境下，父母雙方承擔的親職也很少真正達到公平。

到目前為止，我和老公已經在好幾個不同的地區養育過小孩。我的兩個女兒出生在華盛頓特區，是人煙稠密的都會地區；後來我們想讓她們在農場成長，於是搬到我在康乃狄克州鄉下的老家，有幾公頃大的廣闊農場，我們就在那裡生了小兒子。後來因為農場生活計畫不順利，我們又帶著三個小毛頭舉家搬到附近的大學城，也就是充滿綠意的紐哈芬（New Haven）。

我們現在住的街區，在我看來，對爸爸們來說已是經過完美校準的微觀環境了：父子血緣關係確定度很高、染病率低、一夫一妻制的文化，還有對子女而言相當嚴峻的環境（至少在爭取大學入學資格這方面很嚴峻）。

但事情總是很難說。

我們大多數的鄰居都是教授，我本來猜測他們會說育兒工作該由父母平均分擔。然而，有學者（或許該說是叛徒）研究自己的同行後發現，在擁有終身職的教授中，請過育嬰假的男性只有百分之十二，女性則有百分之六十七。嗯，這或許解釋了為什麼在整個學術圈當中，已婚爸爸拿到終身聘的機會最高，但已婚且有六歲以下小孩的女性拿到終身聘的機會最低。另一份研究指出，有許多小孩不到兩歲的學者「表示自己認為先生和太太應該平均分擔育兒工作，但幾乎沒有人做到。」論文作者們寫到這點時似乎很震驚。在研究者列出的二十五件育兒工作事項當中，女性學者每件事都做得比配偶多。

不過，還是有例外。有人針對同性戀爸爸們做了初步研究，結果特別有趣：以色列有一項針對兩個爸爸組成的家庭所做的研究，發現同性戀爸爸的腦部和整體生理狀態都比異性戀爸爸更像媽媽。在沒有女性承擔寶寶照顧工作的情況下，或許同性戀爸爸接收到的嬰兒刺激特別多，並且反映在腦部和心智的變化上。

但在此同時，也有許多男性顯然不願和孩子有這種如同媽媽的親密關係，有時甚至完全不想要任何關係。雖然我們的文化對父親育兒越來越友善，家中沒有父親的美國兒童卻比以往更多。如今有百分之二十七的孩子與生父分居，而且超過半數的小孩在年滿十八歲之前有一段時間是和單身的媽媽住在一起。美國是世界上女性單親家庭比例最高的國家。此外，現在的美國爸爸常被稱讚花很多空閒時間在小孩身上，但這有時是失業、殘障或工時減少的結果，而不是因為他們渴望在家陪小孩拍手唱歌。

就連在情境喜劇《歡樂滿屋》（*Full House*）播出之前幾乎沒人聽過的勇者單親爸爸，科學家開始認真研究後也發現他們似乎也過得不太好。近年有項針對單親爸爸所做的加拿大研究顯示，他們心臟病發作和罹患癌症的比例高得驚人，而且死亡率是處境類似的單親媽媽的三倍，顯示單親爸爸這個不熟悉的角色可能帶給他們非常大的壓力。

「男性有太多要顧及的事情，所以往往把孩子放在比較次要的位置。」人類學家溫妲・特維森（Wenda Trevathan）在探討全球人類學文獻時如此總結。另一位學者指出，在「絕大多數」的人類文化中，媽媽和其他女性給予嬰兒的照顧都比爸爸多。（我很想打賭說「全部」的文化都是如此，但二〇一七年有項討厭的研究發現，芬蘭爸爸每天陪孩子的平均時間比媽媽多八分鐘。不過，那都是學齡兒童，不是隨時需要人伺候的嬰兒。）即使是在人類學家最喜歡觀察的友善爸爸族群當中，也還是能發現這樣的情況；像是在中非的阿卡族（Aka），爸爸每天抱小孩的時間平均有五十七分鐘，雖然不少，但比起媽媽的四百九十分鐘實在不算什麼。

直到不久之前，我有些當媽媽的朋友都還會反駁有這種「天生」不平衡的親職結構，因為文化和聰明的職業選擇一向給我們很好的保護。但後來發生 Covid-19 新冠肺炎疫情，不論爸爸還是媽媽，大家都被迫回到家裡工作，彷彿穿越時光回到一九五〇年代；誰會想到，在職場上位處最高階層的職業媽媽如今要肩負起新的育兒重擔。全美國的媽媽都在縮減工時，而且她們喪失工作的可能性是爸爸們的三倍。

在人類的靈長類近親當中，有少數幾個物種與眾不同，是由爸爸來當主要的照顧者；其中最特別的是伶猴，大部分時間都是由公猴抱著幼猴，所以幼猴甚至比較喜歡爸爸的手臂。（不過伶猴爸爸似乎不是很在乎寶寶，牠們閒著的時候還是喜歡和終身伴侶交纏尾巴。）

但這些特例是在相當獨特的環境下演化出來的。伶猴生活在南美洲叢林極高的樹冠層中，母猴要供應好幾公升的乳汁給幼猴，若還要拖著寶寶在高聳的樹頂上盪來盪去，在沒有伴侶照顧的情況下很可能餓死。

我懷疑我老公體內可能流著一點伶猴的血。有時候我家小孩會在夜裡喊爸爸，而非找我；要是人類有尾巴，他們可能哪天也會想把自己的尾巴跟爸爸的纏繞在一起。

不過事實上，人類和住在地面的非洲靈長類動物血緣比較相近，例如普通獼猴（*Macaca mulatta*，又稱恆河猴）；牠們和大多數的哺乳動物一樣，爸爸並不參與養育過程。雖然參與育兒和家務活動的人類父親會受到鼓勵，會做牽絲烤起司三明治和推嬰兒車散步的伴侶讓我們覺得有人分擔重任，但在冷眼旁觀的進化論者看來，這些都只是附帶的效益，到頭來最重要的還是誰被淘汰、誰能活下來。根據科學家的計算結果，在各個人類文化圈中，能夠就近幫忙照顧的奶奶或外婆都比爸爸更能提高孩子的存活率；甚至有人進一步主張爸爸根本和小孩能否存活無關。

或許就連最大聲疾呼進步觀念的男性，內心深處也會懷疑事實是否真是如此。聖誕節時，我訂了一本雜誌給老公當禮物，這本雜誌專為認真努力、重視生活質感的新好爸爸們設計；它的目標讀者是熱愛冒險但願意為愛奉獻、臉上蓄鬍但總是願意敞開心扉、而且肯定會彈吉他的男子。這本雜誌名為《火苗季刊》（*Kindling Quarterly*），內容有搖滾巨星的爸爸經，還有「帶寶寶遊伊斯坦堡」的文章。它在發行六期之後就停刊了。

由於當爸爸這件事情有太多變化的可能，成為父親與否仍然有很大的選擇空間。不過，即使是薄情寡義、不負責任的人類爸爸，對於親職仍有著不可動搖的影響。他們是造就母親的重要因素。

就算父親在讓女性受孕的隔天就又打開交友軟體，實際上他還是推動著某種化學過程，促使女性將身體讓給他尚未出世的孩子，並且像上鉤的魚一樣毫無保留獻出自己。爸爸，或者至少爸爸的基因，是讓女性轉變為母親的幕後推手。這齣奇異而不為人知的劇碼在某個人體器官中上演，它不但常被忽略，而且經常被扔進垃圾桶，它就是胎盤。

在古埃及時代，法老王還會把他的胎盤放在長杖上展示，隨同他一起出巡；但從那之後，胎盤在人們心中的地位就一落千丈。古埃及人相信胎盤是靈魂的座位，這點其實和事實相去不遠。

胎盤這個短命的器官，不僅是能讓胎兒進食、排泄和呼吸的重要胎兒附屬物，也是讓母體荷爾蒙發生重大變化的魔術師，提供了形塑母親的要素。

然而，我在婦產科診所的候診區看過一堆給新手媽媽的宣傳資料，當中完全不見這位孕期煉金術士的蹤影。學界對於媽媽相關研究已經很缺乏關注，胎盤學更是一灘死水，少有進展；這也是情有可原，因為動物胎盤實在是難以進行研究的器官。哺乳動物多半會在產後把胎盤吃掉，而且常常是趁著夜深人靜時，那對牠們來說大概就像我們產後餐裡附的氣泡飲料。有位研究胎盤的生物學家曾描述她如何從產後飢腸轆轆的母猴手中拿到研究樣本：用棉花糖跟牠們交換，這顯然是唯一比胎盤更有吸引力的美食了。

耶魯大學的醫師兼研究科學家哈維・克里曼（Harvey Kliman）研究胎盤將近四十年，一直走在胎盤研究的最前端（那團軟軟滑滑的東西也是有前端的，如果你知道怎麼看的話）。克里曼也是業餘攝影師，他在紐哈芬的辦公室離我家只有幾公里，牆上掛著幾張他最喜歡的胎盤照片，大多是看起來像抽象藝術的組織顯微特寫照。室內一角還懸掛著一串紙鶴——考慮到他的專業，或許該說是送子鳥才對。

在他的辦公桌上，擺著一個蒸汽龐克風格的雕塑品，上面有好幾顆燈泡、一部顯微鏡跟一個塑膠製人類頭骨，以鉚釘固定在木箱上。這是克里曼的「靈感箱」。每當需要創意靈感時，他就會旋轉開關，讓最亮的愛迪生燈泡亮起來。

「男人無法創造生命，所以我們得要創造些別的東西。」他說道。

男人創造的東西，就是胎盤。

克里曼先給我看一張照片，是他同卵雙胞胎女兒之一結婚時的全家福，接著熟練地把電腦螢幕畫面切換到這對同卵雙胞胎的胎盤照片。「瑞秋和米雪兒就在這裡。」他露出愉快的微笑。

雖然姊妹倆沒有要帶著法老王的長杖出巡，克里曼還是將雙胞胎女兒的胎盤保留了三年，直到研究室的某個同仁不小心把儲藏櫃裡的東西給清理掉。他留著胎盤很合理吧？畢竟那是他的作品。女兒是克里曼的太太所生，但這個雙層胎盤卻是他的傑作。

「許多人以為胎盤是由媽媽產生，用來養育胎兒的，」他說道，「其實大錯特錯。」有人在一九八〇年代做過一系列有名的實驗，可以說明這是怎麼回事。長久以來，科學家都假定父母雙方分別提供胎兒一半的基因，對每個特徵各出各的一份。既然胎盤是胎兒的外部器官，有跟胎兒相同的DNA，那麼應該也是同樣的道理。

事實並非如此。遺傳學家以人為操作的方式，將同一隻母鼠的兩套基因在母鼠的卵中結合，令人意外的是，卵發育成幾乎完整的胎兒，胎盤卻非常幼弱。

反觀用兩組**爸爸**基因結合的結果，胎兒發育遲緩，胎盤卻長得特別大，而且呈現健康的肉粉色。（人體內有時也會自然發生這種混雜的情況，例如精子進入沒有細胞核的卵後自行複製增生，導致出現「葡萄胎」，也就是一個巨大的胎盤，外觀就像一串噁心的深紅色葡萄。）

於是，向來不受重視的胎盤讓科學家首度發現一個奇妙的現象：基因銘記。在大多數遺傳特徵上（例如耳垂形狀等等），媽媽和爸爸確實是各出一半。但是在我們的遺傳密碼中，有不到百分之一的基因組會讓親代其中一方的基因失去作用，只有另一方的基因會發揮「銘記」效應，掌控要傳遞哪些化學訊息。

雖然基因銘記也會在體內其他地方發生，但動物研究的結果顯示胎盤內有非常大量的銘記基因在活動，而且大多來自父系的基因。或許是因為胎盤的壽命很短暫，才能進行這麼極端的遺傳實驗。胎盤只需要存在九到十個月，腎臟或胰臟卻必須運作約莫百倍的時間。

生物學家認為，胎盤內的基因銘記現象可說是父母之間不為人知的較勁。那個和妳一起瑟縮在棉被裡、為嬰兒監視器第一次傳出的鼻塞聲做好心理準備的伴侶，在妳眼裡或許是戰友；但就某些演化生物學家看來，你們倆從懷孕的那一刻起就處於對立陣營，在妳的肚子裡進行一場殊死戰。

我老公個性溫和，但我對這個「子宮擂台」概念的理解速度可能比別人想像中快得多。我們大學第一次約會時，他比約好的時間早了四十五分鐘來接我，因為他室友為了整他，趁他洗澡時偷偷調快他的手錶。由於多了一段尷尬的相處時間，讓我有機會在亮得刺眼的宿舍燈光下，近距離仔細看看這個在英文專題討論課上認識的陌生男人。我很認真地端詳他鬍子下的面容（這裡要強調一下，他當時留鬍子不是因為產翁現象，而是因為他在難過班上的另一個女生不甩他）。

我認得那張臉。「是**你**啊。」我說道。

原來，我們幾年前曾經在全州高中辯論競賽時分配到同一組。我永遠忘不了他和隊友穿的那件針織背心有多讓人難以忍受，尤其是因為他們贏了——雖然我的論點成功擊敗我未來的配偶，但其他隊友沒能保持優勢。後來，我們兩隊在聖壇上再度碰面，我老公的隊友當了他的伴郎，而我的隊友（沒錯，就是艾蜜莉）則成為我的伴娘。

雖然我和老公發展得很順利，但我們的對手關係不時會浮現出來；比方說，我們最後辯論起應該什麼時候生小孩，原則上我是同意生小孩的（我確定小孩有在我的人生願望清單上），但現實上希望盡量延後，最主要是因為我太喜歡配著啤酒享用衣索比亞料理，而且超級愛吃可能帶有細菌、影響胎兒的生餅乾麵糰；還有，我在當臨時保母的時候已經受夠尿布了，無法對這件事等閒視之。

「你知道尿布裡面有什麼嗎？」我們曾在一間墨西哥餐廳為這件事起了小小爭執，我喝下幾口瑪格麗特雞尾酒後不滿地小聲說道。「尿布裡面有**大便**欸！」叉子被我往桌上一丟，掉進淹沒起司玉米捲餅的深咖啡色墨西哥辣醬中。

他最終還是贏了——但我會說，是我大方地退讓了，主要是因為我錯估了母性本能這件事。除了要忍耐十個月不能喝雞尾酒，當媽媽對我來說**肯定**沒什麼。大家都做得到，何況是我——拜託，我好歹也拿過全州辯論比賽冠軍，雖然老公會辯解說我能贏是因為他退出辯論隊去編高中校刊。總之，當媽媽是會有多難？

所以我決定讓可憐的老公如願，把當媽媽的時間點提前。（很顯然，當時我還沒看到那個圓餅圖。）

不過，依照胎盤學的研究結果，我們兩人之間的巨大衝突此刻才正要開始。

我老公製造的三個胎盤，都是在手術室呆板的簾子後面剖腹取出來的，所以我從來沒真正見過這個締造我命運的綿軟物體。克里曼特別安排讓我去看看研究室裡的新鮮胎盤。

攤放在檯面上的胎盤還帶有餘溫，看起來軟趴趴、鬆垮垮，像一團緋紅的歐姆蛋，或是擱淺在沙灘上、被我小孩戳過的那隻紅色水母。但它其實是所有哺乳動物體內構造最不可思議的器官，不論是外觀還是大小都各異其趣。

除了毛皮和其他外表上的差異，哺乳動物的體內器官基本上都差不多。河馬的肝臟就像是巨大版的人類肝臟，沙鼠的胃基本上也就是人類胃部的縮小版。但是，胎盤的樣貌卻是千奇百怪。有些物種的胎盤長得像橡皮筋，也有些動物的胎盤像是鋪滿軟墊的房間，或是凹凸不平的舊家具上覆蓋的舊破布。人類的胎盤在子宮裡時，據說看起來比較像瓜皮帽。

有些科學家認為，胎盤在外觀上的差異這麼大，就像基因銘記一樣證明這器官是個戰區，父母雙方在這裡互相征戰、重劃地盤。愛情果真就是戰場。

女方（比方說我）雖然有剛受精的卵在體內晃來晃去，但此刻她還不是對孩子滿心憐愛的母親，而是正好相反。她的免疫系統正在試著保護體內的資源，甚至可能會試圖阻撓妊娠繼續下去。從實質上來說，「懷孕對女性而言是個非常、非常大的麻煩。」克里曼解釋道。懷孕不僅風險高，而且需要耗費大量養分，女性身體的第一個反應就是抗拒：只有少數妊娠能夠持續到足月，主要原因就是母體的免疫系統在前幾週會使盡渾身解數攻擊胎盤。

於此同時，孩子的爸（無論他是坐在妳旁邊看第四遍的《權力遊戲》（*Game of Thrones*），還是早就跑去可可摩海灘[4]尋歡作樂）正在為這場懷孕奮戰，靠的就是他的基因銘記化身：胎盤。

雖然胎盤看起來糊糊髒髒，但它非常強大；克里曼一邊說明，一邊熟練地翻動那團歐姆蛋，手套上還有個掛在大拇指上晃動的血塊。胎盤連接母體的這一側，也就是附著在子宮內膜上的地方，看起來亂糟糟的，連接胎兒的那一頭卻顯得平滑整齊，像另一個世界的產物。「無論多用力扭轉它，都不會擠壓到血管。」他一邊說，一邊大力扯了一下臍帶。有如繫船纜一般粗的臍帶，末端隱沒在胎盤的中心。

我一直以為臍帶像是我丟給寶寶的救生索，但事實正好相反。整個胎盤就像是個被甩過空中、擲入母親體內的爪形鉤子，它會長出更多越來越小的鉤子，也就是血管，目的是吸取媽媽的營養，輸送給胎兒。妊娠足月的人類胎盤絨毛表面積超過十二平方公尺。

胎盤在英文中又稱為「afterbirth」，字面上是「產後」之意，但其實胎盤非常早就開始形成，大約在懷孕的第五天左右就會從還難以察覺的胚胎細胞團塊「囊胚」外層剝落。差不多從那時候起，屬於爸爸陣營的細胞就展開一場政變。

通常，位於女性腦部深處的腦下垂體會向卵巢發送信號，讓卵巢分泌黃體素。（每個月黃體素停止分泌時，月經就會來。）但是在剛懷孕的頭幾天，胎盤會跳過女性的大腦取得主控權，直接向卵巢傳送信號，要求分泌更多更多的黃體素，讓妨礙懷孕的月經永遠不會來。

「胎盤會說：『告訴你，最好給我乖乖聽話，』」克里曼盡力扮演著擬人化的胎盤。「『我們就算把你的頭弄下來也不會怎樣。』」母體的其他器官也面臨同樣的威脅。就連卵巢本身，在大約九週之後也變得可有可無，因為這時胎盤已經把一切都掌控在「手指」之間（克里曼這樣形容胎盤內側那有如雜草般深入母體的構造）。胎盤也開始**在自己的組織中**偷偷製造黃體素，並分泌構成雌激素的成分，此時就算開刀移除卵巢，仍然可以繼續妊娠。

4 譯註　出現在美國搖滾樂團「海灘男孩」（The Beach Boys）歌曲〈可可摩〉（Kokomo）中的虛構地名。

「就好比太空船從卡納維爾角（Cape Canaveral）發射，大約升空十秒之後，一切就由休士頓接管。」克里曼說，「胎盤就是休士頓。透過胎盤，母體所有的運作系統都會受到懷孕這件事情掌控。」此外，胎盤還會增加媽媽的食欲和口渴感，即使胎盤激素讓她更難以利用自己的血糖。我三次懷孕期間吃掉的泰式炒河粉，都在我渾然不知的情況下繞過我的肝臟，去餵飽我老公的胎盤了。胎盤激素也讓乳房準備好泌乳，以備日後不再透過血液輸送養分給寶寶時，要藉由乳汁提供營養。

胎兒和媽媽之間會發生這些精采變化，有部分原因在於體內懷胎難以避免的問題，那就是哺乳動物爸爸永遠無法確定孩子是不是他的。所以，與其耗費自己的精力從外部供應孩子所需，他們演化出其他方式，設法在母體內部達成自己的訴求。

也因為男人無法確定自己還有機會跟妳再生一個孩子，他在生物學上最有好處的作法，就是趁這次懷孕將妳的身體搾乾，盡可能產出最強壯、最健康的小壞蛋。儘管他有著溫和閃亮的雙眼，總是自動帶妳最喜歡吃的輕食餐盒回來，但他的基因卻想著要把妳徹底掏空。

克里曼讓我透過顯微鏡看看女性的局部子宮內膜，用肉眼看來就像一片義大利風乾火腿。他用一個慘白的箭頭向我說明某些胎盤細胞是如何離開胎盤、來到母親的子宮內膜，像餓狼般猛烈攻擊她。「他們侵略性很強，」克里曼說。

在懷孕數週的影像中，可以看到這些入侵的細胞體在帶有漂亮渦旋紋路的粉紅色子宮內膜上面，像是一個個細小的黑色波卡圓點，讓我想到希臘聯軍為奪回美女海倫派出的一千艘船艦。只不過，它們的數量恐怕遠遠超過一千個。每個孕婦體內，都有數以億計的胎盤細胞湧入，它們採用的軍事戰術，恐怕連阿加曼農[5]都會自嘆弗如。

一旦包圍母體飽滿的小動脈，它們就會開始攻擊血管壁面（毀牆這種事對媽媽們來說或許再熟悉也不過了），將緊實的肌肉變成糊軟的粉紅色組織，這就是徵用母體血液供給的第一步。

遭到攻擊的動脈壁變得越來越薄弱、裂隙逐漸變寬，最後肉眼幾乎看不到壁面，變成一元硬幣大小的噴油井。原本的涓涓細流，現在成了寬闊的巴拿馬運河（也確實是「人造運河」，男人造的），將母親的血液從子宮透過胎盤運送給胎兒。

正常情況下，母體大約有百分之五的血液會流入子宮。到了懷孕後期，在胎盤的影響之下，會有將近百分之二十五的血液流入子宮，大量供應給總血量只有半瓶礦泉水左右的發育中胎兒。

奇妙的是，在哺乳動物當中，人類或許是胎盤侵略性最強的物種。我們胎盤所產

5 譯註　Agamemnon，希臘神話中的邁錫尼國王，為特洛伊戰爭的希臘聯軍統帥。

生的入侵細胞數量也比其他靈長目動物高出許多，只有和我們同屬人科的近親黑猩猩和大猩猩是例外。由此看來，像吸血鬼般吸取母體資源的胎盤，或許是讓其他人類特有器官正常發育的必要條件。

「在人類腦部發育的過程中，胎盤扮演著非常關鍵的要角。」伊利諾大學（University of Illinois）的胎盤研究學者茱莉安・拉塞福（Julienne Rutherford）這麼說道；她正是用棉花糖貫通母猴的那位研究人員。「大腦是耗費大量能量、需求很高的器官，這些能量要從哪來？我們勢必得要進行某種能量轉換，從胎盤入侵跟胎盤的表面積這兩點來看，正好說明了能量從何而來。」

這麼豐沛的血流供應，可能也解釋了為什麼人類女性會有產後大出血的問題。其他哺乳動物幾乎沒有產後大出血的紀錄，但約有百分之十的產婦會發生產後大出血，是全球產婦死亡案例的首要死因；即使現代醫學發達，許多病患透過輸血成功挽回一命，每年仍有十二萬五千名婦女死於產後大出血。爸爸們在渾然不知的情況下為孩子打拚出一個能舒適成長的天地，但這場無情的勝利也附帶了巨大的損害。

克里曼給我看最後一張幻燈片，上面是另一位媽媽的粉紅色子宮組織，但似乎快要分崩離析。我不確定自己看到的是什麼。他說，這是「穿透性胎盤」的病例，這位母親沒能制衡她愛人的圍攻，為所欲為的胎盤胡亂竄生，穿透子宮，甚至鑽入膀胱等鄰近器官。

「這種案例我看過很多，」克里曼顯得無比哀傷。這時我明白了，我們看著的，是一位逝去女性的殘餘碎片。

❧ ❧ ❧

胎盤不僅吸取我們的養分，好為別人的子嗣滋養出結實強壯的大腦，也使我們的子宮、乳腺和血管增生，還為爸爸們無助的後代爭取到母愛。

就連我們的大腦，胎盤也要掌控。

雖然我們已經確定黃體素、雌激素和其他荷爾蒙在過程中扮演著重要角色，但關於胎盤帶來的荷爾蒙劇烈變化如何讓女性在精神上準備好開始育兒，我們對背後的複雜機制仍所知甚少。無論這場魔法是如何施展，科學家猜測爸爸的銘記基因或許發揮了某些作用，促使母親給予嬰兒最多的照顧。

有間英國研究室發表了一篇令人坐立難安的論文，內容是關於胎盤如何將它又軟又滑的手指伸進我們的心中。英國卡迪夫大學（Cardiff University）的羅莎琳・約翰（Rosalind John）和同仁在研究一種稱為 PHLDA2 的基因，這種基因通常會限制胎盤能夠分泌多少荷爾蒙，對於父親的影響力有重要抑制作用。研究團隊以基因改造產生的子代老鼠進行實驗，想了解如果讓母系的基因失效、解除荷爾蒙分泌量的限制會有什麼影響，也就是讓胎盤隨心所欲地大量製造那些會讓媽媽變得超級肉麻的化學成分，突顯父系基因的動機為何。

過量的胎盤激素湧入母鼠體內，在牠們腦中四處瀰漫。果不其然，在鼠寶寶出生之後，荷爾蒙濃度超高的母鼠花費超乎尋常的時間在哺育和清理幼鼠。研究人員甚至可以精確地指出，牠們腦部有兩個與照顧後代息息相關的區域出現變化。光是增加胎盤激素、延續來自父親的影響，就足以增強母親的育幼行為。

約翰認為，這些發現或許正是母親違反常理、願意密集付出母愛的關鍵。

「如果有人在凌晨四點把你叫起來，而且大哭大鬧、身上都是便便，正常來講你應該會很不高興，」約翰說道，「但是新手媽媽會說：『哎呀，你醒啦，媽媽來幫你吧！』」

說句公道話，新手媽媽在這種情況下也並不覺得**高興**，但她願意照顧寶寶，背後原因正是胎盤帶來的影響，還有父系基因在母親體內造成種種營養、免疫和行為上的徹底變化。

從某方面來說，爸爸在造就孩子的同時，也造就了孩子的媽媽。

這一切聽起來有點像斯德哥爾摩症候群。媽媽不但免疫系統被挾持、營養被強奪，還在某種威迫之下愛上剛出生的寶寶——而且，有些媽媽居然還變得想要更多小孩。

生完第一胎之後，老公就發現我們的立場互換了：討論到接下來還要不要生小孩時，他突然成了大力主張要謹慎考慮的那一方，我反倒是把種種顧慮都拋在腦後，迫不及待想迎接下一個小可愛。如果媽媽真的是爸爸創造出來的，那他創造的應該是媽吉拉（momster）。

不過，媽媽並非只是因為遭到爸爸挾持才產生的。胎盤和胎盤激素在分娩後就被排出體外，光憑它們存在於母體內的短暫時間，並不足以解釋我們身上影響終生的轉變、解釋為什麼母愛似乎越來越強烈。

我們的身體機制同樣發揮了作用。媽媽們也是自己的創造者。

第三章

# 母性機制

## 媽媽的化學工具包

就算是剛會走路的幼兒，也知道媽媽和其他人非常不一樣。「妳不是姑娘，」我和三歲的兒子在沙發上看童話故事時，他這樣大聲宣告：「妳是媽媽。」我低頭傻呵呵地對他笑著，那笑容絕對和任何腦部掃描影像一樣，什麼都藏不住。

就外觀而言，要看出媽媽和爸爸之間的不同，還有媽媽與其他大多數人的差異，是件相當簡單的事情。比方說，很容易就能看出誰的頭髮是用嘔吐物造型的。較難察覺的，是雌性哺乳動物的**內在**，究竟是如何從姑娘變成媽媽，這是細胞層級的問題。

這不僅難以察覺，而且（我把話先說在前頭）在說明傳達上也相當困難。我在前面大言不慚地說過，生小孩之前，我做很多事情都相當成功，但那或許是因為我沒有嘗試去當神經科學家。神經科學真的很難，就算是對腦部沒有因為接連生小孩而有受損疑慮的人來說也很不容易。所以接下來，我只會大略說明科學家對於媽媽腦內運作方式如何提出問題和解答，並非權威性的說法。

不過，這些資訊還是值得媽媽們花時間看一下，因為很多我們以為發生在心理上的變化，其實是腦部的變化。神經化學物質和其中的組成基因，會影響我們在玩伴聚會或親師座談會的行為。它們會給母親帶來災難般的健康問題，例如產後憂鬱症和其他情緒障礙，而醫生們對這些問題無論從化學還是個人角度皆了解不深（很多媽媽都曾有這種辛苦的親身經歷）；因此，儘管有相關問題的媽媽越來越多，在治療上仍相當困難。主要原因在於我們還沒有完整探測過健康媽媽的腦部，分析它在正常情況下是如何運作。想要了解自己，就必須先透過顯微鏡，看看媽媽的大腦是如何構成的。

事實上，媽媽的組成似乎確實有一些祕密配方。早在一九七〇年代，科學家就知道如何在短時間把母鼠變成媽媽，而且不需要靠鼠爸爸、胎盤或麻煩的懷孕過程。只要在研究室裡給從未生育過的處女大鼠打一針，牠就會開始像媽媽一樣窩在幼鼠身邊，不再把牠們當成食物。

裝在那針筒裡的特別配方，那能夠改寫命運的藥水，究竟是什麼？

非常簡單：另一隻大鼠媽媽的血液。然而幾十年過後，科學家仍在努力解析到底是什麼化學物質讓媽媽成為媽媽。

⁂ ⁂ ⁂

看到紐約大學格羅斯曼醫學院（NYU Grossman School of Medicine）的研究人員，會讓人覺得他們不像是在研究媽媽，倒比較像在跟外星人通訊。在巨大實驗室一隅、盤根錯節的電線之中，有個燒杯裝著清澈透明的液體；那是人造的腦脊髓液，在高倍率顯微鏡之下冒著泡泡。有幾根玻璃微量吸管放在旁邊的紫色冰桶裡冷卻中。

博士後研究員宋書民（Soomin Song，音譯）用鑷子從漂浮著許多白色碎屑的玻璃容器中，夾出像是一片雪花的東西。

那是一小塊大腦，裡面的血液已經流光。大約五十分鐘前，整個大腦還在一隻母鼠的體內——不過牠並不是媽媽。

牠是名符其實的，被獻祭的處女。

「牠的大腦實際上還活著，」宋一邊說，一邊努力讓這塊大腦活下去；他將它放進人造腦脊髓液中，並將溫度維持在接近小鼠體溫的攝氏三十五度。他要讓裡面某些神經細胞可以繼續發揮作用，這樣我們才能「監視」它們的活動。

「其實我們是想監聽小鼠媽媽的腦部活動，」幾分鐘前，首席研究員羅伯特・弗勒克（Robert Froemke）這樣對我說，「所以我們把腦部分成好幾塊，想知道它們是怎麼運作的。」

讓研究團隊全神貫注的那塊鼠腦組織屬於聽覺皮質，是處理聲音的部位，尤其是處理某些非常特別的聲音。「我們正在研究對幼鼠哭聲的聲學結構會出現反應的腦部低階迴路。」

幼鼠會以超音波發出求助的叫聲，最常出現在牠們覺得冷的時候；聽在處女鼠耳裡，就像用指甲刮過黑板的聲音，這是牠們避開鼠寶寶的原因之一。但同樣的聲音在鼠媽媽聽來，就像希臘神話中賽倫女妖的歌聲，誘使牠們像駛向礁岩的船隻一樣往鼠寶寶靠近。幼鼠的哀叫甚至比音樂聲更能吸引鼠媽媽。那麼，為什麼鼠媽媽的聽覺會如此與眾不同？

宋用顯微鏡檢視處女鼠的腦部組織。他將包含母鼠聽覺區域的畫面放大，先是放大四倍，然後放大到四十倍。在這麼近的距離之下，處女鼠的腦部景觀令人聯想到廣闊無垠、丘陵起伏的灰色沙漠。宋很快就發現他在尋找的一個錐體神經細胞。

「我們要找的神經細胞就在那裡。」他一邊說，一邊靈巧地操控顯微鏡。（宋坦承自己在電玩機台上花過不少銅板。）他用細到幾乎看不見的微量吸管靠近他要的那個腦部細胞，準備使用一種稱為「全細胞記錄」的技術。這種技術有時會被笑稱是在「親吻」神經細胞。「我是真的要親它喔。」宋這樣告訴我。他將嘴靠在長管子的末端吸吮，製造出壓力，直到探針下的細胞表面出現一個酒窩狀的淺凹。在他吸的同時，甚至可以聽到一點親吻的聲音，很像我趁著兒子扭動掙脫前、在他柔嫩的臉頰印上一個（或是十個）濕潤的吻時發出的聲響。

在不小心弄破第一個神經細胞之後，他很快就搞定下一個，成功將玻璃微量吸管植入細胞膜下，這樣他就可以弄清楚細胞裡發生了什麼事。

這項實驗的目標，在於測量單一腦部細胞受到刺激時的反應。宋接著對整個腦部切片施予電流，這是在模仿一種非常重要的刺激：現實中幼鼠悲傷哭叫產生的電脈衝。吸附在細胞上的微量吸管就像是一個很小的電極，可以用來取得讀數。我們從旁邊的電腦螢幕上觀察處女鼠神經細胞的反應，就像在看心電圖一樣。上面顯示出一個又一個小小的波峰，那是它自己的電訊號。

宋會不斷不斷重複這個過程，將幾十個處女鼠腦部細胞的讀數與媽媽鼠做比較，尋找神經細胞對於幼鼠哭聲刺激的反應差異。

一般來說，媽媽鼠的神經細胞讀數會明顯上升，處女鼠的則比較不明顯，代表媽媽的細胞會產生比較多反應，所以讀數波動較大。這可以說是單一細胞顯示出母親敏感化現象的實證。

有個關鍵的敏化物質——你也可以稱之為媽媽的祕密配方——或許可以解釋「姑娘」和「媽媽」的神經細胞之間為何會有差異，那就是催產素。催產素是一種荷爾蒙，由女性腦部的「下視丘」製造。之所以稱為「催產」素，是因為分娩時會有大量催產素進入血液中，促進子宮收縮和泌乳（此時胎盤跟它所分泌的雌激素和黃體素則會被排出體外）。

近來，科學家也注意到催產素對於腦部的影響。在人類身上（沒錯，男性也有催產素），催產素又被稱為「愛情荷爾蒙」或「信任感荷爾蒙」，因為它與社交連結以及戀愛有關，就連捐獻行善等行為也和催產素脫不了關係。弗勒克和其他研究者猜測，催產素的作用不光是讓女性身體做好生產準備而已；作為一種神經傳導物質，它同時也讓我們的大腦變得熱愛嬰兒。四十年前，科學家在實驗中幫處女大鼠注射大鼠媽媽的血液，而肉眼看不見的催產素很可能就是改變那些處女鼠行為的其中一種物質。

弗勒克研究團隊的成員想利用催產素觀察齧齒動物的大腦從處女轉變成媽媽的實

際過程。他們設計了一系列的實驗，並在二〇一五年發表研究報告，如今已經成為相當經典的研究。

為了這些實驗，首席研究員碧安卡・瓊絲・馬林（Bianca Jones Marlin）從光遺傳學這個新興領域引進高科技工具。她選擇用經過基因改造的處女鼠進行實驗，牠們的腦部細胞含有額外的遺傳密碼，會產生光敏反應。只要用藍光雷射筆照射這些小鼠的頭顱就會產生刺激，讓小鼠快速分泌天然的催產素。

馬林將這些基因改造小鼠很快地帶到實驗室自有的隔音間，裡面的設備相當於專業錄音室。接著，她將探測器植入小鼠腦部，讀取個別神經細胞的數值。（就像我看宋書民所做的實驗一樣，只不過在馬林的實驗中，大腦還在活生生、吱吱叫的小鼠體內。）她播放幼鼠的哀叫聲，但處女鼠們絲毫不為所動。牠們的腦部顯示出不感興趣的典型反應，只有偶爾出現一點膩煩的波動。

接著，馬林打開了藍光。

催產素大量湧入聽覺皮質，就像分娩時一樣。當她播放幼鼠哀叫聲時，處女鼠的腦部開始活躍起來，出現更多的反應波動。在三小時之內，處女鼠的腦部讀數就變得和鼠媽媽差不多。

催產素以某種方式，讓牠們的神經細胞變得對幼鼠的叫聲極為敏感。

「這三個小時內的變化，真的讓人感到很驚奇，」馬林說道，「我們在單一神經細胞上重現了生產的過程。第一次看的時候，我全身起雞皮疙瘩，眼眶都濕了。」

事實證明，母鼠的大腦會吸收這些湧現的催產素。無論是母鼠還是公鼠，終其一生，體內與腦內的催產素受體都很少。但弗勒克研究團隊觀察青春期過後、準備好開始繁殖的母鼠（大約二十日齡），發現左側聽覺皮質的受體數量異常增加。這個實驗室的團隊將研究重心放在與聲音相關的區域，但催產素受體激增的現象，或許也發生在與別的感官相關的其他區域。看來，母鼠體內會自動產生這些特殊的神經構造，用來處理因為生育激增的化學物質。

由於活體解剖人類是絕對禁忌，我們對催產素受體在人腦中的自然分布所知不多。但根據現有資料顯示，催產素同樣會改變人類的母性行為，無論它是來自從頭哀嚎到尾的生產過程，還是透過愉快一點的方式、參加有酬實驗吸入體內。

有好幾項實驗找來未生育的女性，讓她們用鼻子吸入催產素，結果發現與只有嗅聞安慰劑的對照組女性相比，她們對嬰兒臉部以及哭、笑等暗示行為的反應都增強了。而且，在這些未生育女性吸入催產素之後，fMRI 影像顯示她們腦部與同理等感受相關的區域出現的神經活動，和媽媽腦部的神經活動很相似。

不過，請等一下。雖然催產素被某位科學家形容為「媽媽分子」，但我們先別急著把它當成改變媽媽的主因，因為還有一間頗具名望的實驗室（同樣隸屬紐約大學，而且就在附近）研究了另一種神經傳導物質改造媽媽的影響力，那就是同樣由母親身體製造、能帶來愉悅感的化學成分：多巴胺。

也有其他研究室致力探究黃體素、雌激素，以及由爸爸好管閒事的胎盤製造的其他副產品，想要了解這些物質對母親的行為有什麼樣的持續性影響；在整個孕期當中，這些物質似乎會以精確的比例組合，讓母親的內心準備好迎接生產帶來的荷爾蒙急遽變化。

當然，其中也少不了能促進泌乳的泌乳素，以及壓力荷爾蒙。

沒錯，以人工方式替未曾生育的齧齒動物注入催產素可以觸發母性行為，但是用其他媽媽分子調製的注射式雞尾酒同樣做得到。確實，催產素可以解釋為什麼羊農想讓母羊養育沒有血緣關係的小羊時，必須以人工方式刺激子宮頸的迷走神經，假造出一般會在分娩時大量分泌的「愛情荷爾蒙」。（這是我在羊舍的那晚擔心可能要做的另一件工作。）

不過，還有我這個反證。我沒有用傳統方式生小孩，也不記得在外科醫生把我剖開時曾感受到什麼愉悅的催產素大爆發；當然，也沒有羊農站在旁邊準備動手動腳。但我還是很愛我的孩子。

要為母鼠重組大腦已經很複雜，更遑論嬰兒瑜珈課時在妳旁邊唱誦「唵——」的那位女士了。這些神經化學物質互相依存，但我們對它們的關聯性仍只有些許了解。比方說，雌激素能在腦部許多區域強化催產素受體的表現；此外，在愛荷華大學（University of Iowa）研究母性行為的萊恩．史特拉森（Lane Strathearn）也表示：「催產素和多巴胺獎勵系統分別獨立，但會相互作用。在大腦中，製造催產素的腦部細胞和獎勵中樞之間有著直接連結。」

當這些神經化學物質共同作用，強化腦部活動並啟動腦部各個區域之間的交流，就會形成新的連結、取代舊有連結，腦部的許多結構也會開始出現實質變化。這種延展性是媽媽專屬的特質。就像我們生活中常見的奶瓶、芭比娃娃等塑膠物品的原料一樣，媽媽的大腦也是「可塑的」。

這些新的連結讓妳想又摟又親扁嘴皺眉的寶寶，彷彿那是最邪惡的甜點——儘管妳以前對別的嬰兒根本不會多看一眼。這個新使命帶給我們的思維和感受會延續很久，一直到生產造成的荷爾蒙大爆發和哺乳都成為遙遠記憶的很久以後。（如果妳還記得起來的話。我後面會再來談媽媽腦的記憶刪除，前提是屆時我還記得要跟妳們說。）

我們的大腦有哪些部分出現變化？有哪些是媽媽專屬的構造？

剛開始訪問科學家時，我以為要解開媽媽大腦的奧祕，意味著要尋找某些獨立而自成一體的東西，或許還會有清楚的標示，就像百貨公司裡的女性休息室。我以為找到謎底時，會像深秋時節後院樹上飄下最後一片落葉的那瞬間，我們終於可以看到鳥兒築巢的那根樹枝，知道那就是夏日裡啁啾鳴唱的源頭。

當然，大腦實際上只是一團相當於足球的柔軟組織，裡面沒有休息室的隔間或壁龕；若要比擬成森林，與母性有關的關鍵腦部結構也不是穩穩安置在後院某根樹枝上的鳥巢，反倒該說是雜亂的叢林。

「沒有任何行為是由單一腦部區域控制的。」加州大學戴維斯分校（University of California, Davis）的神經科學家丹妮爾．史托森伯格（Danielle Stolzenberg）這樣提醒。我們沒辦法指著某個位置說「就是這裡」，所以不同的科學團隊各自集中心力，研究腦部無數的角落。

專研齧齒動物的科學家們憑著眾多工具，成果已經超越以人類為主的研究。在尋找母性行為的控制中樞或是「中樞站」時，他們發現母性行為與下視丘的某個部分有關，位於腦部核心部位。就這種古老的本能而言，控制中樞處於這樣的位置相當合理，因為我們腦部的最深處可能和所有哺乳綱動物都很類似。

史托森伯格表示：「下視丘對於簡稱為 4F 的四種行為非常重要，也就是 feeding（進食）、fleeing（逃跑）、fighting（打鬥），以及……呃，mating（交配）。」下視丘的最前端有著「內視前區」（medial preoptic area），簡稱 mPOA。

當 mPOA 受到刺激時，會產生母性行為。反之，如果透過手術去除或痲痺大鼠的 mPOA，也會使牠們的母性行為消失，導致母鼠不再將吱吱叫不停的幼鼠叼回來。（在實驗中，母鼠還是可以叼取 Charleston Chew 糖果棒和其他食物，可見牠們口腔功能仍然正常，只是不再覺得幼鼠比甜食來得更誘人。）

在大腦中，mPOA 並不是什麼鑲有黃銅名牌、令人艷羨的邊間主管辦公室，只是個幾乎看不到的細胞叢，而雌性齧齒動物的 mPOA 更是比大頭針的頂端還小。但是，眼睛、鼻子以及其他感官區域從外界收集到的各種寶寶相關訊息，通通都會傳送到這裡。例如，聽覺皮質（也就是弗勒克研究團隊進行探測、富含催產素的小鼠腦部組織）就會將資訊傳送到 mPOA。

這些層層輸入的機制，或許能夠解釋母性本能何以如此強烈——研究人員在實驗中逐一將母鼠的感官消除，證明了母性本能的頑強。就算讓母鼠的鼻子失靈，牠還是看得到寶寶；遮蔽牠的雙眼，牠仍聞得出孩子的味道。

mPOA 本身也有很多雌激素和催產素的受體，有助於偵測化學信號；在分娩前四十八小時內，這些受體的數量似乎會自然增加，至少在雌性齧齒動物身上是如此。

在大腦內部，mPOA 會伸出長長的神經纖維，像套索一樣到處和其他重要的腦部組織團塊連結，這些神經纖維稱為軸突。其中最重要的，是與富含多巴胺的腹側被蓋區相接的軸突，因為腹側被蓋區是與動機有關的獎勵中樞。這種重要的協同作用，或許能解釋媽媽在產後初期分泌的大量荷爾蒙消退之後，為什麼聞到寶寶的氣味仍會感到愉悅。實際上，有些人會將 mPOA 和腹側被蓋區這兩個具有協同作用的區域合稱為「母性迴路」，因為它們能夠將嬰兒的暗示行為與獎勵連結在一起。

不過，整個母性機制仍與其他系統息息相關，包括掌管愉悅感、壓力、記憶和各種大小機能的系統——這些連結越是受到刺激，關聯性就越強。母性迴路也會接收來自杏仁核的輸入資訊，杏仁核是掌管恐懼和情緒的部位。主掌愉悅感的伏隔核自然是在這個迴路當中，與隨意運動有關的紋狀體也不例外，當然更少不了環導水管灰質區。

儘管科學家喜歡用奇異的迴路和流程圖來描述腦內的結構關係和階層，裡頭還是有些地方一團混亂，就像媽媽們手提包裡的物品。（「媽媽們，妳們包包裡最奇怪的東西是什麼？」我常逛的媽媽網站問了這個問題，答案千奇百怪，包括芭蕾舞裙、酪梨、聖誕掛飾和塑膠飛龍。）當研究對象從齧齒動物的大腦換成人類大腦時，這些混亂之處就變得更複雜了，因為我們有超級多負責處理原始衝動的皮質。

人類媽媽並不是巨大化、沒毛皮、用兩隻腳走路的大鼠——雖然我們在狼狽地翻遍冰箱尋找最後的一點點乳酪時，可能會覺得自己跟老鼠也差不多。我們的腦部更大、更複雜，從科學角度來說，最不方便的一點就是不太可能進行切除、分割和離心處理。就算科學家推測人類媽媽的下視丘同樣與母性行為息息相關，我們也無法取得人類媽媽腦部的 mPOA 讀數，因為 mPOA 太小，在核磁共振成像（MRI）上看不到，位置也太深，無法透過腦電圖（EEG）偵測。在更精良的工具問世之前，我們沒辦法探測 mPOA 對於母親的育兒行為到底有多重要。此外，以人類媽媽為主要研究對象的科學家們在其他方面也遇到許多阻礙；比方說，我們沒辦法直接把自己的基因改造成一照到藍光就會分泌大量催產素。（真是太可惜了。）

很多關於懷孕婦女和媽媽腦部的研究，都被迫將重心放在腦內較大的組織，或是較靠近表層的地方。但就算如此，還是存在很多曖昧不明的問題，連最聰明的科學家也傷透腦筋。我們無法**確知**腦內哪些部位會成長、哪些會萎縮。雖然前面提到有些令人哀傷的證據顯示媽媽的腦部灰質會減少，有些媽媽甚至少了百分之七，但也有研究者在媽媽腦部的類似區域發現**成長**的現象。雖然這樣的矛盾可能是因為各個研究室用於測量大腦體積的方法不同，但還是讓研究人員大惑不解。

目前而言，對於人類媽媽究竟會經過什麼樣的蛻變、哪些部位會出現變化，科學家還沒有定論。唯一可以確定的，只有媽媽確實有所改變——媽媽是熔鑄而成的生物。

除此之外，無論是製造一隻大鼠媽媽，還是家長會會長，牽涉的都不光只是女性大腦與生俱來或在發育過程中發展出來的**固有迴路**（hardwiring），也不只是懷孕**（歡迎胎盤！）**及生子帶來的**荷爾蒙促發作用**（hormonal priming）。

在這堆名詞大雜燴中，還有第三個H開頭的詞：**親手照顧**寶寶的經驗（hands-on experience）；嗯，如果妳是大鼠的話，那就是親「掌」照顧的經驗了。

回到關鍵的那一天，二〇一一年二月七日、超級盃星期天過後的那個星期一，從我生下第一胎到真正和她見面之前那段令人煩悶的空窗時間。將近十個月來，我的體內已經累積了大量的天然荷爾蒙，然後在最後幾小時又施打了一些人造荷爾蒙——**「把她擠出來吧」**——但顯然沒有什麼重生的感覺。我的大腦處於一種產後的渾沌當中。

在成為母親和見到寶寶之間，這種不自然且焦慮的停頓狀態，回想起來雖然痛苦，但也有所啟發。這段經歷讓我明白，荷爾蒙和神經傳導物質並非無所不能。當然，它們為後來的領悟奠定了基礎，但保溫箱裡那張皺眉扁嘴的小臉，才是一切的關鍵。

這個切身體會也讓不少成為人母的科學家感到相當意外，包括碧安卡．瓊絲．馬林本人在內；她剛好在研究催產素期間生下第一胎。

「我擁有母性行為方面的博士學位，以為自己很了解母性行為，」她這樣告訴我；催產素是她傾其一生研究的主題。「直到我當了媽媽。」

她是自然產，但因需要接受治療，沒多久就必須和寶寶分開，也被迫放棄哺乳，而哺乳會讓媽媽的身體持續分泌催產素。但即使沒有持續製造荷爾蒙，寶寶仍然是她眼中最重要的事物。

人類的母性並不只是一連串照本宣科的化學爆炸，像編排好的煙火秀那樣；那同時也是一種混亂而真實的體驗，會根據母親本人與難以預測的他者（也就是寶寶）之間的互動而有所不同。一位母親的生涯中，從某個時間點開始，化學物質就成了次要的影響因素，即使是自然生產並長時間哺乳的婦女也不例外。就算從還是嬰兒時就不曾哺乳親餵，媽媽對於十歲的孩子仍會同樣疼愛。這是因為我們的大腦連結，也就是注意力與獎勵之間的關聯，已經強到足以自行發揮功能，不再需要仰賴荷爾蒙補充。某種程度上來說，媽媽腦就是媽媽腦，即使沒有化學元素持續提示和激勵，仍會回應寶寶的暗示行為。

而且，在某些情況下，柔弱無助的小寶寶本身似乎就是強而有力的刺激來源，即使沒有荷爾蒙的提示，仍然足以製造出母親。

從代替我們勇敢上陣的實驗大鼠身上，我們已經看到如何透過注射特殊化學物質來誘發母性行為，讓處女變成母親。但科學家也發現，即使**完全不使用任何化學物質**，也有辦法製造出大鼠媽媽，那就是讓未生育的母鼠長時間接觸幼鼠。

只要把處女鼠放在大鼠媽媽和幼鼠的籠子裡就可以了。

前面七天當中，什麼事也沒發生。（你得非常非常小心，不要讓處女鼠把哪隻幼鼠吃掉。）不過，經過與寶寶密集接觸的一星期，深藏體內的育兒機制就會啟動，讓原本可能會吃掉幼鼠的處女鼠開始對牠們溫柔起來。

在紐約大學的研究室裡，弗勒克的另一位研究生娜歐蜜・羅培茲・卡拉巴洛（Naomi López Caraballo）給我看一隻以這種方式讓母性本能「現身」的小鼠。

她用戴著乳膠手套的手指，熟練地將幾隻花生大小的八日齡幼鼠放進籠子；籠裡有一隻身材苗條、顯然不是生理母親的母鼠，牠已經和幼鼠們相處了一週。「我們來看看牠會不會把幼鼠撿回去。」羅培茲・卡拉巴洛說道。

被放進籠裡的幼鼠立刻張開嘴巴，開始顫抖著發出人耳無法聽見的哀叫。

處女鼠沒有逃跑，反而勇敢地慢慢靠近。（看著牠令人嘆服的認真模樣，我突然對廚房食物儲藏櫃裡放的捕鼠夾感到一陣懊悔。）牠用前掌輕輕撫過幼鼠顫抖的小小身軀，然後急急忙忙地跑去抖鬆牠巢裡鋪的棉質纖維，就像我在孩子的玩伴聚會之前拍鬆客廳裡的靠枕那樣。這些都是母性行為，雖然這隻處女鼠沒有在我眼前拾回幼鼠，但牠在先前的實驗中確實做到過。

「我們不知道處女鼠是怎麼學會拾回幼鼠的。」羅培茲．卡拉巴洛表示。

幼鼠的生母或許是助力之一，牠似乎非常渴望成年同類的協助或陪伴，會一次又一次將不情願的處女鼠拖到牠悲慘的窩裡。回想起來，我有時也會這樣對待臨時保母。

處女鼠也越來越有意願加入育兒行列，牠們的不情願會隨著時間流逝而減退。研究人員用了各式各樣巧妙的小型攝影機、超音波麥克風和神經記錄設備來監控小鼠，試圖釐清哪些因素會影響牠們的學習歷程。

如果在學習中的處女鼠和幼鼠之間設置透明的障礙物，在後期的實驗中，牠仍會盡責地拾回幼鼠。不過，如果在同樣的障礙物上面覆蓋灰色的防水布膠帶，處女鼠就不會來找幼鼠。由此可見，雖然幼鼠的哭聲很有影響力，但光靠哭聲無法啟動處女鼠的母性行為，而且這種敏感化的方式涉及視力和視覺皮質。

我詢問處女鼠頭上的怪異 L 形金屬板有什麼功用，有點不太科學地稱之為「牠的帽子」。

「喔，那是虛擬實境實驗要用的，」羅培茲．卡拉巴洛答道，「可以讓牠的頭不要亂動。」研究團隊正在實驗育兒影片能否激發處女鼠的本能，讓牠們蛻變成母親。

當然，這些用小鼠和大鼠進行的育兒敏感化研究都只是實驗工具，並不是在模擬現實情況。野生小鼠不會看什麼影片，這是第一點；而且若沒有謹慎的科學家調停，處女大鼠不太可能跟毫無血緣的幼鼠相安無事幾個小時，更遑論整整一個星期。若牠真的和幼鼠共處，那很快就會看到鼠毛——還有鬍鬚、尾巴跟內臟——滿天飛了。

不過，這些研究仍然可以突顯出在轉變為母親的過程中，除了荷爾蒙以外還有哪些影響因素。事實上，就算以手術切除處女鼠的腦下垂體（也就是控制荷爾蒙的主宰），還是能讓母鼠敏感化。懷孕、分娩和哺育所產生的荷爾蒙會讓雌性齧齒動物出現快速而驚人的轉變，這是可以確定的；但在所有雌性哺乳動物與生俱來的腦部機制中，與幼獸相處的經驗同樣會發揮作用，這也是育兒行為的強力催化劑，只是產生變化的速度相較之下慢很多。

這些切入點進一步證實了母性本能的力量。處女鼠藉由與幼鼠接觸達到敏感化，顯示雌性動物體內有個母性核心，即使不曾懷孕，在適當的刺激（本能、接觸或兩者並行）之下，也可以展現出完整的母性本能。

與幼鼠長期相處之後，原本不情願照顧幼鼠的母鼠在腦部也有所改變。隨著育兒行為出現，這些未曾生育的母鼠發生了可量測的生理變化。像是對幼鼠變得敏感的處女大鼠，不僅腦部出現更多的泌乳素受體，海馬迴的神經細胞增生情況也和實際生育過的母鼠類似。

若有充分的誘引條件，甚至能在實驗中讓原本和育兒毫無關係的雄性大鼠出現育兒行為，只是過程更加漫長辛苦。「是有方法可以迫使公鼠給予幼鼠正面的回應，」密西根州立大學的朗斯坦表示，「但是難度高出很多很多。」如果採用注射荷爾蒙的方式，必須給予更高的劑量，持續注射更久的時間。同樣地，也可以藉由讓雄性大鼠與幼鼠共處一室，刺激牠們產生育兒行為，但接觸時間要比未經生育的母鼠所需的一週左右來得更久。

不過我們還是可以由此得知，母性本能對於哺乳動物來說是非常重要的元素，甚至連雄性動物的頭腦深處也埋藏著母性的種子。但這也顯示出，除了在實驗室裡，這樣的情況在大多數物種身上並不會自然發生。「雌性的大腦比較容易誘發母性本能，」朗斯坦表示，「雄性的門檻就高多了。」

對動物來說只有在實驗室裡才可能發生的事，卻是人類可以自由選擇的一種生活方式。生理母親的身分就像一股洪流，連完全沒有生育意願的女性也會被捲入。但其他人也可以選擇展開育兒人生，因為在日復一日像母親般照顧孩子的過程中，埋藏的母性本能終會顯現出來，就如種子總會發芽。我們看過有些爸爸可以變得像媽媽一樣，甚至連荷爾蒙也出現變化，只要他們完全參與育兒大小事。當然了，人類還有收養這種獨特的現象。

關於人類養母的神經科學研究相當少見，不過就像處女大鼠一樣，我們得到的證據顯示，自發選擇投入育兒也能喚醒本能，並在生理上改變媽媽的大腦。有項研究找來十四位親生媽媽，以及十四位領養和寄養媽媽，讓她們觀看自己小孩和其他人的臉部照片。結果顯示，無論是哪一種類型的媽媽在看到自己的小孩時，神經都會出現格外興奮的反應。

另一項研究則是讓寄養媽媽和她們照顧的小嬰兒暫時分開，之後給她們三十分鐘的時間抱小孩。研究人員將這些寄養媽媽實驗前後的尿液進行對照分析，發現她們與小孩接觸後體內的催產素濃度增加，而且這個現象與媽媽的「愉悅感」有關。

有趣的是，寄養媽媽的變化是隨著時間緩慢增加，有點像少了母性荷爾蒙輔助的處女小鼠那樣，她們照顧孩子的月數越多，催產素濃度就越高。親手照顧孩子的經驗對於生母來說也同樣重要，如果幾乎沒時間和孩子相處，她們在生理上與新生兒的協調程度就會變得比較低。

話雖如此，養母的大腦可能永遠不會變得和生母一樣；這兩種媽媽對於嬰兒哭聲的反應似乎有所不同。這並不代表哪種媽媽一定比較好：養母在照顧行為上的差異，可能對領養的孩子更有利——有項研究就發現養母比生母更常「餵養及撫摸」寶寶。

由於人類天生就有異親育幼行為，對待其他個體的後代特別友善，女性對於寶寶的敏感化門檻很有可能比其他雌性哺乳動物低。比方說，收養無血緣關係的幼獸在自然界的例子少之又少，只有海豹和袋鼠等群居動物在被掠食動物大肆獵捕或遭遇極端天氣事件後，可能會因為搞混小孩而出現一些特例。此外，這些「收養」其他幼獸的稀少案例幾乎都已經是生理母親，心理上已藉由傳統的生育方式達到敏感化。

但是從未懷孕的人類，仍然**可以**擔綱母職——只要確實下定決心要承擔這個責任。事實上，有些演化理論學者認為人類的泛母性傾向可以解釋為什麼我們的胎盤這麼有侵略性，會吸取超過母體能夠給予的資源，甚至冒著危害母體生命的風險。

或許，我們的身體機制之所以接受這樣的風險，是因為人類和大多數哺乳動物不同，媽媽死亡不代表嬰兒也活不了。我們另有一套生存算盤。對人類來說，妳和妳的寶寶並非孤單地躲在山洞裡，獨自面對這個殘酷的世界。永遠都會有個保母（老天保佑不要太漂亮）、阿姨甚至是叔叔做好準備等著，願意開啟潛藏在所有哺乳動物內心的母性本能，激發他們的育兒能耐。

「對於胎兒能夠向母體索求多少，人類已經削減了天擇的力量，」哈佛大學的大衛·海格（David Haig）說，「在分娩之後，母親的健康就變得沒那麼必要了。」

聽到他這番話時，我嘲諷地輕哼了一聲；但從某方面來說，這是我聽過最恐怖的事情。

第四章

# 媽咪怪怪的

## 媽媽不在嬰兒房的時候

來說說最可怕的惡夢：大概過去十年以來，我明白到大部分媽媽和其他人做的夢不一樣，而且我們的夢通常不是什麼好夢。我們會在夢裡遇到灰熊、大白鯊和狼群（我還在等著遲早會夢到的食人老鼠），遭遇山崩和暴風雪。醒來後，我們連忙查看在惡夢裡好像已經窒息的孩子，但實際上他們就在床上暖呼呼地熟睡著。真正面臨危險的其實是我們，因為這些怪異鮮明的產後惡夢搞得我們半夜起來夢遊。

科學家還不確定干擾媽媽睡眠的因素到底是什麼，但顯然與我們腦部的大規模改造有關。而且，如果成為媽媽會改變我們的夢中世界，對於我們如何看待現實世界就會有更大的影響。生小孩真的會讓妳吃上不少苦頭，而且在看不到的地方，媽媽的神經作祟還會帶來更多大改造，不光只是改變女性對於小寶寶的反應而已（雖然這些反應都是改變的根源）。比方說，不知為何，孕婦似乎比一般人更容易發生車禍——或許是因為她們的心思不在眼前的事物上。實驗也證明，媽媽們對跳蚤和狗屎等討人厭的東西沒那麼嫌惡（「對嫌惡事物的敏感度降低，或許有助於處理……小孩。」這是科學家的分析，相當有道理。）

這些奇異的差別在現代來看格外重要，因為很多媽媽白天並不在小孩身邊，而是忙於應對各式各樣的人和工作。睡眠研究專家建議患有夢遊症的媽媽晚上把自己鎖在房間裡，以免自己或別人受傷；但在白天時，我們是可以自由走動的。

當上媽媽之後，有些改變似乎沒什麼道理，也不會造成什麼傷害。例如，有些媽媽對食物的口味會改變。我們可能會變得比以前更喜歡鹽味；這點不僅在採用「舔水記錄器」（挺可愛的名字）進行的大鼠實驗中顯而易見，從我最近對話匣子玉米片的熱愛也看得出來。大鼠媽媽也比當媽媽之前更火熱——呃，純粹是字面意思，不是指誘惑那方面。因為核心溫度升高，牠們的身體變得更溫暖。

有些變化可能是反映出媽媽在代謝方面的些微改變；但媽媽對於一般人事物的理

解與互動方式上的其他變化，反映出我們成為母親之後重視的事情、我們獎勵機制的轉變，還有哪些事物能引起我們的興趣、哪些事物會讓我們覺得危險。我們的內在心境經過重新形塑，視野也不再相同。

最讓人感到意外的變化，是孕婦和成為母親後的女性在面對環境壓力時，比其他人來得更鎮定。**才怪咧**，第一次讀到這些論文時我這樣想，當時我正為滷雞腿忙得不可開交，還不斷看錶準備等一下要帶小孩去練足球。

但這是千真萬確的。在實驗環境下，準媽媽對於故意安排的無禮舉動反應相較之下沒那麼激動，處於模擬工作面試等會造成心理壓力的情境時，心跳也比較緩慢。

我們擅長忍受生理上的不適，例如忍耐房間內的悶熱。科學家請媽媽把手放在裝滿冰水的桶子裡，經過一分鐘之後，發現媽媽唾液中的壓力荷爾蒙皮質醇含量比沒生育過的女性來得少。在看到殘缺不全的屍體、槍枝和憤怒的狗等令人不安的照片時，我們也相對比較鎮定。這種壓力反應的遲鈍化現象，在孕期當中似乎會越來越明顯。

關於準媽媽不可思議的平靜反應，還有一些更有意思的實驗是在研究室之外進行。在經歷「重大人生事件」（嚴重的人身傷害、失業或親朋好友過世等等）的女性當中，第三孕期的孕婦感受到的壓力，比第一孕期的孕婦來得小。

說這些重大的人生事件有如翻天覆地，有時候不光只是形容而已。一九九四年，一場規模六點八的地震撼動了加州北嶺（Northridge）周邊地區。立體停車場塌陷、建築物傾毀，除了災害中的嚴重死傷之外，還有許多人死於壓力引起的心臟病。災難過後，加州大學爾灣分校（University of California, Irvine）的母性行為研究者找來住在震央八十公里之內的孕婦填寫「生活量表測驗」，請她們對這場地震給予從「完全不覺得有壓力」到「非常有壓力」之間的評分。在使用四點量表得到的結果中，懷孕**非常初期**的準媽媽給這次地震的壓力評分頗高，就災情嚴重程度來看相當合理。不過，第三孕期的孕婦給這場震災的評分卻是略為「普通」的二點三八。

碰巧（呃，至少從講故事的角度來說是碰巧），我第一次鼓起勇氣把還是嬰兒的女兒留在家裡給臨時保母照顧，我所住的華盛頓特區附近就發生了一場堪稱前所未聞的地震。當時我人在 Ann Taylor 店裡（不然還會去哪？），翻遍衣架尋找適合產後身材的上班服裝；正當我在更衣間試穿時，整個購物中心的建築突然像嬰兒搖椅一樣晃了起來。晃動的力道之大，讓華盛頓紀念碑出現裂痕，還使得華盛頓國家大教堂的尖塔應聲斷裂。由於購物中心旁邊就是五角大廈，起初我以為有炸彈爆炸了，而我在恐怖攻擊中還半裸。

周圍所有人都在尖叫，驚慌逃竄，但我沉著鎮定地穿好衣服，走出店門，我都不知道自己怎麼辦到的。雖然我已經幾個星期沒睡好，而且幾分鐘前所有心思都還在煩惱關於復職的一百萬個細節，但突然之間，我的思路就變得條理分明。我冷靜地決定放棄開車——我在離寶寶這麼遠的地方，不能冒著受困在立體停車場的風險——大步走出購物中心，攔下第一輛出現的計程車；車上載著一位從阿根廷來出差、西裝筆挺的商務人士，幾乎跟我一樣冷靜。（我很快就明白，那是因為他坐在移動中的車輛裡，沒有感覺到地震；看到一大堆人亂哄哄地從辦公大樓跑出來，他還以為美國午休時間都是這樣。）

所以，在整個城市陷入癱瘓之前，我已經回到家裡給寶寶餵奶，而且衣衫完整，只是仍然沒有任何能穿去上班的衣服。在這場地震中，那位臨時保母（一名還沒生過小孩的年輕女性）比我驚慌失措得多，我老公還不得不把孩子從她懷裡抱走。

我年少時，曾因為容易歇斯底里而被禁止捐血；換作是那時的我，肯定也會像她一樣恐慌。但是現在的我——成為媽媽的我——面對這種情境，連一滴汗也沒流。

或許和成為父母的考驗相比，大地震根本微不足道。但從更廣泛的層面來說，孕婦和新手媽媽在遭遇嚴重威脅時，要是能鎮定冷靜，把心思集中在自己跟小孩的安全上，應該是有益處的。她們確實做得到，而且比你想像中更頻繁——無論所謂的災難是地震，還是某位鄰居媽媽把一鍋安撫奶嘴放在火爐上煮沸消毒，卻因為嘗試再次帶小孩出門吃早午餐而忘了關火（真是勇敢又倒楣的行為；這場安撫奶嘴引發的火警後來被稱為「奶嘴火」。）雖然我那天在地震後的異常鎮靜跟我女兒的生命安全沒什麼關係，但有些媽媽確實因此救了孩子一命：幾年前加州發生一次嚴重的土石流，一位銀行出納員被困在自家的沙發下，但她在鄰居的房屋被沖進來時，冷靜迅速地抱住還是嬰兒的兒子；母子兩人最後都獲救。

加州大學美熹德分校（University of California, Merced）的珍妮佛・杭恩－霍布魯克（Jennifer Hahn-Holbrook）指出，以好處來說，媽媽即使在比較普通的情境下也格外平靜，這點可能讓媽媽們比較能應付哺乳時的無聊與放空，畢竟哺乳等同於好幾個小時的強迫「放鬆」。

甚至有些科學家認為，媽媽這種反應受到抑制的現象（或者說是麻木），可以解釋是什麼驅力讓超過五成的新手媽媽出現「產後情緒障礙」。大約每五位媽媽就有一位得到產後憂鬱症，儘管科學家不知道是什麼樣的體內化學變化導致這樣危險的臨床疾病，將壓力下的冷靜轉為絕望心寒——但輕微的產後憂鬱症或許是一種適應機制。

矛盾的是，即使媽媽和準媽媽們在情感上變得與外在環境疏離，生理上對周遭環境的感知卻更強烈。我們帶著滿滿的警覺心，緊盯著那個閃閃發亮的宇宙中心——正在嚎啕大哭的初生寶寶——這份警覺的提防範圍，似乎會進一步擴大到周遭的其他對象，也就是那些已經學會自己上廁所的人。

新手媽媽的耳朵不僅對人類寶寶的哭聲有反應，對於幼小生物的哭聲也一樣。（研究顯示，哺乳動物媽媽對任何寶寶都沒有抵抗力，例如鹿媽媽聽到小貓和小海獅等幼獸的叫聲錄音時，同樣會趕去救助。）實驗室測試得到的結果也顯示，媽媽即使聽到和寶寶哭聲完全不像的聲音，例如中性的字詞和音調，腦波也會增強。有項實驗顯示，相較於沒有孩子的女性，孩子年齡為十四個月以下的媽媽們在聽到**成人**的聲音時，腦部的聽覺相關區域也會「變得比較活躍」，並非只對小孩的聲音特別有反應。

同樣地，媽媽的整體嗅覺感官也增強，不僅聞得到寶寶頭上散發的氣味，也能聞出各式各樣的味道。（根據我的經驗，這些突如其來的氣味未必都讓人愉快。）我們對於事物的觀察似乎也變得更細微，就有研究報告發現，產後復職的女警在值勤時警覺性異常地高。

有一項典型實驗比較了新手媽媽和無生育女性對嬰兒照片的反應，研究人員以房屋照片作為對照，原本預期所有女性對這些平凡無奇的畫面都只會隨意瞥過。令人意外的是，媽媽們對這些房子也看得比較仔細。（或許這就是為什麼我特別愛看 HGTV 居家樂活頻道。）另一項研究顯示，孕婦「區分顏色的能力明顯增強」。研究人員讓準媽媽們在黑暗的房間內觀看八十五個有色瓶蓋，顏色分別來自可見光譜上的各個區段，結果發現準媽媽辨識色調差異的能力比沒有懷孕的女性更為敏銳。

媽媽們也很擅長從人臉上解讀訊息，即使對象不是在地上爬來爬去的寶寶。孕婦特別善於根據人的臉孔評估「外觀健康狀況」，在風險非常高的懷孕期間，這點可以發揮保護作用，避免感染疾病。不僅如此，我們對其他人的情緒也很敏銳。有項實驗發現，小孩處於學步階段的媽媽在觀看無聲影片時，能夠更準確地察覺片中陌生人的情緒。我們也很擅長辨認別人的臉，即使只打過幾次照面。

我們還會特別注意某些類型的臉孔。通常女性擅長解讀其他女性的臉，也就是我們的朋友和對手。不過，媽媽們似乎會把關注重點轉移到成年男性身上。即使只看過幾眼，我們還是很容易認出對方，也擅長解讀他們的表情，尤其是厭惡等負面情緒。媽媽在看到犯罪嫌疑人的臉部照片時，通常會給予比較高的凶惡度評分。我們也會格外提防陌生人。

為什麼媽媽們在地動天搖的大地震當中，能像沙發上那些煩人枕頭繡的標語一樣「保持冷靜，繼續前進」（keep calm and carry on），卻會在地鐵上斜眼瞪視某些無辜路人？這很可能和我們在演化過程中要面對的危險有關。在久遠的過去，陌生男性給寶寶帶來的威脅可能遠比地震更加常見。雄性殺害無血緣幼獸的情況，在許多哺乳動物當中都很普遍。就拿我們的近親黑猩猩來說，帶著幼獸的母黑猩猩通常會避開公黑猩猩。但在人類世界當中，我們不太可能做到這點。

媽媽的環境感知能力增強、對威脅的敏感度增加，再加上承受壓力仍能保持鎮定，就產生了我們最有名的一種現象：母性攻擊（maternal aggression）。媽媽們不但對威脅特別警覺，而且能果敢無畏地面對威脅，這些根本就是殺手必備的特質。而要說有哪種情緒能夠輕易扭轉我們平素的冷靜，那無疑就是護子心切之下產生的憤怒了。

我們都聽過駝鹿媽媽殺死熊、山羊群的母首領把狼撞下山之類的事情，也曾看過「海象媽媽護子心切，擊沉北極海俄羅斯軍艇」這樣的新聞標題。身為媽媽，聽到這種消息還挺高興的。海象媽媽會這樣理所當然啊！不然牠還有什麼選擇？被撞沉的又不是驅逐艦，只是比較大的橡皮艇，要是我有一對七十公分的獠牙應該也能輕鬆辦到。

不過，就算沒去北極海，也可能遇到打算跟你拚命的媽媽。自然界中最凶狠好鬥又危險致命的媽媽，其實就潛伏在我們的家園附近，而且表面上還為我家小孩愛吃的各種隨身零食提供原料，牠們就是乳牛。對人類來說，乳牛其實比公牛危險得多，而且是讓許多酪農業者受到「高速傷」的原因。網路上有不少乳牛把可能威脅小牛的男人撞得屁滾尿流的影片，看了感覺相當舒坦。

小時候，我爸常跟我們講一個故事，說他在無憂無慮的二十幾歲時曾去黃石國家公園健行，結果下風處有一頭母熊和兩隻小熊，逼得他在荒涼的野外山道上倒著爬回原路。當時我和妹妹都懷疑是他在加油添醋。眾所皆知熊媽媽十分凶狠，人哪有可能在牠和小熊中間亂晃？

但在父親過世多年之後，我妹在老爸的古董相機裡發現一捲舊幻燈片。想不到，裡面真的有他說的那頭母熊，顯然是在倉促之間拍下的，證明我們姊妹倆能夠出生實在是很幸運。

要近距離觀察這種好鬥的媽媽，顯然是恐怖了點，所以生物學家選擇觀察危險性沒那麼高的動物——例如松鼠。某個很有意思的實驗是這樣的：研究人員向一群加州地松鼠（*Otospermophilus beecheyi*）播放響尾蛇的聲音，因為響尾蛇幾乎都以松鼠寶寶為目標，不太會攻擊成年松鼠——因為牠們有本事對響尾蛇還以顏色，像是反咬或用石子攻擊。在實驗中，松鼠媽媽對於威脅的反應最為強烈，會挑釁地朝假響尾蛇猛搖尾巴；寶寶年紀越小，松鼠媽媽搖動尾巴的次數就越多。至於松鼠爸爸呢？牠們根本懶得抬頭瞄一眼——以生父身分不確定性超高的物種來說，這完全在預料之中。

在某些情況下，人類媽媽或許才是所有動物當中最凶狠野蠻的。我們會狂追綁匪的車子，也曾從各種滴著口水的血盆大口中搶下孩子。「我有種媽媽的本能，對吧？」一位從美洲獅嘴裡救出七歲兒子的加拿大媽媽，在平淡得令人毛骨悚然的訪談中這麼說，「我就直接跳到牠身上，拚命撬開牠的嘴巴。」

我們要防禦的對象不只是陌生男人和美洲獅而已。不久之前，有位媽媽在《紐約時報》的「現代之愛」（Modern Love）專欄中，描述自己看到一個年紀較大的孩子在泳池裡欺負她五歲大的小孩時，如何拿起遊戲球用力扔向對方。那個驚愕的小孩轉過身來看球是誰丟的，「我很確定，他沒想到會是一個穿著無聊泳裝的中年婦女，但我就站在那裡。」這位充滿報仇意念的媽媽回憶道。

暴力行為甚至可能發生在媽媽之間，有一則聳動的新聞標題是「育兒理念不合，兩位佛州媽媽拿杯子碎片互刺」。偶爾還會發生媽媽不顧嬰兒還背在身上，就跟對方打起來的事情。這些媽媽之間的決戰，大概可以解釋為什麼《華爾街日報》（*Wall Street Journal*）有篇報導指出全美國最危險的連鎖餐廳當屬查克起司[6]——彷彿籌劃小孩生日派對這件事不夠讓人頭痛，還得要加上警察出動。

我們這些冷靜但充滿警覺的媽媽，是出了名的爭強好勝、凝聚力強的族群，我們

---

6 譯註　Chuck E. Cheese，美國大型連鎖親子餐廳，特色為結合餐飲與娛樂設施。

會向大眾敲響警鐘，並且上街「抗議」各種事情：最有名的就是酒駕，但也包括足球、電玩、氣候變遷、機場擴建、網路等等。我曾經聽到別人聊起我常去（但沒什麼成效）的那家女子健身房，形容那裡是「憤怒媽俱樂部」，我挺喜歡這稱號的。從在野外捕捉到的大鼠媽媽身上可以發現，位於杏仁核的腦細胞特別大，而杏仁核與攻擊行為有關。除了愛之外，媽媽們最常被提到的情緒就是憤怒。

雄性的攻擊行為與睪固酮有關，但媽媽的憤怒似乎是源自於另一種（我們現在很熟悉的）神經化學物質。在一項實驗中，研究人員訓練母鼠將胡椒薄荷的氣味與會讓牠們疼痛的電擊聯想在一起。大鼠媽媽們很快就學會一聞到胡椒薄荷味就停住不動——但若牠們的寶寶在場，反應就不同了。媽媽們會勇猛地跑來跑去，攻擊散發出味道的管子，或是嘗試用牠們鋪巢的零碎材料把管子塞住。

不過，科學家讓大鼠媽媽腦部接收催產素的部位失靈之後，這些充滿挑釁意味的行為也就停止了。

另一項針對人類的實驗則是運用了所謂的熱情陌生人典範（enthusiastic stranger paradigm），以及凡是敢帶可愛新生兒踏出家門的媽媽都很熟悉的情境。受測的媽媽和寶寶被安排在實驗室外面的「候診室」等待（劇透注意！那才是真正的實驗室），一名研究人員扮演「熱情洋溢、容易冒犯別人」的維修工人進來檢查煙霧警報器，一邊走到媽媽身邊大聲讚嘆「小寶寶好可愛喔！」，一邊試圖伸手撫摸小孩的臉頰。所有媽媽都出現負面反應，但是那些在實驗中攝取較多催產素的媽媽會以更強硬的態度拒絕陌生人靠近。

此外還有泌乳素，這種與哺乳有關的荷爾蒙似乎影響力很強，以致媽媽的憤怒舉措有時也被稱為「哺乳期攻擊」（lactational aggression）。其實，泌乳素也有讓媽媽冷靜、減輕焦慮的顯著作用。比方說，如果讓一位哺乳中的女性在跑步機上一直跑，她的壓力荷爾蒙分泌量只會有一般女性的一半。

不過一旦面臨威脅，這種佛系狀態馬上就會消失。即使小孩不在場，哺乳期的媽媽也比餵配方奶的媽媽更具攻擊性。在實驗中，研究者讓人類媽媽和一位態度粗魯惡劣、邊吃口香糖邊滑手機的對手（又是狡猾的研究人員假扮的）在電腦上比賽。哺乳媽媽藉機「懲罰」這位討厭對手的可能性，是配方奶媽媽的兩倍。就連在執行處罰的過程中，哺乳媽媽的血壓也比其他女性來得低，顯示她們處於心情放鬆的狀態。處罰方式很簡單：媽媽們可以透過機器向對方播放一陣「懲罰用」的聲音，由她們自己決定要把音量調到多大。

在本質上，這就是她們的怒吼。我多年前在賽倫蓋提採訪旅行時，曾看過一群鬣狗悄悄接近落單的母獅，還有牠唯一的小獅。母獅沒有逃跑，而是將孩子安置在一棵樹下，然後緩步走出來，正面迎戰包圍過來的鬣狗。牠就像來自美國舊西部的槍手，目光凜然，迫使鬣狗群裹足不前；經過一段短暫的對視、幾聲緊張的短吠和竊笑般的咯咯聲，最後鬣狗紛紛轉身跑走，儘管八對一的局勢看起來對牠們有利。

我近來都待在足球場邊，而不是非洲的稀樹草原上。但就算在這裡，也有母獅巡梭的身影。

我不曾正面迎戰鬣狗群，但在某個倒楣的 J. Crew 服裝銷售人員被派來跟我解釋小孩的復活節洋裝寄丟了的時候，我的攻擊傾向就出現了。（「你沒搞清楚——我訂的是開襟羊毛衫，」我尖聲喊道，我老公默默躲到一旁。「**我還訂了內搭褲！**」）當我要求青少年營隊指導員在午餐時間給孩子們多一點新鮮空氣時，也看到自己在他們眼中變得越來越巨大暴躁。

但我真的會為孩子不惜一戰，像《歷險小恐龍》（*The Land Before Time*）裡勇敢的雷龍媽媽那樣，在不幸的火山爆發中挺身迎戰暴龍嗎？我不確定。某次我們遇到一群蜜蜂，結果我轉身逃跑，拋下尖叫的女兒。有時孩子們會抱怨我沒有為他們發聲。最近三個小孩都為了一件事情對我生氣，就是他們在龍蝦餐廳玩耍時被一位老婦人責罵，而我（據他們所言）「忙著狂吃」龍蝦，沒有衝過來維護他們。我罪有應得！

印象中，我只有一次為了保護小孩而忍受肉體上的疼痛，那是在我第三次剖腹產的時候。護理人員嚴重錯估止痛藥劑量，結果手術進行到一半時，我的麻痺感逐漸消退，開始感覺到手術刀在那裡切割。這是我覺得自己跟美洲獅的爪子最接近的一刻，肚子上好像布滿一道道燃燒的戰壕。麻醉師隨即幫我增加了劑量，但已經來不及了。我不斷喊痛、慘叫，然後吐了出來。

兒子被安全取出後，護理師仁慈地叫來大量某種藥劑——可能是嗎啡吧——終於讓我從劇痛中解脫，好好休息了一段時間。

但牙齒打顫的我在產後恢復室等待止痛藥劑時，看著頭上光禿禿、臉頰鬆鬆垂垂的嬰兒，漸漸意識到剛出生的寶寶有點不對勁。一直有陌生人進來看他。第二位過來的護理師注意到我兒子的呼吸夾帶著幾乎聽不到的異音（也可能是錯覺），懷疑他在生產過程中可能有吸入羊水。她不斷俯身細聽，我看得出來，她在煩惱是否該為了以防萬一送我兒子去新生兒加護病房。

很快就有人把救命的嗎啡送過來，放在看起來像銀製的托盤上（但應該是不鏽鋼）。我充滿渴望地看著嗎啡好一陣子，然後想起大女兒剛出生時在新生兒加護病房裡，滑溜溜的管子和電線像蛇一樣爬過她身上的樣子。

我在恍惚之中想著，誰也別想把這孩子帶去「觀察看看」。

「先別打，」我對拿著針筒的護理師大聲說，「我的寶寶有狀況，我要保持清醒，才能知道發生什麼事。」

這位粗魯又忙碌的護理師先前花了不少工夫才叫來媽啡，為此還得處理文書作業。我頓時想到，先前我一直大喊大叫要求開藥（然後醫生也正式開藥給我了），而且現在狀況顯然還是很不好，應該是非得打針不可。我的身體仍然處於幾乎不能動彈的狀態，但我努力凝聚最後一絲氣力，準備面對一場不愉快的爭執，這時護理師開口了。

「妳知道嗎？」她噘著嘴說，「我覺得寶寶有妳這樣的媽媽很幸運。」

✕ ✕ ✕

媽媽被包夾在各種疼痛和內在改變，還有母愛、憤怒與無止盡的換尿布馬拉松之間，若說她們的智力會受到一些附帶損害，或許並不令人意外。

「媽媽腦」一詞經常引起熱烈辯論，有時會被人誇大，有時被一笑置之，但這樣的概念仍描繪出一個難以否認的事實。約有八成的新手媽媽自覺有認知功能問題，尤其是在記憶力方面，而科學家的研究結果也證實這些說法有其根據。媽媽的頭腦就像身體一樣會增厚。

有些研究人員提出一種讓人不太舒服的說法，認為媽媽會「自我消化」腦部組織，變成給小孩的養分，這樣就能解釋媽媽腦容量減少的現象（但正如我們看到的，相關證據也有爭議）。其他不認同的科學家（其中有些人本身就是媽媽）則反駁，這種看似縮減的情形有可能其實是增進效率的「突觸修剪」（synaptic pruning）現象；聽起來還蠻正面的，像是積極修剪庭院植物一樣。（這個論點認為媽媽腦會「變得更精瘦且精明」。我有變精明嗎？肯定有。精瘦？可惜沒有。）甚至有些研究團隊認為，成為媽媽可以「讓我們變得更聰明」。

大鼠媽媽確實在某些任務上表現格外傑出，尤其是空間記憶能力特別好。相較於處女鼠，大鼠媽媽可以更快在迷宮中找到早餐麥片。（有趣的是，經過與幼鼠長時間相處達到敏感化的處女鼠「養母」，在尋找早餐麥片的任務中表現也相當優異。）而且，哺乳動物媽媽因為產後變得無所畏懼，也成為更優秀的狩獵者。里奇蒙大學（University of Richmond）的大鼠研究專家製作了一個「試驗競技場」，讓媽媽鼠和處女鼠來一場蟋蟀競賽（是用真正的蟋蟀，不是英文同樣叫「cricket」的板球）。研究人員透過夜視鏡觀察發現，大鼠媽媽撲擊蟋蟀的速度快了三倍，而且比較少在給予致命一「咬」前讓獵物有機會逃走。科學家們對此印象深刻，還在研究報告中提到，這些嚼食昆蟲的齧齒動物讓他們聯想到「主掌生育和狩獵的希臘女神阿提米絲（Artemis）」。

可惜的是，在實驗室和古典神話之外，能證實媽媽高超狩獵能力的證據似乎不多。有一項在喀拉哈里沙漠（Kalahari Desert）對豹進行的研究發現，比起沒有幼豹的雌豹，豹媽媽「整體狩獵成功率意外地更高」，甚至不亞於雄豹。不過細讀內容就會發現，在豹媽媽驚人的獵物數量當中，小型黑蜥蜴的數量遠多於活動力強、肉質豐富的瞪羚。或許是因為對飢腸轆轆但活動範圍大幅受限的豹媽媽來說，只要是會動的東西都可以吃。

令人嘆息的是，在狩獵過程中特別勇敢（或鋌而走險）意味著容易發生意外；研究人員注意到，或許是因為四處覓食的大鼠媽媽在荷爾蒙影響之下格外大膽，牠們比處女鼠更容易掉入陷阱。

在自然界中，外出狩獵的母親面臨嚴重的後勤障礙，足以妨礙牠們的行動。為了減輕重量，脹奶的蝙蝠媽媽有時會綁架別人的小孩來吸取多餘的母乳。（我怎麼沒想到這招呢？）剛生產完的象鼻海豹媽媽因為身體浮力太大，很難潛到海中獵食；就像試圖再次穿上直筒裙的人類媽媽，牠們得要減掉幾十公斤的油脂才能恢復適合打獵的身材。以智人來說，雖然也有紀錄證明媽媽會外出狩獵，但仍是少數；比較有名的例子來自菲律賓的阿埃塔人（Agta）部落，她們會用網子捕捉豬隻和其他獵物。

但即使養家活口的本領提高，仍無法改變媽媽也有缺陷的這個事實。相關研究的結果雖然混雜，而且無可避免地有爭議，但近年一項針對二十份研究報告所做的整合分析，強調媽媽的記憶力確實受到可量化的損害。一項有趣的實驗顯示，在日常生活中，我們特別難以記住別人交付的小任務，例如寄信。而且，我們最難記住的似乎是字詞，比如倒背清單上的項目之類的。

媽媽失憶症（momnesia）的部分成因，或許是某種短期的因應機制：有研究發現媽媽對於生產過程其實記得的不多，當研究人員給她們看分娩關鍵時刻的影片，迫使她們回想時，媽媽們理所當然地嚇壞了。

缺乏睡眠也會影響媽媽的記憶力；根據估計，新手媽媽一年大約少了七百小時的睡眠。我們可能在唸《猜猜我有多愛你》（*Guess How Much I Love You*）給孩子聽時，唸著唸著就陷入短暫昏迷。

不過，記憶力減退也和我們大腦的改變有關。我們腦部的運作方式和以前不完全相同了，而我們新獲得的能力和益處是有其代價的。「這是為了不要浪費注意力，」耶魯大學兒童研究中心的琳達．梅斯表示，「並不是記憶力減退了，而是妳非常密切地注意某個事物。某種程度上，可以說是妳的生物機制在影響妳，要讓妳把注意力集中在寶寶身上。這樣一來，其他事情就變得次要了。」

如果我們一心顧著觀察孩子便便的形態，就沒有工夫去挑二次方程式的計算錯誤。如果我們忙著拼湊記憶、唱出更多版本的〈小小蜘蛛兒〉（The Itsy Bitsy Spider）給小孩聽，就更難背出以前記得的那些詩。大腦有所謂「用進廢退」的機制。目前，我腦中關於整理遊戲室的區域運作得相當良好；還有把兒子所謂的「戰鬥彩繪」從他圓滾滾的身體上洗乾淨時需要動用的腦部區域，也是十分發達。至於負責處理西班牙文假設語氣的部位，大概已經灰飛煙滅了吧。

我常想，這些記憶障礙或許也解釋了媽媽們對於時間流逝的感受。以前我的日子過得很緩慢，有成千上萬有趣的小事和許多可以回想的時刻。現在呢，一天還沒開始感覺就已經結束了，而且我完全記不得昨天發生什麼事。這讓我感覺人生以驚人的速度流逝，就像一個七歲孩子在美國購物中心玩屋頂空中飛索時的感受。

有一種可能，那就是我們原本高度發展的能力在成為母親後減退了，而我們那哺乳動物大腦中的古老核心積極運作起來。媽媽腦部的重組或許有益於負責掌管這些古老能力的區域，也就是我們和實驗大鼠、犀牛和其他哺乳動物十分相似的那些結構；代價就是犧牲我們在人類特有的文明中發展出來的種種能力，像是語言、詞語記憶等等。因為這些技能和嬰兒沒什麼關係（畢竟他們還沒有能力發表意見），在產後至少暫時退化一陣子，或許是非常符合邏輯的。

然而，當這些能力與妳的自我認知息息相關時，還是會讓人很難受。研究人員說媽媽們在超市裡比別人更會找東西（大概就像大鼠媽媽擅長在迷宮裡聞出早餐麥片的位置），但就算這是真的（研究總有爭議，這個也不例外），當妳不光只是科學家泛指的媽媽，而是個活生生的人，在辯論比賽中與先生邂逅、熱愛詩歌而不是嬰兒照片，有時還會把生活都投注在文字工作上，這樣的能力取捨還是顯得很不公平。我本是以寫作維生，現在頂多只能在別人買給我的粉紅色小日記本上寫些隻字片語，那個令人沮喪的本子封面還寫著「媽媽的每日一句」。顯然我們就只寫得了這麼多。

當然，這是我傷感故事中的一頁。但是妳的可能和我很不一樣。儘管成為媽媽會讓虎鯨、袋熊和女人同樣發生預料中的重大變化，但沒有任何一位媽媽和其他人是完全相同的，即使我們都對同一個稱呼有反應。不過，若想了解每位媽媽為何如此獨特，就會像在打掃時弄翻整罐彩色軟糖蟲一樣：引出更多問題。

第五章

# 創造之母

## 媽媽經驗的多元差異與重要性

三十九號受試者外表看起來就和一般媽媽差不多：緊身褲、運動鞋，還有套在手腕上的髮圈。耶魯大學兒童研究中心的研究助理拿著可水洗彩色筆在她頭皮的中點做上記號，她懷孕已超過三十五週，但對這些動作似乎不以為意。我敢打賭這不是她的第一胎，因為她顯然以前就做過這些記號。

不過，那個布滿電極的頭罩就沒見過了。它看起來有點像裝洋蔥的網袋，差別在於它可以讀心。

腦電圖（簡稱ＥＥＧ）是極少數對第三孕期婦女沒有安全疑慮的腦部研究工具之一。大腹便便的孕婦無法長時間平躺，以免壓迫到主要血管，因此不適合使用 fMRI 儀器掃瞄。（孕婦頻尿也是科學研究會遇到的障礙之一。）

研究助理請三十九號受試者摘下耳環，然後為她罩上美髮沙龍的罩袍。

「這個東西不會放出電流，」研究人員一邊說，一邊將電極頭罩由後往前套在她的頭上，調整至貼合頭部。「只是要測量妳的腦電波。」

腦細胞之間會透過微量的電脈衝通訊，當數千個細胞同時放電時，就能從頭皮表面偵測到電訊號。ＥＥＧ會透過頭罩上的幾十個電極記錄這些腦波模式。科學家會給媽媽一些和寶寶有關的刺激，例如照片或哭聲錄音，然後觀察媽媽腦部的反應。

此刻，那位媽媽看起來彷彿是被什麼深海大怪物用吸盤緊緊捉住似的，她甚至有點在滴水。為了提高導電率，頭罩事前已先浸泡過鹽水和寶寶洗髮乳的混和液；後來我自己也試戴過，液體會慢慢滴下來，流到身上最隱密的部位。每個濕答答的電極，感覺都像是青蛙濕潤的吻。

「天哪，」三十九號受試者對著 iPhone 螢幕上映出的自己說，「我覺得我好像《魔鬼剋星》（*Ghostbusters*）裡面的黛娜・巴萊特（Dana Barrett）。」

研究人員記下房間裡的溫度和濕度，準備開始測試。

這項實驗的題目是「懷孕帶來的改變經驗」，但這些研究人員和我以前訪問的大多數科學家不同，他們要找的並非媽媽和一般女性之間的差異。

「我們想了解每位媽媽的腦部電訊號有什麼不同。」生於英國的計畫首席研究員海倫娜・拉塞福（Helena Rutherford）這麼說道。

儘管社會大眾經常想將所有人類媽媽都混為一談，對每位媽媽都投以同樣完美的期待，但這項最新研究顯示媽媽之間存在著很大的差異，而且相當多元。有些媽媽比別人更喜歡寶寶的氣味、接觸寶寶特別頻繁，而且對嬰兒的哭聲更加注意；有些媽媽從育兒獲得的整體滿意度比別人更高；也有媽媽完全對小孩置之不理。但這些差異從何而來、又為何存在，仍是母性科學研究當中的大哉問。

「我們要討論的不光是媽媽腦、媽媽的反應，」拉塞福表示，「而是想找出媽媽的個體差異。對於媽媽的大腦，沒有任何作法能夠一體適用。」

這項研究的宗旨不是要頒發年度母親獎，而是想從新手媽媽們一生一次的轉變了解她們的神經可塑性，進而研發出能夠支援每位女性的工具。

這類研究的最終目標，往往是為了提升小孩的福祉。大家都知道爸爸們的行為差異更大，但媽媽之間的差別雖然比較細微，卻對小孩的幸福有更大的影響，因為我們在育兒過程中扮演了決定性的角色。某次我和一位小兒科專家談話，對方不斷提到孩子的「環境」，我過了好一陣子才明白過來，她指的環境就是**我**。

我發現這種類型的母性研究非常令人著迷，但也有點令人恐懼。所有媽媽都知道彼此之間有差異，不然我們在公車站牌等車時都在聊什麼？而且在我們內心深處，都有點疑慮自己的母性本能是否有缺陷。要把自己放在顯微鏡下放大檢視，確實令人不安。

在我訪問另一間實驗室時，有位研究人員將感測器貼在我胸廓下方的皮膚，用來觀察我觀看嬰兒影片時的心跳，並且將魔鬼氈黏扣帶纏在我的左手手指上面，測量我的出汗量變化。

我當時絕對在冒汗。那些數字到底會透露出什麼？儀器會不會偵測出我不會唱催眠曲，或是去年夏天在游泳池碰到一隻嗜血的馬蠅時膽小地逃走？我不會縫製自體發光的烏賊裝、沒辦法用椒鹽脆餅棒蓋出小木屋，這些事情會被電子儀器偵測出來嗎？

幸好，我們還沒有那樣的診斷技術。不過，耶魯大學的研究人員正在針對媽媽們本質上的顯著差異，建構一套規模最大的資料集。在EEG讀數分析完畢，並根據過度眨眼和不小心打瞌睡（沒辦法，是第三孕期的孕婦啊！）等干擾因子調整之後，可能就會呈現出這幾十位孕婦對相同的嬰兒刺激有多麼不同的反應。

問題在於：為什麼？耶魯大學的科學家們會將這些腦部資料與其他看似隨機的個人小事結合在一起。某位媽媽是右撇子嗎？她能記住一系列的正方形排列嗎？這次懷孕是在計畫之中嗎？

此刻，三十九號受試者正依照指示盯著電腦螢幕上的白色十字，並戴上耳機。我沒有耳機；其實在進行這個階段的時候，我被安排躲在一道像浴簾的巨大深藍色簾子後面，以免妨礙到實驗。

還好，我不用戴耳機就能聽到那刺耳的聲音。

一開始聽起來，就像恐怖電影中吱吱作響的絞鍊，然後變得像鸚鵡受到刺激時的粗厲叫聲。嬰兒悲切的哭號響徹室內。在藍色簾子的另一邊，貼在受測媽媽頭皮上的一百二十八個電極傳回了腦波讀數，一開始像丘陵起伏，然後變成高山峻嶺。

接著，電腦螢幕上出現一列嬰兒的臉：有些露出淘氣的笑容，有些則是「我把自己搞得全身都是豌豆泥」的錯愕表情。

**砰**、**砰**、**砰**，三十九號受試者的腦波劇烈地起伏著。

我幾乎也能感覺到自己的腦波在劇烈起伏。

⁂ ⁂ ⁂

個體的獨特性並非人類媽媽獨有。其他哺乳動物媽媽，從海豹到母豬，也都有行為差異。

非洲象、紅頸袋鼠和灰袋鼠都有多種明顯不同的母育行為模式。一項在密西西比州水族館做的研究發現，瓶鼻海豚的育兒風格有很大的不同，有些乖乖牌媽媽幾乎都待在離小孩不到幾公尺的地方，但也有些淘氣媽媽會溜去玩浮水玩具。

面對哭叫的小猴猴，某些猴猴媽媽比其他同類更會毫不考慮地按下按鈕來讓牠們閉嘴。也有些紅松鼠媽媽會特別積極尋找在實驗中被綁架的小孩。呃，先前我曾經暗指松鼠對於研究母性行為的生物學家來說是比較容易的實驗對象，但這個案例或許不然，因為需要爬上加拿大高聳的雲杉。

哎呀，就連天竺鼠媽媽都各有自己的一套。當科學家給予一樣的亮度和陰影、標準的木屑墊材，還有份量完全相同的蘋果和乾草，有的天竺鼠媽媽會做些溫柔的消遣活動，像是「嗅聞寶寶的毛」或「鼻子碰鼻子」，但其他天竺鼠媽媽則顯得對寶寶不怎麼關心。

「由此可見，」這個志得意滿的天竺鼠研究團隊在經過好幾個小時的夜間觀察後得出結論：「天竺鼠擁有不同的『育兒風格』。」

其他物種的哺乳動物媽媽更容易研究和評定。要評估兔子媽媽的母性本能，大概只需要計算牠咬了多少厚紙板去築巢。你可以統計狒狒媽媽的瞥視頻率，或是計算獼猴媽媽的抓撓次數。至於野山羊媽媽，則可觀察牠們有多常拋下小孩跑去玩耍。

但對於人類媽媽，沒有任何標準的「封箱實驗」能像瑞典軍隊對德國牧羊犬媽媽所做的實驗那樣，將媽媽和寶寶放入封閉空間，透過監視攝影來觀察所有的育兒習性。女性**本身**就是那個箱子——就像黑盒子。科學家還在努力尋找解析內容的方法。

至今，演化心理學家還沒有找到什麼和超級媽媽有直接關聯的外表條件——別懷疑，他們努力找過了。曾有人測量過媽媽們的握力，還有人研究我們無名指和食指的相對長度。少數研究顯示，臉部較為女性化以及較矮的女性可能天生比較有意願生小孩。嗯，如果這是真的，或許說明了我以前為什麼不太想生小孩，我小學五年級時就已經超過一百七十公分了。還有一些證據顯示，就像臀部脂肪較厚的駝鹿媽媽能生下比較容易存活的幼崽，所謂「臀脂過多」的女性——就是有像金・卡戴珊（Kim Kardashian）那樣的豐臀——可能更適合孕育小孩。科學家盛讚我們高腰牛仔褲裡的內容物是「神經發育資源的特別庫存」，我想我應該可以接受這個讚美。

不過，至少在實際生產、開始養育孩子之後，美麗或豐滿的女性相較於外表平凡的姐妹們，在育兒方面並沒有比較多優勢。

為了分析女性的育兒表現，英勇的科學家嘗試了各種現實生活中的觀察招數——

在食品雜貨店的貨架之間尾隨媽媽和兩歲半的小孩、仔細審視我們念故事書的技巧，還有我們不切實際地為學齡前孩子準備的綠色蔬菜量。

研究人員從每秒十六格的影片中，分析媽媽與嬰兒互動時的的手勢、聲音、笑容和沉默。他們還繪製圖表，呈現出媽媽在洗澡時間的心跳會如何加速（看來即使在小孩沒有試圖把另一個小孩淹死的時候，媽媽還是會心臟狂跳）。

不過，想針對個別女性進行研究會面臨許多困難；除了活體解剖媽媽違法之外，人類的自我也比天竺鼠牽涉到更多層面，像是個性、過往經歷、臨場焦慮等。因為我們每個人都不同，很難找出同樣的模式，尤其是在缺乏固定行為的情況下。有項研究是讓媽媽待在隔音室裡，由受過音樂訓練的專家監聽她們對寶寶說話的聲音，諸如「媽咪幫你換布布好嗎」或「你怎麼這麼有精神啊」，發現每位媽媽的音調都很不同，在聲學上甚至可以區分出每個人的「專屬音調」。

此外，科學家有時也很難判斷在實驗室從媽媽身上測出的「敏感度」，到了現實生活中會如何。「這些行為相當複雜，」某個研究團隊在報告中如此寫著，其中涉及了「跨情境適應」（cross-situation adaptation）。同一位媽媽在後院烤肉派對和鋼琴獨奏會上，對嬰兒信號做出的正確解讀或最佳反應可能就全然不同——更別說每位媽媽的背景、地區等差異，還有富庶和災疫時期的差別。

以科學方法評價媽媽，從某種程度上來說算是主觀判斷，很容易因不同的價值觀、情境和世界觀而複雜化或混淆。有些人類學家認為，所謂「敏感母親」的觀念是二十世紀中葉偽心理學衍伸的副產品，而且這種特指概念在只能勉強獲得溫飽的時期和地區幾乎不重要。由於各種策略在不同的環境中都可能有效，很難判斷媽媽之間的差異是與生俱來、後天習得，還是因為情境或文化背景而產生。

所以，生了好幾個小孩、或者至少養育過好幾個小孩的媽媽，就有個優勢（我得說一句，我們的優勢可不多）。在我自己的人生中，隨著幾次懷孕時的情況不同，我注意到自己對於母親身分的認同其實不斷在改變。不光只是和其他媽媽不一樣而已，我每生一胎，就會成為和先前不太一樣的媽媽；後面再來跟談談我作為媽媽的不同樣貌。

但對科學家來說，如果研究這些複雜問題難以得出簡要的答案，至少還可以仰賴先前一直提到的量化指標：媽媽的各種荷爾蒙。儘管人類媽媽懷孕生子時，荷爾蒙幾乎都會出現明顯變化，但這些變化也沒有固定標準，而荷爾蒙的濃度不同或許就是母性行為有所差異的影響因素。

加州某間研究室發現，從女性懷孕中期的黃體素和雌激素比例，可以預測出她日後在小孩一歲時的育兒品質。另一項實驗發現，第一次懷孕的媽媽如果體內皮質醇濃度較高，會比較常抱小孩，也比較喜歡聞嬰兒的氣味，而且更擅長辨認自己小孩的哭聲。此外，有一些媽媽的多巴胺系統對於嬰兒的臉部表情暗示比較不敏感。

不意外地，催產素的影響力最大。有些媽媽對小孩非常關注，比其他媽媽更常注視小孩、更常使用媽媽語，而她們體內的催產素濃度也比別人高。動物界也有類似的差異，根據勇敢到蘇格蘭海灘上捕捉灰海豹來抽血的科學家表示，越是對寶寶寸步不離的灰海豹媽媽，體內的催產素濃度就越高。

正如媽媽們體內的化學物質濃度各不相同，我們的大腦變化雖然相似，但也不會完全一樣。普遍現象並不代表千篇一律。還記得有間研究室開發出能百分之百辨識媽媽腦部的演算法嗎？那時研究人員對懷孕前後的受試者做了MRI造影，利用磁力繪製出腦部剖面構造，而不是追蹤電脈衝。雖然媽媽們普遍都有腦部灰質減少的現象，但研究人員也證實，並不是每個人減少的量都相同。更奇妙的是，從媽媽腦部縮減的程度，**似乎能預見她日後育兒的情況**。科學家追蹤在MRI掃描中顯示腦部灰質減少最嚴重的婦女，發現她們在產後兩個半月時，對於寶寶的神經反應更強。

腦部的反應和大小都能夠作為預測指標。有項針對四十位準媽媽做的EEG研究（和耶魯大學的研究類似）顯示，受測婦女在懷孕過程中對嬰兒臉部照片的神經反應有所差異，而神經活動增加越多的媽媽，產後的母嬰連結就越緊密。每位媽媽在執行相同的母育工作時，會用到的大腦區域也不一樣。舉例來說，當眼前閃現許多自己小孩的照片時，比較敏感的媽媽在腦部的「伏隔核」區域反應最強，而較不敏感的媽媽則是在杏仁核出現較多反應，也就是與攻擊行為有關的區域。

因此，媽媽是個同中存異的族群。我們的大腦、身體和行為上，都有著明顯的差異。但為什麼某些女性產後的腦部影像變化驚人到值得在Pinterest貼出來，其他人卻並非如此？為什麼某些媽媽會分泌大量的催產素，其他媽媽卻不會？是否有什麼外在力量使我們的荷爾蒙和腦部構造出現差異？我們自身有意識的選擇又會造成多大的差別？

大部分的母親都渴望做個好媽媽。約有九成的美國媽媽會利用少得可憐的閒暇時間閱讀育兒書籍；科學家認為這種好學精神並沒有壞處（在偷懶去買懶人包巾之前，報名參加媽媽教室學習如何正確地幫寶寶包巾也沒什麼錯），但事實上，某些我們以為有助增進母育能力的事情可能毫無作用。

比方說，上嬰兒手語課往往被視為一種代表菁英媽媽的活動，但根據一項名為「『追求完美』是否會帶來更多壓力？」（Does 'Wanting the Best' Create More

所以我們在十二歲就債台高築，為了解決債務問題，我們創立了自己的臨時保母公司「布拉克兄弟」。布拉克是把我們兩人的姓氏結合在一起產生的，雖然我們不是兄弟，也沒有血緣關係，但這個名稱聽起來很順耳。我們在學校工藝課上印了正式的名片，開始在鎮上到處發送。

換作現在，我周圍大概沒有幾個媽媽會讓一個古怪又滿臉痘痘的青春期前兒童來照顧自己白嫩嬌貴的幼兒，更別說是兩個這樣的女孩了；但當時是一九九〇年代早期，我們找到不少客戶。那些週六夜晚，就和你能想像到的差不多：一團團尿布被扔在一邊發臭，有時候還在小孩身上沒換下來，我們的脖子經常浸滿了寶寶的淚水。當然，我們一定會把訂給我們的披薩吃完，還會順便掃光冰箱裡的冷凍炸起司條。哄睡小孩之後，我們有時會看希區考克的電影把自己嚇得半死、躲到雇主的床底下，還曾打電話給警察。當然，爸媽們從未聽聞這些夜半發生的插曲，不論是小孩的父母還是我們自己的爸媽——他們不知道郊區警察來調查過。下星期的地方報紙會刊登「衛斯帝路民宅內有嚇壞的臨時保母報案」這樣的警察紀錄，我們只盼望沒有人會讀到。

我們的酬勞大約是每小時兩美元，為了可以名正言順地提高到三美元，我們去上了專業的臨時保母課程。我們曾在課堂上無數次練習折返跑，好從想像中的火災現場盡量搶救出所有寶寶，而在這些演習中代替小孩的，是沾滿粉筆灰的黑板擦。我清楚記得自己當時心想，**我絕對不要在現實生活中做這些事**。

這樣看來，無論是對我們的客戶、還是他們家不開心的幼兒，我們都不是多理想的臨時保母。但科學研究顯示，當臨時保母對**我們**有益——或者該說是幫助了我們從未真正意識到某一天會成為的那兩個母親。

**我長了一顆新的心臟**，將近二十年後，艾蜜莉會這樣對錯愕不已的我說；但她的媽媽腦或許在念初中時就開始成長了。

想賺錢的小孩最傳統的生財之道，原來在生物學上對哺乳動物媽媽有實質幫助，而且影響可能持續終生。以人類來說，有照顧過小孩的女性，在第一次當媽媽時似乎比較能適應母親這個新身分。

我不想過度誇大這一點，因為我甚至沒辦法獨自在游泳池顧好我的小孩，更別說一時興起就拖著六週大的寶寶大老遠飛到俄羅斯（這是我一個當媽的朋友最近做出的事蹟）。不過，當過臨時保母的好處或許超出這些具體事情的範疇。我們或許無法從經驗得知如何安撫因腸絞痛爆哭的嬰兒，或是如何把打結的辮子梳開（我因此得知我家小孩去的髮廊會收費處理糾結成一團的頭髮）。不過，這些經驗可以稍微保護我們免於產後憂鬱症、讓我們不那麼討厭寶寶的哭聲，並且比較容易被嬰兒的氣味吸引，因此能和寶寶建立更自在的依附關係。平均來說，我們的懷孕過程會比較順利。

有項實驗找來許多成年人，測試他們能否判斷嬰兒哭聲的神祕原因。結果發現，相較於生理父親，尚未生育但照顧小孩經驗豐富的女性靠更少的線索就能解開謎底，連生理母親也僅是險勝她們。

研究我們靈長類近親的生物學家就很清楚，具備與嬰兒接觸的經驗是讓雌性靈長類動物能真正當個媽媽的重要因素。若一隻日本獼猴從來沒有看過獼猴寶寶，當牠自己生下孩子之後，會嚇到逃走。在另一項實驗中，科學家讓一組快要成年的黑猩猩接觸小猩猩，另一組則生活在沒有小猩猩的環境下。當這些黑猩猩生下自己的孩子之後，曾經見習過育兒的媽媽更容易掌握照顧孩子的方法。

事實上，對於少數幾種靈長類來說，有幫忙帶小孩的經驗似乎是成為母親的必要條件。狨猴媽媽和獅狨媽媽如果沒有接觸過其他同類的寶寶，第一胎的存活率幾乎是零。

先前已經提到，許多未生育過的哺乳動物會自動避開小寶寶，或是把牠們當成食物吃掉，但雌性靈長類動物有點不同。牠們會在生活史的某些階段開始找機會實際照顧小孩，尤其是處於前青春期和青春期的猴子，對寶寶特別有興趣。除了跟親戚朋友借小孩之外，也曾有亞成體的雌猴搶走其他猴群甚至不同物種的幼猴。

如果沒有真的寶寶，假的也可以充數。為了幫助第一次懷孕的大猩猩發展母性，華盛頓特區史密森尼國家動物園（Smithsonian National Zoo）的飼育員甚至準備了小猩猩造型的填充布偶給牠們練習（裡面裝了電子元件，好模擬大猩猩寶寶的聲音）。烏干達基巴萊國家公園（Kibale National Park）的野生黑猩猩研究也有個令人開心的發現，亞成體的雌性黑猩猩似乎會找道具來充當娃娃，牠們會把某些樹枝像小孩一樣抱著移動、做出輕拍和擁抱的動作——這些行為在牠們生下第一胎之後就會消失。

也許這些喚起母性的提示有助解釋人類高中熱門的「模擬嬰兒」計畫為何沒有達到預期中的效果。為了減少過早懷孕的情形，教育專家嘗試讓高風險的青少年負責照顧高科技的模擬嬰兒；這些娃娃有相當擬真的情緒和腸胃消化需求，理應能讓青少女們覺得要盡可能晚點懷孕。

不幸的是，澳洲有項大規模研究發現，參與計畫的女孩們懷孕機率反而遠遠**高於**沒有用過模擬嬰兒的青少女。這其實完全不讓人意外，根據芝加哥大學（University of Chicago）的研究，女人對寶寶的興趣會在青春期達到高峰，就跟猴子一樣。相較之下，男人對寶寶的好奇心則是終生都不高。話雖如此，育兒經驗對爸爸們或許還是有好處，因為男性是否有與小小孩相處的經驗，會影響到他在伴侶產後出現多大的荷爾蒙變化。其實我認為我老公的育兒能力要歸功於我的小姑，她比我老公小九歲，是他在十幾歲時預先累積育兒經驗的重要里程碑。

從某些方面來說，媽媽若有幫忙帶小孩的經驗，應該能藉由傳統的學習過程提升育兒品質，因為靈長類（包括人類）通常腦部較大，可以透過接觸事物習得新技能。不過，我似乎是個學得很慢的媽媽。我的下臂有兩個新月形的疤痕，是我錯誤收折推車的結果。第一次夾傷時，我流了很多血——然後**第二次用時我又夾到自己了**。還有一次在飯店過夜，我把房間裡的咖啡桌搬開，想說這樣夜裡走去嬰兒床旁邊時路線比較通暢，結果自己忘了這件事情，直接撞上咖啡桌，搞得腳趾骨折。連我自己都很難相信，我居然還清楚記得十幾歲時當臨時保母學到的許多技巧。

荷爾蒙的細微變化或許是更重要的因素。科學家檢查了會背著初生幼猴移動的處女狨猴，發現牠們的泌乳素濃度和其他狨猴不同，也有證據顯示小型哺乳動物若幫忙照顧幼崽，會引起神經化學變化，大概就像養母會經歷的轉變過程。這類與小寶寶接觸的經驗，可能都類似之前提到的敏感化實驗（讓處女大鼠與幼鼠相處一週，就能促使牠們內在埋藏的母性種子慢慢萌芽）。照顧寶寶可能是個會改造心智的過程。

不過，還是青少年的小保母們未必是孕育小孩的最佳人選——在這個階段並不適合。事實上，一位母親從大嚼炸起司條的初中時期到生育第一胎，當中間隔的時間越長，對她的小孩可能越有利。

在決定育兒能力的因素之中，母親年齡是受到最多研究、也最可靠的一項。年長媽媽和年輕媽媽在本質上並不相同，在日常育兒能力方面，年長媽媽從各種評估標準來看都勝出——這對已開發國家的兒童是件好事，因為他們的媽媽大多年齡偏高。

現在的美國媽媽平均在二十六歲生第一胎，已經晚於一九七二年的初產年齡二十一歲，而東西兩岸擁有大學學歷的女性甚至更晚生：舊金山的平均初產年齡為三十三點四歲，已逼近高齡產婦。我的第一胎在華盛頓特區出生，當時我剛過完三十歲生日，在我認識的人當中算是很早當媽的（我媽在紐約市生下我時是三十二歲，在那個年代看來根本高齡到破表）。隨著近幾年全美出生率下降，超過四十歲的初產媽媽人數也持續增加中。

懷孕年齡提高，媽媽和小孩面臨的風險都會增加，更遑論受孕的難度。但是就許多母育評估指標來看，年長媽媽反而勝出。不過，關於何謂「年長」媽媽並沒有一致標準，每項研究的標準不太相同，大體上二十歲出頭或許可算是「年輕」的界線。年紀較大的媽媽通常比較會表現出溫柔親暱的行為、較少辱罵、較願意稱讚孩子、較擅長引導結構化遊戲、比較不會體罰孩子、對嬰兒說話和互動的機率較高、較肯定小孩的想像力，而且整體來說比較甘於接受母職帶來的束縛。科學家在其他哺乳動物當中也發現，年紀較大的母獸在保護幼獸時攻擊性特別強，尤其是較年長的象鼻海豹媽媽，牠們可以把沙灘上的其他母象鼻海豹咬得皮開肉綻。

這樣的差異在懷孕初期就看得出來，較年長的人類媽媽會更注重飲食和產前檢查；產後也仍存在差異，例如年長媽媽比較可能選擇哺乳，而且比較不會在短期內停餵斷奶。在寶寶一歲前，年長媽媽通常更注重睡眠安全守則等問題。尤其和十幾歲的年輕媽媽相比時，可看出年長媽媽整體來說更溫柔、荷爾蒙變化更明顯，而且研究人員監測心跳後發現，她們對嬰兒暗示行為更快有反應。

此外，太過年輕的媽媽會面臨許多難關，尤其是青少女。這些女性在經歷成為母親的重大變化時，更有可能出現相關的心理問題，尤其是產後憂鬱症：未成年媽媽受到心理健康問題影響的機率，是二十到三十歲媽媽的四倍，還有一項研究發現二十五歲後罹患產後憂鬱症的比例明顯減少。母親年長有好處的證據當中，最讓人重視的就是全球的殺嬰率。最有可能殺害新生兒的兇手，就是親生母親——而在全球各地，未滿二十歲的媽媽殺子的比率最高，年長的媽媽比率最低。

當然，我們這些老人家也未必就能一帆風順。蹲下來膝蓋就會喀吱響的我們，可能無法那麼投入耗體力的遊戲；我們可能會感受到更多教養壓力；我們剖腹產的機率更高，而且胎兒染色體異常的機率也比較高（雖然可能是出於不太符合直覺的原因，我們之後會談到）。目前還不清楚年長媽媽的優勢有多少是出於腦部的化學物質和神經構造，又有多少是建立在比較穩固的安全和財務基礎上。顯然，年長媽媽有優勢的原因可能在生物性方面較少，文化性因素較多，因為社經因素很難和媽媽的年齡完全區分開來。

一直到不久之前，某些科學家都還認為年長的母親可能比較難當個好媽媽，原因是他們所謂的「身體老邁」（這話太毒了吧！），但這比較符合從前的情況；在早年，四十歲以上的媽媽往往已經生過五、六胎，筋疲力竭、資源拮据。但是現在，四十歲以上的媽媽往往是常做皮拉提斯運動維持身材的主管級女性，在累積數十年的資產後，終於準備好將資源投注在第一個孩子身上。另一方面，現在美國十幾歲或二十出頭的媽媽比較常見於較貧窮的社區。

不過，還是有些科學家相信，即使在控制社經變因的情況下，頭髮夾雜比較多灰白髮絲的媽媽還是比較有優勢。比方說，有項在西維吉尼亞州阿帕拉契（Appalachian）鄉村地區對媽媽們做的研究發現，年長媽媽在敏感度方面仍然勝過年輕媽媽。另一項在非洲撒哈拉沙漠以南地區做的研究則發現，年長媽媽比較有可能為孩子尋求醫療照顧。

對於這些差異，有一種相當令人信服的解釋，那就是媽媽腦部的變化會與基本發育變化相互影響。年輕媽媽不但身體還在成長中，腦部也仍在發展階段。女性青春期的內在動盪，實際上會持續至二十多歲。假如成為媽媽在認知上的改變不亞於青春期的變化（科學家確實是這麼認為的），或許最好不要同時經歷這兩種神經上的漫長冒險。美國女孩的青春期最早可能八歲就開始，雖然很多人因此認為人類「天生」可以早早懷孕生子，但其實是現代迷思。在狩獵採集為主的時代，人類居住的環境仍是我們早年開發之前的樣貌，而研究顯示，在這樣的自然條件（尤其是飲食）下成長的女孩，大多都要到十五歲後、快二十歲時，初經才會來潮。

考慮到智力會影響母親的育兒品質好壞，年長的媽媽或許會因「執行功能」較佳而有比較多優勢；執行功能包括多種認知能力，包括規劃、記憶、多工處理和時間管理等，而青少年和二十出頭的年輕人多半較缺乏這些能力。研究顯示，經歷懷孕對認知功能帶來的影響後仍在記憶作業上表現較佳的女性，對於孩子的暗示行為會有比較好的反應。如果成為媽媽的腦部變化確實會減損女性的執行功能，那麼在這個蛻變過程發生時，年紀大一點的確會比較有利。

對於年長媽媽為什麼比年輕媽媽更稱職，研究其他雌性哺乳動物的演化生物學家提供了比較冷靜無情的思考方向：我們對生得晚的孩子投注較多資源和精力，或許是因為那是我們延續寶貴基因的最後機會，需要盡量提高成功機率。

反觀年輕媽媽，她們還需要為將來的其他後代預留熱量和精力，理當有所保留。

也就是說，不光是育兒能力，就連育兒策略也會隨著女性的年紀增長、繁殖時間縮減和選項減少而逐漸改變。演化生物學家莎拉・布萊弗・赫迪（Sarah Blaffer Hrdy）在著作中寫道：「四十一歲時願意為獨生子女付出生命的媽媽，已經不是二十幾年前很有可能把第一個小孩拿掉的那個她。」這種論調雖然無情，卻相當有力地說明為什麼年輕女性殺嬰的案例比較多。

我記得，小時候曾經問過我媽她願不願意為「別人」而死（當時我覺得這個別人很明顯地就是指我自己），得到的答覆是令人不安的漫長沉默。

對於這個答案，生物學家以她的立場設想出一套複雜又快速的算計結果。或許我媽在三十二歲時不會為我而死，因為當時我還小，而她還有機會生更多小孩。但當我長到十歲時，我家的小孩只有我和一個妹妹，她的心態或許已完全不同，可能會十分願意為孩子犧牲。

（至少我是這樣告訴自己。）

對於年長媽媽的奉獻決心，有人巧妙地以所謂的「末期投資假說」（terminal investment hypothesis）來形容。這是一種理論，而非一成不變的規則，不過從歐洲馬鹿到普通獼猴，在許多哺乳動物身上都找得到支持這種理論的現象。

就以虎鯨媽媽為例好了，牠們和我們很像——不是指撞斷獨角鯨肋骨再把牠們生吞活剝這點，而是指繁殖期方面。虎鯨大約在十歲左右開始有繁殖能力，雖然雌虎鯨有機會活到九十幾歲，但繁殖期在四十歲後就結束了。有項研究顯示，虎鯨媽媽最後一胎的存活率比鯨群中的其他幼鯨高出百分之十，原因或許就是開始步入老年的虎鯨媽媽保護小孩的動機特別強烈。

在人類身上，有些科學家甚至懷疑，末期投資的概念不但解釋了為什麼年長媽媽對嬰兒顯得更為關切，也影響母體對於腹中胎兒的處置方式。年長的媽媽有比較高的機率生下染色體異常的寶寶，不過根據這個理論，原因或許不光是卵子老化而容易有問題，也可能是年長媽媽的身體對於流產設下了更高的門檻，因為在最後關頭生下異常的寶寶，或許好過沒有孩子。

✕✕✕

除了年齡和過往的育兒經驗，女性的生產方式也會影響她身為母親的心理。別忘了，對哺乳動物來說，經由產道分娩的生理刺激（以及連帶分泌的大量催產素）往往是喚醒母性行為的關鍵。但是剖腹產完全避開了產道和子宮頸，這會對某些動物的行為帶來重大影響，包括人類的近親。科學家對兩百一十一隻猴子做了剖腹產手術，結果只有七隻猴子在產後願意接受牠們的寶寶。

如今在全美出生人口當中，剖腹產的比例約占三分之一；這個數據包括了我的貢獻，我已經是產科醫生口中「三連冠」的產婦了。附帶一提，我並不是對這些腹部手術有一肚子苦水。懷第一胎時，我覺得請陪產員這件事真是荒謬得可笑——有位朋友說她的陪產員建議她將嬰兒的照片上下顛倒掛在房裡，用來導正處於臀位的胎兒；我在心裡偷笑，這未免也**太不科學了**。（但在第十一個小時，她那胎位不正的寶寶真的轉正了，讓她免於剖腹產手術。）此外，我也不是那種好生的臀型。如今我很高興自己還活著，還有個額外的好處是跳繩時不會漏尿。幸好，母性本能讓人類媽媽無論以何種方式生產，都還是愛我們的寶寶，甚至連從來沒生產過的人也一樣。

話雖如此，還是有理由相信我肚子上獰笑般的難看粉紅色疤痕，並不是這些手術唯一無法抹去的紀念品。剖腹產也會在我們的腦部留下痕跡。

有項研究調查了產後二到四週的剖腹產媽媽，發現她們對嬰兒的哭聲反應較少，不過這種差異在幾個月後似乎就消失了。另一項研究則是觀察經歷過一系列恐怖攻擊的以色列媽媽，發現剖腹產的媽媽在同樣的環境條件下抗壓性低於其他媽媽。而像我生第一胎時的緊急剖腹產，對於母嬰連結可能造成的傷害最大；這類產婦罹患產後憂鬱症的機率多了百分之十五。

這或許反映出沒有大量分泌天然催產素造成的問題，也有可能和許多女性（包括我）在上手術台之前都施打了 Pitocin 有關；這種人造催產素的用途是加速分娩，但有些科學家認為這可能會干擾天然荷爾蒙的作用過程。又或者是因為這些被醫生剖開肚腹的女性比較容易有潛在的健康問題，產後疼痛也會延續一段非常漫長的時間；無論寶寶是怎麼生出來的，這些情況都有害母嬰連結。

寶寶出生後幾週內的餵養方式，也對母親的改造有影響，原因或許和催產素有關。哺乳媽媽在神經方面的變化，和配方奶媽媽就不太一樣。

科學家研究其他哺乳動物發現，如同乳房在哺乳過程中會發育，主掌乳房的腦部區域也會成長。在哺乳的大鼠腦部，與乳頭和胸部相關的皮質增大了一倍，並且伴隨著其他變化。（還記得哺乳期攻擊行為嗎？）當大鼠媽媽穿上貼身的萊卡夾克之後，由於胸部無法接收刺激，牠們的育兒行為也受到某種程度的干擾。

相較於沒有乳房漏奶問題的配方奶媽媽，科學家發現哺乳中的媽媽對於嬰兒的哭聲更為敏感，焦慮和緊繃的情況也比較輕微。原因可能是哺乳時必然會有更多的母嬰肌膚接觸（這是另一個經過實證可促進母親敏感度的方式），也可能是出於自我選擇效應的結果，因為天生喜歡擁抱的媽媽本來就比較有意願哺乳。

不過，因哺乳而激增的化學物質也有影響。對於母子雙方來說，哺乳都是一件可能會上癮的事情。舉個例子，我有個媽媽朋友不得不逃到歐洲兩星期，好讓兒子斷奶，她兒子已經快六歲了。

有些學者認為，哺乳媽媽與瓶餵媽媽之間的差異，只是哺乳期間短暫大量分泌的荷爾蒙所造成，在哺乳期結束後就會消失。不過，有其他證據顯示這兩種餵養方式對於神經系統的影響其實更為長久。

根據博伊西州立大學（Boise State University）對哺乳媽媽做的研究，即使到孩子升上五年級時，她們對孩子的暗示行為還是比較敏感。還有一項研究調查了超過七千名來自不同背景的澳洲媽媽，發現在孩子整個童年時期當中，曾經哺乳的媽媽疏忽孩子的機率約比其他媽媽少了五倍。

不過，這些統整資料並不代表一定要用哪種方式哺育孩子才能成為優秀的媽媽。人類的母性本能十分強大，不需要仰賴特定的開關來啟動，而且瓶餵也已經有數千年的歷史了——人類最早期的陶器當中就有給嬰兒用的瓶器，上面殘留著絕種有蹄類動物的乳汁。此外，在現代社會中，親餵哺乳有明顯的不利之處；哺乳媽媽在職場上有可能面臨更多「母職懲罰」（motherhood penalty），也容易讓現代婚姻中育兒工作分配不均的情況持續下去。還有，哺乳真的會讓人精力枯竭。我有時會覺得自己就像吸血鬼德古拉的受害者一樣，會在夜半時分受到召喚，從我的床上升空飄離。

不過，比起其他因素（像是妳在初中時如何賺取吃撈麵的零用錢，或是骨盆的尺寸），哺乳或許算是媽媽比較能夠控制的事情。我在去醫院生大女兒時幾乎沒有想過要哺乳，後來卻對哺乳的決定滿懷感激。（事實上，從前我還以為哺乳巾是媽媽想讓小孩在外面小睡而使用的迷你帳篷，畢竟我只看到從下面伸出來的小腳腳啊！）催生的過程中，一開始我的注意力幾乎都放在病房的 Netflix 節目上——沒多久，產程變得不順利，我就只顧想著自己的死活了。

後來，當又驚嚇又疲累的我動彈不得地躺在病房裡，看到泌乳顧問帶著圓錐形的塑膠擠乳器靠過來，好像醜兮兮的八〇年代胸罩，頓時很想放棄這件尷尬的事。我老公跟我都是喝配方奶長大，也都長得好好的！母乳對寶寶免疫系統多有益的那些含糊論調不太能引起共鳴，別人以親餵益處鼓吹哺乳的言論也吹不進我耳裡，因為在血淋淋的剖腹手術之後，我還處於暈頭轉向的狀態，想要開始哺乳都還有點困難。

不過，對於像我這樣經歷一連串挫折（像是被醫生用手術刀在身上劃來劃去，還有寶寶必須待在新生兒加護病房）的女性，哺乳其實格外重要，因為這些事件都會威脅我們與寶寶潛在的連結。而學會哺乳，是我剖腹產經歷中的一線希望。要不是被迫在醫院多住的那四晚，還有彷彿魔鬼終結者的泌乳顧問幫忙，我懷疑自己可能根本搞不懂怎麼餵奶。

因為在我大女兒出生的那天，也就是我展開新生之時，我正迎著一股看不見的激流努力逆流而上。

那是我第一次當媽媽。

好吧，這是廢話。就像媽媽教訓我們時說的，凡事都有第一次。所有媽媽都曾經是新手，這是無可避免的現實。

不過，這個概念並沒有表面上看起來那麼清楚明白。無論是大鼠、水獺還是人類，妳會成為什麼樣的媽媽，最重要的線索或許在於以往是否當過媽媽。

在好不容易出院之後，我努力推著大女兒搖搖晃晃到附近的遊樂場，但因為我錯選了避震系統很差的推車，人行道上的每個裂縫都會讓整部推車顛簸不已；我清楚記得旁邊帶著兩個小孩的媽媽們臉上幸災樂禍的笑容。

剛當媽媽的那段日子，我會花好幾個小時逛 Buy Buy Baby，繞著無止盡的圈——但丁筆下的地獄是九圈吧？——尋找可分解塑膠製成的手搖鈴、可彎曲的長頸鹿等能安撫新生兒的神奇玩具。

當然，真正缺少的配備是在我體內。最初的幾個星期和幾個月，母體還在逐漸改變當中；雖然我在懷孕中期可能會開始有所轉變，但仍處於未完成的狀態，還在朝成為母親邁進。

有經驗的媽媽不只熟知最好玩的戲水噴泉，或具備熟練的塞奶嘴技巧而已。關於「產次」（也就是女性生產次數）方面的研究，並非僅限於掌握育兒技巧（或是掌握綁嬰兒背帶的技巧）；在基本知識技巧這種表面差異之下，二寶媽和新手媽媽骨子裡是非常不同的生物。

首先，女人在經歷成為媽媽的重大改變之後，無論是生第二胎還是第十二胎，這整個令人不安的過程都不會再重複一次。雖然還是會有點混亂，但媽媽腦大致上已經開始運轉，零件完整、無須組裝，只需要一點微調跟改良。她已經達到敏感化，準備就緒的媽媽腦會讓她比隔壁病床的新手更有效率地應對新生寶寶的暗示行為。

當二寶媽表示想念第一胎時那種飄飄然的感覺，她們緬懷的不只是奢侈任性的產前派對，還有那段歷程帶來的感受。二寶媽並不是蛻變成母親的女人，而是第二次生育的媽媽。她還是同一個媽媽——只是媽媽的成分可能占了更高的比例。

「打個比方，這就像是她的車票已經打過洞了。」耶魯大學兒童研究中心的琳達・梅斯這樣告訴我。成為母親的歷程，絕對是一場單程旅行。

這點讓二寶媽在許多母育能力的評估中占有優勢。整體來說，再次生育的媽媽會覺得嬰兒哭聲沒那麼討厭。新手媽媽要花更久的時間才能弄懂寶寶的哭嚎和尖聲哀叫分別是什麼意思，有經驗的媽媽則通常較擅長區分嬰兒痛苦時的聲音和其他不同類型的哭聲。生過兩胎以上的媽媽也較常觸碰嬰兒，而且一般來說比較不會因母嬰長時間分離、剖腹產或早產等事件受到負面影響。

在動物界，有經驗的媽媽也勝過新手媽媽。孕育第二胎的獵豹媽媽懂得挑選更好的巢穴，經產的母羊在產後會更快把寶寶舔乾，老練的海獅媽媽幾乎絕對不會像新手那樣在餵奶時餵錯寶寶。

在實驗室測試中，生育過的大鼠媽媽能比第一次生產的母鼠更快抓到蟋蟀（而初產的母鼠又比處女鼠更快），也能更快走出迷宮及找到藏在小陶罐裡的早餐麥片。有經驗的大鼠媽媽在母親堅忍程度測試中也勝過生第一胎的母鼠，這些測試內容包括橫越滑溜的木頭、爬上繩索以及所謂的「吊繩試驗」。（話說回來，這些大鼠媽媽進行的活動讓我聯想到產後參加的健身訓練營課程，感覺非常微妙。）

對於寶寶來說，媽媽的這些差異可能攸關生死。以大猩猩和狒狒等人類近親而言，第一胎夭折的機率是其他胎次的兩倍，關鍵不在於寶寶，而在於媽媽。有些哺乳動物媽媽會把第一胎吃掉，尤其是齧齒動物。就人類而言，母食子的情況雖然相當罕見，但母親遺棄及疏忽小孩的例子就普遍多了。若是有經驗的媽媽，遺棄或疏忽孩子的機率都低很多。

這些媽媽也更有可能在冷靜與準備行動之間展現母性的平衡。比方說，有經驗的大鼠媽媽遇到陌生公鼠會更快展開攻擊，而且為了保護幼鼠，牠們會纏鬥更久、打得更狠。比起初為人母的女人，經驗老道的媽媽面對哭泣的嬰兒時比較能保持鎮定——在她們聽起來，嬰兒的哭聲沒有那麼刺耳。以我為例，大女兒常因腸絞痛爆哭的那幾個月裡，我總覺得自己像是電影《我倆沒有明天》（*Bonnie and Clyde*）最後幾秒鐘的費・唐娜薇（Faye Dunaway），女兒每一聲嗚咽都像一顆隱形的子彈打在我身上，但對她的弟弟妹妹就沒有這種感受。此外，經過歷練的媽媽能更快察覺問題，聽到寶寶難受的哭聲時也會更快出現心跳加快的反應。

科學家仍在努力尋找媽媽這種「識途老馬」的才能背後究竟有什麼樣的機制在運作，或許有一部分就是來自**練習**：人類幾乎能適應任何事情，包括寶寶宣戰般的哭嚎，而光是熟悉寶寶的行為模式，就會比較容易照顧嬰兒及解讀他們的需求。

不過，顯然腦部也有一些看不到的事情發生，正是這些作用讓媽媽的心智在後續懷孕時變得更像媽媽；在「只生一胎」的媽媽逐漸增加的時代，這種「加成效應」特別值得注意。

對大鼠和綿羊所做的研究顯示，在多胎媽媽腦部的某些區域，雌激素、鴉片劑和催產素的受體數量較多，而且在非常重要的內視前區（mPOA）也是如此；這種現象可能代表她們在生育後續幾胎時，所有當媽媽的能力都已經開啟了。這就表示，只要一點點令人愉悅的荷爾蒙，就能在這些女性體內產生很大的作用——就像在已經洗乾淨的頭髮上，只需要少量洗髮精就能搓出大量泡泡。

但是，就算是運作順暢的媽媽機器，也不見得都能事事順心。舉例來說，生過兩個以上小孩的媽媽，罹患媽媽失憶症的情況顯然更嚴重。有三個小孩的媽媽比只生一胎的媽媽更難記住聽過的話，再次顯示多次懷孕會產生更多化學變化，可能還有腦部構造的變化，而這些改變往往是——那個詞叫什麼來著——永久性的。

生越多的媽媽，酗酒的可能性也越高：在我還是萬事照書養的新手媽媽時，曾經目睹鄰桌的媽媽一邊哺乳一邊暢飲紅酒，讓我目瞪口呆。現在我懂了。像我們這樣生過好幾胎的媽媽，也常被人指責說比較懶於陪後出生的小孩玩，這其實是很容易理解的。很多事情我們大概都沒時間做，像是為兩歲孩子烘烤生日蛋糕，還用綠色翻糖做成「好餓的毛毛蟲」造型。所以，比較晚生的小孩會不會比較幸福這問題並沒有標準答案：雖然媽媽的母性功能更為完善、更關注小孩、回應速度更快，但整體而言他們得到的關愛還是比較少。這樣的條件交換，或許能解釋為什麼很多先出生的小孩在學校表現亮眼，後出生的小孩則往往比較悠哉自在——很可能是因為他們的媽媽就是如此。

巧合的是，我的第二胎和第一胎有著非常奇妙的相似之處。第二胎也是女兒，這次到了預產期，我的肚子一樣沒有動靜。於是，我再度不甘不願地被送進手術室進行剖腹產。就像土撥鼠每年春天在同樣的時間從洞穴出來，我生第二胎的那天，碰巧**又是超級盃星期天過後的那個星期一**。

然而，這是截然不同的一場球賽。

這次生產之後，沒有那種彷彿受到千錘百鍊的疼痛了，一切都很平靜。嬰兒的哭聲聽起來不再像近在咫尺、警鈴大作的汽車警報器，也沒有人裸體在醫院走廊跑來跑去了。我有記得把懶人包巾放進待產包，哺乳也變得輕鬆愉快。就連剖腹的傷口都不像上次那麼常抽痛。事實上，我心情輕鬆到可以跟在醫院裡徘徊的新生兒攝影師預約拍照，這是上回根本無法想像的事。

寶寶在拍照時表現得非常好，而且天空剛好撥雲見日，所以拍出來的成品，要我說的話，大概是我看過最美的新生兒寫真。醫院潔白的床單被光線染上奶油黃的色調，寶寶平靜舒適地沐浴在陽光下。

不過，現在我有點懷疑當時的天空是否真的那麼明亮，畢竟那時才二月初。也許，那片晴空只是我的心境。

我那（積滿灰塵的）臨時保母履歷、我的年齡、手術史、哺育習慣，甚至是我堆在廂型車後座的汽車座椅數量——這些事情都會影響我成為什麼樣的媽媽，但我多少還算能掌控這些因素。

不過其他形塑母親的力量，就完全超出個人能夠控制的範疇了。研究媽媽的科學家們在很久之前就注意到，母性行為似乎會在家族當中流傳，有些教養模式會傳承數代，就像是被繼承下去一樣。母性的遺傳奧祕已成為近年的熱門主題，研究人員正在探討是否有基因會讓媽媽特別擅於育兒。

我們雖然可以增加與寶寶肌膚接觸的時間，但想弄清楚肌膚之下藏了什麼，卻是棘手得多。

第六章

# 尋找媽媽的基因

## 媽媽（還有曾曾曾祖母）給了什麼？

北卡羅萊納大學格林斯伯勒分校（UNC Greensboro）的家庭觀察室，看起來就像鄰居家的遊戲室，或是那種充滿塑膠玩具的常見兒童遊戲區——只不過在單向鏡的另一側，有好幾位科學家和我在悄悄做紀錄。

鏡子的那一頭，有位十八個月大、圓滾滾的小男孩，名叫費德里克；二十多歲的母親坐在他身旁，穿著有花邊的粉色連身短褲，一度讓負責為她裝上心律記錄儀器的研究助理不知道該從哪裡拉出電線。

不過，此刻所有問題都已經解決，這對母子正在探索房裡經過精心挑選的幼兒玩具，包括和他們膚色相同的娃娃、會發出尖銳聲音的玩具電話，還有各種硬頁書。

就在這時，有隻怪物大步走了進來。「我們沒辦法用小丑，」首席研究員艾絲特．利爾克斯（Esther Leerkes）輕聲說道，「小丑涉及太多恐懼情結了。」

「哈囉，費德里克，」怪物站在門口愉快地說道，「你在做什麼呢？我是一隻怪物。」

費德里克抬頭，看起來嚇呆了。

怪物穿著綠色的按摩浴袍，說話時是帶有南方口音的女性嗓音；因為戴著綠色的塑膠面具，聲音有點悶悶的。

費德里克瞪大雙眼看著怪物慢慢靠近，而這位渾身綠油油的訪客繼續念著驚人的獨白，不時瞄一眼寫在綠色塑膠手背上的腳本小抄：「你知道什麼是怪物嗎？我有一張綠色的臉，而且我很高喔。你看我的手，是不是又大又綠？我不會碰你的。你有看過怪物嗎？費德里克，你在做什麼呢？我很想知道你在做什麼喔。我看到你在那裡了，費德里克。你不是怪物，你不像我綠綠的。你是小孩子，小孩都很愛玩，我也很愛玩喔。你知道怪物很愛玩嗎？我沒辦法用這麼大的手玩玩具，我的手太大了！因為我是怪物啊。」

怪物哼著童謠〈小老頭〉（This Old Man，旋律和〈綠油精〉相同），一邊踏著舞步，然後突然打起了瞌睡。牠那刻意發出的鼾聲響徹整個房間。每個小孩對於這個實驗環節的反應不盡相同，有些小孩想跟怪物擊掌，有些小孩會放聲大哭。費德里克的反應算是介於兩者之間，他緊張地把胖胖的小手放在媽媽的膝蓋上，雙眼緊盯著嬉鬧的怪物。

不過在整個過程中，利爾克斯雙眼緊盯的對象是小孩的媽媽。

研究人員事前告知參加實驗的媽媽們，這項實驗的目的是觀察小孩的氣質，某種程度上也算是事實。不過利爾克斯更有興趣的，是在這種刻意讓小孩不安、但不會驚嚇大人的異常環境下，媽媽會有什麼表現。

早在怪物開始胡言亂語之前——更準確地說，是早在籃子裡的玩具全被倒出來之前、甚至是實驗前讓小孩背上裝滿感應器和電線的迷你背包時——研究人員就已經在祕密測量媽媽的反應，用每秒三十畫格的影片記錄她的行為並加以分析。媽媽有露出鼓勵安撫的微笑嗎？有厲聲喝斥小孩嗎？有整理髮夾嗎？有把乾鼻屎擦掉嗎？

「如果孩子只哭了一下下，」利爾克斯說道，「我就可以知道媽媽的動作適不適當。」

她所謂的「適當」，是指媽媽是否敏銳地回應小孩的暗示行為，像是對好奇的小孩給予鼓勵，或是安撫受驚的孩子且不要讓孩子更害怕，更重要的是沒有對小孩置之不理、只顧著滑手機看訊息（正如有些媽媽偶爾會有的行為）。

為了判斷是什麼讓某些媽媽做出比較理想的回應，利爾克斯從二〇一〇年前就開始這項實驗，多年來已有兩百多組母親和幼兒參與。除了解析媽媽細微動作的費事工作，她還運用了隱藏式感測器提供的各項生理資訊，還有用來了解媽媽們社經背景和生活史的成堆問卷資料。

「有時候我會覺得自己瘋了。」身兼科學家和三個小孩媽媽的她坦言；然而，她還是想要更深入研究。

大約在二〇一二年，利爾克斯開始思考，在那些媽媽們對友善怪物的反應當中，或許有什麼她和眼光銳利的解析團隊都看漏的線索，主因在於那些線索本來就看不到。

沒錯，她的研究人員記錄了媽媽們每個敷衍的笑容、每一次讚賞的眼神接觸或是不經意的迴避。他們知道每位媽媽幾歲、生過幾個小孩，還有一百萬個生平細節。

但如果關鍵的變化是在媽媽體內，肉眼完全看不到的地方呢？如果每個女人特有的基因，就是母性拼圖上闕漏的那一塊呢？也許在基因大樂透中，有些媽媽得到其他媽媽沒有的基因，而這些基因讓我們的大腦產生細微的差異，進而使媽媽們在利爾克斯的單向觀察鏡前做出各種各樣的行為。

如果新嬰兒床的組裝說明就讓妳頭痛了兩天，那妳得做好心理準備，因為創造媽媽比那要困難多了。DNA是我們個人專屬的說明手冊，確保身體在適當時機造出適當的蛋白質。媽媽體內每個細胞的細胞核都有著同樣的基因，但皮質細胞和結腸細胞中活化的基因並不相同。成為母親之後，基因組合會在我們腦部組織中以獨特的方式表現出來，或隱或顯，指揮著各種原料構築出我們不斷變化的心智。

在轉變成母親的過程中，會有幾百個、甚至可能幾千個基因受到活化，透過無數種看不見的方式改變我們的身體和大腦。科學家們打從心底同意，沒有任何一個DNA片段能夠單獨主導媽媽的，嗯，媽媽化過程。

不過，**或許**有幾個主要基因能夠影響母性行為的**品質**。或許基因密碼中某些細微的不同，會讓女性朝向高敏感度或低敏感度的極端靠近，即使只有一丁點兒。

在利爾克斯開始往這個方向思考時，研究人類族群的科學家已經找出幾個所謂的候選基因，也就是可能對育兒行為有些微影響的基因。同時，根據齧齒動物的研究文獻顯示，與社會認知有關的腦部系統也是母育行為的關鍵，專精於這個研究領域的利爾克斯認為這些論述相當有道理。

她思索著能否將齧齒動物的研究應用到人類身上。

姑且不提佛洛伊德式的分析，社會科學中最大的謎團之一，就是母性行為的模式如何在家族中代代重現，有時甚至跨越好幾個世代。如果看得夠仔細，就會發現我跟我媽相似的地方不只是膝蓋骨節突出和討厭西西里煎餅卷，我們可能還有一些共同的母性特質。如果某些版本的主要母性基因確實會隨著血脈傳承，從媽媽傳給女兒，或許就能解釋某些母育行為反覆循環、長期影響整個家族的原因。也許遺傳標記（或者說「風險等位基因」）還能用來辨識出需要額外諮商輔導的女性，終止有害的循環。

因此，在美國國家衛生研究院的資助之下，利爾克斯請兩百多位參與過實驗的媽媽將兩公釐的唾液裝入小玻璃瓶。

接下來，她將這些媽媽的唾液寄到科羅拉多州的一間實驗室進行基因分析。

⁂

小孩與怪物的相遇安然落幕（這場會面是特別為我安排的，不會列入研究分析），利爾克斯和我走回她那間又大又深的辦公室。身為該校副院長的她有雙溫柔的碧藍雙眼，著作列表長得令人羨慕，桌邊還有一籃新鮮採摘的草莓，看起來必定是兼顧家庭和事業的超級媽媽。但我有點驚訝地得知，她成長於紐約上州的一座農場，而且在青少年時期就生了第一個孩子。她帶著三歲大的女兒去念大學，再到佛蒙特州讀研究所，並在研究所時期開始探討不同的母性行為。

雖然利爾克斯從許多角度思考母性，並且推測母性的形成涉及許多複雜的因素，但她並不像其他研究者那樣認為年齡是影響媽媽行為的重要因素。我突然想到，也許她自己的生命故事更符合這樣的概念：母性認同可能至少有一部分在我們出生時就決定了，深植在我們的DNA中。

我們用她辦公室的大螢幕觀看實驗記錄的影片片段。讓我感到很驚訝的是，面對小孩遇上怪物的反應，或是小孩對假扮成毛茸茸大蜘蛛在地上跑來跑去的卡車的反應（這是同一個測試的另一種版本），媽媽居然有這麼多種回應方式。

有些媽媽在實驗室裡本能地抱緊受到驚嚇的孩子，或是設法讓他們分心，也有媽媽展開一場彷彿探戈舞的互動，讓孩子的情緒主導，自己則配合做出反應──這些媽媽在敏感度評估中拿到九分的最高分數。

當然，關於敏感度要多高才稱得上好媽媽，答案見仁見智。而且，在北卡羅萊納州郊區算是及格的教養方式，換到其他地方或許就顯得小題大作；比方說在亞馬遜雨林裡，毛茸茸的巨型蜘蛛或許是很常見的害蟲。儘管如此，深諳寶寶的暗示行為還是有助母親保護小孩的生命安全，大家都會同意這是一件好事，而且──對於有著複雜社會的人類來說──母職工作有很大一部分在於回應小孩的情緒。

利爾克斯指出，有位得分很高的媽媽察覺到孩子對蜘蛛的興趣越來越濃厚，故意抬起腳讓蜘蛛從下面跑過去，將這場試驗變成有趣的遊戲。

不過，也有媽媽會忽略孩子的恐懼，甚至拿來取笑，或是硬要小孩去撫摸蜘蛛。

「快摸摸看啊，兒子！」有位媽媽這樣嚷道。利爾克斯表示，少數幾位媽媽全程都沒有離開實驗室的小沙發。（我內心灰暗迷濛的深處在思索著：**我會不會也是那樣的媽媽？**）「我們遇過只顧著滑手機、看雜誌的媽媽，」利爾克斯說道，「還有位媽媽拿出了指甲銼刀。」（哇，我都已經沒指甲銼刀可用了。）

肉眼看不到、名字又複雜的基因，真能解釋利爾克斯實驗室裡的媽媽們行為何以多元到令人困惑嗎？更別說在童裝特賣區或水上樂園滑水道無止盡的排隊行列裡，還會看到更多媽媽的行為差異。如果可以，我很願意聽聽這位算命師像用塔羅牌或茶葉預測未來一樣，以我的基因預言我身為媽媽的命運。

如果母性行為確實是透過基因傳承，那得到我媽基因的我絕對是非常幸運。在我眼裡，我媽幾乎無所不能。她的冷凍庫總是有花生醬和果醬的冷凍三明治，一半用白吐司、一半是全麥吐司（為了增加營養），並整齊地切掉所有吐司邊，這樣即使她需要早起趕著出門工作，我和妹妹也有自製午餐可以吃。

但我不知道的是，媽媽曾經暗自擔憂我會成為什麼樣的母親。「我是有點擔心。」在我生下第一胎的幾年後，她才委婉地這樣告訴我。

我小時候，房間架子上整整齊齊地擺了一套藏家版的亞歷山大夫人（Madame Alexander）娃娃，垂著濃密的睫毛往下望著，但我對它們不理不睬，看在我媽眼裡似乎是個不妙的預兆。比起娃娃，我更喜歡在後院捉甲蟲，也愛看描寫食人鯊魚的書。必須承認的是，我對自己的女兒也有同樣的疑慮，她們除了繼承我的DNA，也一併接收了我小時候那套完好無缺的娃娃；現在那些娃娃已經肢體扭曲、頭髮打結、赤裸裸地散落在遊戲室的地板上，對我未來的孫輩來說顯然不是個吉兆。

不過，或許媽媽的基因會讓我們安然過關。

⁂ ⁂ ⁂

尋找母性的關鍵基因，是一場非常合理的追尋。畢竟，就像我們現在寶貴的乳房是類似負鼠的某些古代鼠輩從汗腺逐漸演變而來，母性行為也是一種演化特徵，來自於無數世代間出現及分化、在演化過程中傳承或捨棄新變異的基因。

如今，除了哺乳動物基本的共同點以外，刺蝟媽媽和狼媽媽的母性行為可說天差地遠。即使是同一個物種，遺傳變異仍會持續下去，人類也不例外。

打從七歲就是靈魂伴侶的我和艾蜜莉，或許育兒風格很相似，但可能比不上我和妹妹那麼相像——至少研究結果是如此。但原因是出在我和妹妹在同一個家庭長大，共用臥室、偶爾還（不小心）共用牙刷，還是因為我們約有一半的基因相同？

為了抽絲剝繭找出答案，科學家對普通姊妹、同卵雙胞胎姊妹和收養的姊妹做了比較。基因完全相同的同卵雙胞胎姊妹，當媽媽之後的育兒方式比一般姊妹更為相像。至於共用臥室和牙刷、但沒有血緣關係的養姊妹，育兒風格平均來說不如親生姊妹那麼像。

事實上，不必用到離心機，也能看出母親的行為模式會在女兒身上一再重現，家族史會不斷重演。「魔鏡啊魔鏡，我終究還是世界上最像我媽的人」（Mirror, mirror, on the wall, I am my mother after all），這是另一句常繡在搞笑抱枕上頭的標語。與親代的相似之處，無論是在生理還是心理上，都是一個超越科學範疇的主題，有許多文學作品以此作為核心，更不用說大家熟知的《星際大戰》（*Star Wars*）系列作品了。

不過，我們或許最好從稍微偏題的地方談起，例如遠方的牧場。

＊＊＊

在寫這本書之前，我對綿羊大部分的知識都來自為小孩唸過好多遍的《綠色綿羊在哪裡？》（*Where Is the Green Sheep?*）不過，在探討母性基因時，這些毛絨絨的奇妙動物再次成為模式生物。

對於農民來說，分析母性行為與反思自我沒什麼關係；這些在羊舍前院活動的媽媽，在他們眼中是不折不扣的搖錢樹。有位農民告訴我：「對我們來說，母性本能的作用就是幫我們賺錢。」

在牲畜當中，越是關注幼崽的母性行為，越能確保幼崽存活率以及農場的利潤。母獸的「生育能力和母性本能」，幾乎和「產肉率」同樣有價值。（終於有人欣賞身材圓潤的媽媽了！）農民和牧羊人堪稱是世界上最早的遺傳學家，他們擅長育種，在動物身上培育出理想的性狀，即使他們並不知道這些性狀與哪些基因有關。如今，他們正在努力了解母性行為是如何傳承，好改良牲畜的血統。

任教於蘇格蘭農業學院（Scotland's Rural College）的動物行為學家兼綿羊專家凱西．德威爾（Cathy Dwyer），多年來聽聞當地農民回報某些品種的本土綿羊媽媽比其他品種更擅長養育小羊。具體來說，就是當地的薩福克羊（Suffolk sheep）在當媽媽這件事上非常「耍廢」，牠們的小羊死亡率極高，而另一個常見品種黑面羊（Blackface sheep）則表現特別出色。

她決定透過一連串艱辛的實地調查來確認謠言的真偽。在觀察好幾個小時後，德威爾得到結論：黑面羊的確較常舔舐初生的小羊、較快給小羊吸奶、很少用頭撞擊小羊，而且較常發出羊媽媽特有的叫聲。在Y形迷宮測試中，黑面羊能更快找到小羊的所在地，而且陪伴小羊的時間更久。

另一方面，德威爾指出薩福克羊「在母性行為方面有點隨性，而且對食槽的興趣比對小羊還多一些。」即使是生過兩胎或三胎的薩福克羊也不是很會當媽媽，有時會拒絕或攻擊小羊。

這些行為上的顯著差異，關鍵有沒有可能不在母羊身上，而在於小羊？初生小羊和大多數的哺乳動物寶寶一樣不怎麼聰明（人類的新生兒也不例外），牠們不認得媽媽，剛出生時會受到「任何大型物體」吸引（我們別把這話放在心上）。

不過，據說黑面羊比薩福克羊更吃苦耐勞，適應力也較強，這點或許會讓牠們的媽媽看起來比較游刃有餘。

為了排除這個變因，德威爾做了一連串的胚胎移植手術，讓黑面羊媽媽生下薩福克羊寶寶，薩福克羊媽媽則生下黑面羊寶寶。但不管羊寶寶是什麼品種，兩種羊媽媽的育兒方式仍有差異。

經過這次的深入研究，德威爾表示：「我覺得基因在母性行為的構成要素中占了很大的比例。」畢竟，在許多馴化動物的不同品種之間，都能看到這種顯著的育兒行為差異，像是黃金獵犬和德國牧羊犬，還有很多兔子品種，甚至有幾種品系的白老鼠和實驗大鼠也出現這種差異。

是什麼造成這樣的遺傳分化？對於綿羊的案例，德威爾認為原因出在人為照顧的多寡。黑面羊是一種自由生長的高地品種，在無人照顧的野外環境繁殖，所以天擇作用會淘汰掉懶惰母羊所生的小羊，無論是什麼基因讓母羊疏於照顧小羊，也會一併斷絕。

反過來說，薩福克羊是產於低地的肉羊品種，經過密集的人為育種；牠們在舒適的羊舍生產，還有人類會協助母羊與小羊建立連結。

所以，在約莫七十五年來受到人類百般呵護的情況下，或許讓擇汰壓力減輕了，母羊不需要展現頂尖的母性行為。我問德威爾，人為干擾真的能在這麼短的時間改變一種動物的遺傳密碼嗎？她提醒我，不久以前雞農要花四十週才能養成一隻肉雞，現在雞只要六週就肥到可以宰了。

農民或許堪稱是遺傳學界的先驅，但以薩福克羊的例子來說，他們意外地剔除了應該保留的性狀，創造出某種「科學怪羊」：一個嬌生慣養、產肉性高但不太會當媽的品種。

由於意識到這種危機，現在許多牧羊人會試著避免自己的羊群出現類似的衰退問題。比方說，在我去參加睡衣派對的那間康乃狄克州農場，每頭母羊日後都會根據育兒表現量表得到評分，農場主人每年在決定要送哪些羊去屠宰場時，會把這個分數列入考量。表現好的媽媽，就能活命。

不過，農民的育兒表現量表相當粗略，往往是使用間接的評估標準，例如母羊所生的小羊有多重。如果畜牧專家能分辨出與理想育兒習性有關的遺傳因素，進行

DNA測試，然後讓牧場和豬圈裡擠滿表現優異的媽媽，那就可靠方便得多了。

想做到這點，比區分薩福克羊和黑面羊要困難許多。有科學家在豬隻身上做了一些更有野心的遺傳研究；會選用豬來實驗，或許是因為豬界的壞媽媽特別惡名昭彰。母豬在養豬業被稱為「輾壓者」，牠們很容易在滾來滾去時壓死小豬，因此豬農很想知道如何養出能降低小豬死亡率的母豬。

不過，剔除輾壓者可沒有說起來那麼容易。為了發掘所謂的「超級豬媽媽」，有個德國團隊嘗試找出母豬對小豬叫聲的反應與基因有何關聯。研究人員把高音質喇叭藏在豬欄裡頭，播放三十秒小豬尖聲哀叫的聲音，再對牠們播放相同音量的三十秒歌曲，試著比較同一隻母豬對「叫聲測試」和歌曲的反應。研究人員挑選的歌是羊毛衫樂團（Cardigans）的〈愛情傻子〉（Lovefool）：「**愛我，愛我，說～～～你愛我……**」

以這項研究的初衷來說，實驗結果有點不妙，因為大多數的豬媽媽對〈愛情傻子〉似乎比對小豬絕望的尖叫更感興趣，倒是印證了這首九〇年代流行歌的魅力。

更棘手的是，家畜身上能夠遺傳且比較容易確認的母性行為，往往不是我們想要強化的類型。育幼期母獸最顯著的特徵之一，就是攻擊行為。動物護衛幼獸的意願與確保小孩存活率之間，很可能有基因上的關聯性。不過，負責親手綁架並宰殺這些幼獸的畜牧業者應該不希望把這種特性發揚光大。

「如果家畜對飼育人員或進入放牧區的民眾出現攻擊行為，」有群警覺的飼育學者在研究報告中這樣寫道：「顯然會成為更大的問題。」

此外，這類研究都還是著眼在一般的遺傳模式，而不是特定的基因：即使確認和遺傳有關聯，也無法直接確定是和哪一個基因有關。這點讓畜牧業者和牧羊人仍舊只能仰賴傳統方法觀察性狀，嘗試讓性狀更為明顯，用有如連連看的過時手法剔除畜群中最好和最糟的媽媽；他們無法透過簡易的血液檢測來判斷動物身上有沒有理想的媽媽基因，直接決定「要捨或要留」。

在人類世界裡，科學家一度樂觀地認為不難找出幾個與母性直接相關的基因。畢竟，遺傳學家似乎已經確定某些基因影響著人類的各種特質和能力。在二〇〇八年，他們找到了大家口中的「忠誠基因」，這個基因決定著升壓素受體的變異，會讓男性對伴侶比較忠誠（或是不忠）。也有科學家找到「愛漂泊基因」，可能是驅使人們環遊世界和遷徙的動力。最有名的大概就是「戰士基因」了，據說這種基因可能會促發某些人的攻擊傾向和冒險行為。

所以，好媽媽基因（姑且稱為「能在一公里外看出你發燒了還能從你汽車座椅的縫隙裡清出最後一丁點嘔吐物基因」好了）應該也不難找。

到目前為止，學術界大約有兩打論文在探討女性若擁有（或缺乏）某個嫌疑重大的基因，是否會成為比較敏感的媽媽。最常被懷疑的，就是與影響母性行為的神經化學物質（催產素、多巴胺、升壓素、雌激素和血清素等）有關的基因。舉例來說，所有媽媽都具備可形成多巴胺受體的基因，並透過這種受體吸收帶來愉悅感的化學物質多巴胺。這是大腦獎勵系統的一環，對於母育行為可能相當重要，能讓我們覺得尿布裝滿便便的寶寶像芍藥花一樣香。

不過，多巴胺受體有五種，而製造這些受體的基因**有好幾種不同的遺傳變異**；就像是分成不同的口味，每位媽媽的口味都不同。有幾種受體可以更有效率地吸收帶來愉悅感的神經傳導物質，或許會讓具備這些基因的女性在與小孩互動時有更強烈的獎勵感，進而讓她們成為出色的母親。

在親切的綠色怪物沒上場時，這類試圖找出特定基因與媽媽歡樂日常關聯所在的研究，實驗設計往往十分呆板。這些實驗通常是安排在媽媽自己的家中，或是模擬成客廳的實驗室，並將攝影機「隱密地安裝在天花板上」。（基於天花板目前是我家客廳唯一乾淨的地方，我敢說我一定會注意到攝影機。）為了一探我們遺傳到的能耐，科學家會用媽媽們的常見道具當成分析工具，像是積木和培樂多（Play-Doh）無毒黏土。他們會觀察媽媽是怎麼陪小孩蓋高塔的？她會在小孩被益智玩具難倒時幫忙解答嗎？然後再請媽媽提供一點唾液，就可以看看有哪些基因特別能用來預測她在育兒這件事情上是成功還是失敗。

在以色列的某個實驗中，研究人員請媽媽和三歲大的小孩一起玩「整套培樂多彩色黏土和模具」，並針對與社交行為有關的神經傳導物質升壓素為媽媽們做了簡易基因測試，與觀察報告對照。

研究人員發現，升壓素受體基因有某種變異的媽媽比較會在遊戲中給予引導及溫和的指示。也就是說，具有這種基因的媽媽比較擅長協助孩子設定玩培樂多黏土的目標、處理過程中遇到的挫折（所謂的挫折可能包含吃掉黏土）等等。

另一組研究人員則是請媽媽在家裡為十八個月大的小孩讀一本「沒有字的圖畫書」，並且用「洞洞板」（別管那是什麼了）做出各種圖形。將觀察紀錄與基因檢查結果對照之後，科學家推測，女性若具備兩個較長版本的升壓素基因，對孩子的敏感度會比較低。

芝加哥大學的基因研究團隊給媽媽們帶來了真正的考驗，整個實驗根本就是媽媽版的鐵人競賽。研究人員先讓不知道測試內容的母親和學齡前的孩子在裝有監視攝影機的房間內玩耍，然後突然出現，在房間裡到處放置「衣服、紙張和空的容器」。接著，倒楣的媽媽會拿到「蝕刻畫板、工作表、鉛筆和書面指示，要和小孩一起依序完成：（1）把玩具放回櫃子上，（2）把衣服放進箱子裡，（3）將紙張和容器放進廢紙簍，（4）計算幾何圖形的數量，（5）在紙上畫出各種幾何圖形，（6）用布把桌子擦乾淨，（7）在蝕刻畫板上畫一條對角線，（8）選一個玩具，在媽媽看書和講電話時安靜地玩。」

媽媽們只有十五分鐘可以完成指定的動作，但這些大概已經比我一個星期能做的事都還要多。不過這些苦差事應該還是值得的：研究人員將女性在壓力下進行蝕刻畫板測試的表現與唾液樣本及其他測試比較，推論出有好幾種催產素受體的基因變體與母育能力「有所關聯」。

利爾克斯的研究團隊透過親切怪物測試、蜘蛛測試和其他方法，也發現女性的基因差異有助於解釋她對待孩子的實際行為（雖然程度非常有限）。在二〇一七年，利爾克斯和研究同仁發表了一篇論文，認為較長（也比較沒有作用）的多巴胺受體基因和另一種遺傳變異與母親敏感度較低有間接關係。意思是，DNA中有這些「風險等位基因」的媽媽比較容易對寶寶的行為給予負面解讀，因此可以預料她們的敏感度較低。

不過即使在沒有綠色怪物出現的情況下，人類的母性本身就十分複雜；所以若你覺得這些推論有點過於簡化，別意外，現在許多科學家也都這麼覺得，包括利爾克斯和她的研究團隊在內。

在去西部家庭旅遊時，我藉機到科羅拉多大學波德分校（University of Colorado, Boulder）拜訪利爾克斯的研究夥伴，也就是遺傳學家安德魯・斯莫倫（Andrew Smolen）。他帶我參觀實驗室，特地在一部儀器前停下來為我示範操作；他將來自北卡羅萊納州某位媽媽的基因加熱到九十五度，然後大量複製基因。接著，斯莫倫把複製出來的基因放進一部外形像深蹲輔助箱、但顯然要價三十萬美元的儀器裡——這是基因分析儀，他開玩笑地說：「買它的錢都夠買一輛法拉利了，而且我有時會覺得應該要買法拉利才對。」這部儀器可以將DNA片段依照長度排列，讓研究人員了解受測者擁有哪種基因。

「基本上，我覺得育兒模式是會遺傳的，無論是好是壞。」斯莫倫這樣告訴我，「有其父母，必有其子女。」

我們最後抵達的那個房間裡擺著許多大型冷凍櫃，我快速估算了一下，大概連一箱七十二入的 Eggo 格子鬆餅都放得下。這些攝氏零下八十度的超低溫冷凍裝置裡，貯存著過往實驗的人類基因樣本。

他打開一個大冰櫃的門，冷冽的寒氣迎面襲來。那位媽媽的基因被放在像製冰盒一樣整齊分隔的盒子裡，等著下一個青年才俊來破解它們的祕密。

不過，基因並不像科學家們原本期望的那麼容易吐露祕密。「這些基因可能和母性有關，」斯莫倫談到他在研究中找到的候選基因時這麼說，「或許它們就是關鍵，但即使這些基因對母性有長遠的影響，我們還是很難相信光靠一個基因就能掌控這麼複雜的行為。很意外地，我們的技術沒有原先以為的那麼健全，還無法確定特定基因對於母性行為的作用。」

以前科學家認為可能有「某個基因可以主導母性」，就像有專門用途的應用程式一樣；這樣的想法雖然很吸引人，但其實越來越多遺傳研究者已經捨棄這種論述。訪談過的研究人員越多，我就越明白，即使我的細胞核內有個次等的媽媽基因變異，很可能也不影響我當媽媽的能力。

根據對齧齒動物所做的研究顯示，大鼠媽媽腦部有數百個基因受到活化，其中許多是位在染色體上沒人想過要研究的位置。因此，單一受體的「口味」左右人類媽媽整體表現的可能性似乎越來越低。

「有很多事情相互影響，共同發揮作用，」威斯康辛大學麥迪遜分校（University of Wisconsin–Madison）的母性行為研究者史蒂芬・迦米（Stephen Gammie）表示。成為母親的轉變過程不是一個單獨的音符，而是一整首的基因交響曲，「樂譜上面有上升的音階，也有下降的音階。」

此外，人類基因研究已經不再聚焦於具有話題潛力的特定基因，開始走向沒那麼有吸引力、但是較為全面的全基因組關聯研究。這類研究不是挑出幾個瞎猜的候選基因，而是大規模掃描許多人類的完整ＤＮＡ序列，針對性取向、特定體質或疾病等特徵找出幾個相符的變異。

不幸的是，用這種全基因組分析方法來研究媽媽相當費事。首先，標準的全基因組研究需要數以萬計的參與者。但是對於集散度較低的媽媽族群，研究人員往往得到產房或嬰兒瑜珈教室等場所辛苦地一個個招募受試者，有時還得在母親節額外送上賀卡討好媽媽們；就算費盡努力，通常還是只找得到幾百位媽媽參加實驗。

再來還有個問題，研究媽媽多半需要花上幾個小時進行個別觀察，但全基因組研究通常是請受試者填寫一份簡單的問卷，詢問「您有同性性行為的經驗嗎？」「您有氣喘嗎？」這類題目，並提供ＤＮＡ樣本。

即使能找到相當數量的媽媽來參與，還是很難想像能用諸如「您曾經只靠三明治碎屑果腹嗎？」「您有護貝機嗎？」「聖誕裝飾品公司會在七月中就開始寄折價券給您嗎？對此您覺得可以接受嗎？」這類單選的是非題找出特別優異的媽媽。所以，想要進行有可信度的全基因組研究，大概還是要替每一位參與的媽媽做觀察實驗，綠色怪物得加班好幾年。

科學家一直在設計新的研究方法，就有人將新興的全基因組分析用於研究性格特質的遺傳性，這種方法或許也能運用在研究教養習性上。但對於母性研究，那篇培樂多論文的作者之一阿里爾・納弗-諾姆（Ariel Knafo-Noam）表示：「說真的，我不確定我們是否能找到和母性直接相關的基因。」

加拿大學者維埃拉・米萊瓦-塞茲（Viara Mileva-Seitz）對此表示同意。她曾經耗費研究生涯中的許多年，在全球最有影響力的母性行為研究室撰寫多篇廣為流傳的研究論文，深入探討幾個候選基因與母性行為的關聯，例如血清素轉運蛋白的變異如何影響女性對自己六個月大小孩的態度，或是某種催產素基因與母乳哺餵持續時間的關係。

不過，儘管最新科學文獻仍在引用她的基礎研究，她本人有時卻會疑惑這些研究是否真的觸碰到了問題的核心。

「我把所知的一切都寫在這些論文裡面了。」她說道，「我的數據分析向來非常精細，但這當中有太多複雜的問題。在這個研究中，我們要處理某些非常棘手的結果，就像是要在一堆雜訊當中找出圖案。」對於母性遺傳研究，她的看法是：「那就像一座高聳無比的大山，我們目前還在山腳下，不知道要怎麼上去，大家都在嘗試不同的方法登山。」

雖然米萊瓦-塞茲希望如今有研究者能掌握到更切中要點的問題，但她已經完全退出母性科學的研究圈，現在與丈夫小孩一起生活在鄉下的綿羊農場（不然還會是哪裡？），並從事攝影工作。她最擅長的攝影類型，就是家庭寫真。

「我用這種方式捕捉母性行為的美麗與複雜，」她表示，「透過鏡頭，我可以真正看到母親的樣貌。」

雖然快速指認出母性關鍵遺傳標記的希望似乎越來越渺茫，但科學家逐漸確定母育行為的遺傳至少有一部分是來自其他生物現象：不是基因遺傳，而是刻印在我們基因上面的化學故事。

育兒模式會以一種類似俄羅斯娃娃的效應重複出現在不同世代，尤其是媽媽和女兒，在孫女和曾孫女身上也會出現。這種現象有時很明顯，像是在差不多的年紀產下第一胎，或是對打屁股等行為感到同樣理所當然；但有時候，相似之處是細微而隱然的，例如她們心中對小孩懷抱著關愛還是敵意。

我會在一些奇妙的時候突然察覺這種相似性。比方說，我在幫女兒綁溜冰鞋的鞋帶時，突然發現我臉上苦惱的表情和我媽一模一樣；我也會像她那樣把腕錶的錶帶套在泳具袋的提把上。尤其是在小孩生病時，我會一邊給耳炎藥，一邊用我媽那種特別有耐性的語調說話，很像腹語娃娃。我還清楚記得，我媽曾溫柔地用加了小蘇打粉的水幫七歲的我洗澡，這個記憶讓我有時忍不住覺得孩子們不會長水痘了有點可惜。

最奇怪的一次，大概就是我媽發現我用鮮明的紅、黃、藍三原色布置大女兒的嬰兒房，而不是常見的淺粉色；她提醒我，這個配色和我小時候的嬰兒房一模一樣，但我對那個房間毫無印象。

對於看不見的第三方介入父母教養方式這樣的概念，精神分析界稱之為「嬰兒房裡的幽魂」（ghosts in the nursery），而自己的媽媽往往就是最有影響力的那隻鬼。我們很難釐清人類媽媽和自己母親很相像的原因和機制，但事實仍未改變：媽媽給妳的感受，會大幅影響妳和孩子的關係。某個科學團隊發現，約有百分之七十五的女性個案可以從對童年教養的印象預測出與一歲子女的關係。

科學家試圖透過長期性研究來了解母親育兒模式一再重複的原因，辛苦地追蹤受試家庭長達三十年以上，一直到這些家庭中的孩子也成了父母。

如今已是加州大學戴維斯分校名譽教授的蘭德・康格（Rand Conger），從一九八〇年代後期的嚴重農業蕭條時期開始對愛荷華州的農場家庭進行研究。「當時甚至連銀行家都承受不了壓力，舉槍自殺。」康格回憶道。他最初有興趣的，是這場危機對七百位七年級學童的成長教養有何影響，研究持續到這些七年級學生都已為人父母。

「我們在這些家庭中觀察到跨世代的教養行為連續現象，」他表示，「受到父母嚴厲對待的孩子，日後也比較可能成為態度嚴厲的家長。」當然，人生絕對不是一切都在預料之中，但這些是難以忽視的議題。

自此以後，從英國到印尼，許多國家都有類似的研究，對象包括高等教育族群和鄉村貧窮人口。有一項紐西蘭的研究從受試兒童三歲開始追蹤，一直持續到受試者自己也有三歲的小孩。原本的三歲兒童長大成人之後，對孩子展現的關愛和敏銳程度，和他們自己的父母奇妙地相似。而子代承襲母親育兒模式的現象，似乎比承襲父親更為明顯。

有些重複性的母育行為反映出母女之間的遺傳，但我們仍無法確知關鍵的基因是哪個。可以推測至少有部分行為是模仿的結果，也就是「猴子看，猴子做」（monkey see, monkey do），然而其他涉及養育和天性的行為，就更為神祕複雜。

某些關於母性行為循環的有趣研究還真的跟猴子媽媽有關。比方說，黑面長尾猴與幼猴相處的時間，幾乎和牠們母親陪伴自己的時間相同。而在普通獼猴當中，母猴的虐兒行為可以在母系中追溯六代以上。

二〇〇五年，有項研究帶來了重大轉折：科學家達里歐・梅斯崔皮耶里（Dario Maestripieri）在喬治亞州的耶基斯國家靈長類研究中心（Yerkes National Primate Research Center）記錄了哪些小母猴遭受母親虐待，例如被拖來拖去、毆打或踩踏。等到這些小母猴成年之後，他發現牠們也會粗暴對待自己生下的幼猴。不意外地，受過虐待的母猴，有超過半數變成會虐待孩子的媽媽。而受到良好照顧的幼猴，長大之後全都成為稱職的母親。

不過，這裡面有個問題。梅斯崔皮耶里在實驗的最初階段動了一點手腳，將幾隻一日齡的幼猴調包，讓有虐兒傾向的猴媽媽與正常的猴媽媽交換小孩養育。

結果，幼猴長大之後的行為，是和**養母**相同，而不是給予牠們基因的生母。由此可見，媽媽的虐待行為並沒有直接以基因的形式透過血緣傳遞給下一代。

不過，基因或許依然是關鍵所在。大約十五年前，在加拿大麥基爾大學（McGill University）的某間研究室，法蘭西絲・香檳（Frances Champagne，這美妙的名字提醒了我們父母如何用超越基因的方式塑造孩子）注意到，雖然她所研究的大鼠家庭全都來自同一個基因品系，並生活在相同的實驗室環境，但母鼠的行為仍有些微差異，尤其是舔拭幼鼠的頻率（牠們一次可以生下多達二十隻鼠寶寶，有夠辛苦）。前百分之五的母鼠特別勤於舔拭和清潔幼鼠，後百分之五的母鼠舔拭頻率則低於平均值。

「為什麼這些大鼠媽媽的行為會有差異？」香檳心中浮現這個疑問，「既然環境線索沒有改變，為什麼會出現自然變異？」

事實證明，大鼠媽媽的舔拭習性和梅斯崔皮耶里的母猴育兒行為一樣，是從母親承襲而來。香檳將兩批幼鼠交換，讓舔拭頻率高的母鼠與頻率低的母鼠互換小孩養育，結果生母舔拭頻率低於平均值的幼鼠在長大之後成了勤奮的媽媽——也就是和梅斯崔皮耶里觀察的猴子一樣，繼承了養母的行為。

她的共同研究者甚至發現，如果用小型筆刷代替母鼠的舌頭來撫摸幼鼠，可以改變幼鼠日後的育兒行為，設定牠以後會不會成為勤於為寶寶清潔的媽媽。

不過，要注意「設定」（programming）這個用詞。沒有人會想像大鼠寶寶是像人類媽媽學習換尿布或用推車那樣，透過練習和模仿來記住怎麼當媽媽。相反地，是舔拭帶來的身體感受以某種方式塑造了母鼠的本能和行為，彷彿牠們的母性是快滴下來的蛋捲冰淇淋，可以用舌頭改變形狀。

「所以我專注在找出這現象背後的原因，」香檳回憶當時的動機，「我想證明嬰幼兒時期接受的養育方式，會造成表觀遺傳差異，而且這種機制是可以複製重現的。」

「表觀遺傳學」的英文是epigenetics，字面意思為「在基因之上」。這個新興領域主要在研究是什麼因素決定人類某些（幾乎）固定的遺傳密碼片段是否會表現出來，又是基於什麼機制。一個人大約有三十七兆個細胞，數量比銀河系的星球還要多。而且，每個細胞的細胞核裡都有相同的DNA。但有些細胞會成為肝臟細胞，有些會成為皮膚細胞。而那些構成女性腦部的細胞，在她幼年時期和懷孕之後的功能可能大不相同。

在大多數情況下，基因本身是不會改變的。變化通常是在表觀遺傳的層面，受到女性周遭環境和生活經驗的影響，進而活化或抑制某些基因表現。懷孕這個重要經歷會在腦部產生某種骨牌效應，但某些更早期、更微小的經驗也會發生作用，例如女性在幼年時期受到的對待——在大鼠的例子中，就是媽媽的舔拭。舉例來說，有個稱為「甲基化」的過程會讓化學物質附著在特定基因上，造成基因默化，無法從中讀取遺傳訊息。

香檳的研究團隊在媽媽舔拭頻率較低的大鼠身上發現，某些與母體化學作用有關的DNA區域似乎被關閉了。這些大鼠因為有較多默化的壓力荷爾蒙受體基因，處理壓力的能力較低，在成為媽媽之後就顯得較不關心幼鼠、對舔拭幼鼠不太感興趣。

另一方面，媽媽舔拭頻率高的幼鼠比較有可能將雌激素受體的基因表現出來，因此日後生育幼鼠時，對於主要的母性荷爾蒙較為敏感。牠們也較有可能表現出催產素受體基因，並在腦部長出更多催產素神經細胞。換句話說，當這些大鼠生下雌性幼鼠時，舔拭行為就會傳承下去——並不是因為有關鍵的「舔拭基因」，也不是經由學習，而是母鼠柔軟的舌頭和女兒的基因表現產生了複雜的交互作用。

舔拭研究沒辦法直接應用在人類媽媽身上……嗯，至少在正常情況下不行，雖然我能想像有些熱中於回歸自然的媽媽可能會對這個「寶寶棒棒糖」的概念動心（真的是很嚴重的誤解）。不過，某些很有展望性的平行研究顯示，觸碰或撫摸人類嬰兒的作用可能就像大鼠的舔拭行為一樣。

「嬰兒需要碰觸，」愛荷華大學的萊恩．史特拉森表示，「不去碰你家的青少年，他們會很感謝你；但若你都不碰你的寶寶，那孩子會死掉的。」

加拿大卑詩省兒童醫院（British Columbia Children's Hospital）做了一項驚人的研究，請父母填寫「抱抱日記」，記錄他們和新生兒之間的每日身體互動情形。經過數年，在孩子們四歲時，研究人員以拭子採集他們的DNA進行檢驗，發現「接觸頻率高」和「接觸頻率低」的小孩之間有表觀遺傳差異，就像有母鼠舔拭的幼鼠與沒有母鼠舔拭的幼鼠一樣。

當然，基因檢驗的樣本採集方式是口腔拭子，不是腦部組織切片，畢竟後者的取得難度高很多。不過，二〇〇九年有項小型研究對自殺者採集腦部組織切片，在童年受虐者的腦部樣本中發現，他們的海馬迴有較多基因默化（也就是甲基化）的現象。另一項對受虐兒童做的小型研究則發現，如果父母接受專業介入（並據此推測虐待行為有所改善），小孩的DNA甲基化模式也會有所改變。

這些表觀遺傳變化不但有助於解釋研究人員在家族中觀察到的母性行為模式，也能說明我們腦部的某些生理差異。有一項由貝勒學院（Baylor College）主導的研究找來三十位初產媽媽做 fMRI 掃描，結果發現，自認童年時與母親關係健全良好的女性在看到自己小孩的照片時，腦部主管獎勵的區域反應較為強烈。當她們跟自己七個月大的寶寶玩時，體內的催產素濃度也較高。

另一項由耶魯大學所做的研究則顯示，對自己母親有良好童年記憶的年輕女性，腦部與情緒處理有關的區域有較多灰質，對於嬰兒哭泣的反應也更為明顯。

反過來說，遭受母親不當對待的女性，即使日後自己有了小孩，對於寶寶臉部照片給予的注意力也較少，而且似乎比較容易因為嬰兒的哭聲而不高興。有個英國研究團隊找出多名十八個月大、與母親存在不安全依附關係的孩童，然後在二十多年後對他們進行腦部掃描，發現這些孩童在成年後腦部與其他人不同，杏仁核變得較大，而杏仁核是主掌恐懼和攻擊行為的部位。

奇妙的是，這樣的發現在領養家庭也通用。研究人員原本猜測，小孩與領養者關係最準確的預測指標，可能是寶寶被領養家庭收養時的年齡。但結果並非如此，最有影響的反而是**收養者自己在童年時與照顧者之間的關係品質**。即使在沒有血緣關係的家庭裡，家族育兒史也會一再重演。

無論表觀遺傳學能否完全解開母育行為的傳承之謎，可以確定每位母親都是由好幾個世代造就；她們就像傳遞蠟燭或口耳相傳食譜那樣，將母親的溫暖從一代女人傳到下一代手中。畢竟，當女兒還是妳肚子裡的胎兒時，就已經有數百萬個卵子在她體內。所以妳懷著女兒的時候，也同時懷著未來的孫女，真的就像俄羅斯娃娃一樣。

第一次感覺到胎動（彷彿女兒在我肚子裡如金魚似地在水面撲通跳了一下）是在懷孕十六週的時候，當時我和媽媽跟妹妹到愛爾蘭鄉下旅行，那是我媽幾位祖先的故鄉。我們到曾祖母住過的濱海地區，漫步走過她那茅草頂小屋僅餘的斷垣殘壁。後來在高威（Galway）的一家酒吧裡，我正用湯匙舀著韭菜馬鈴薯濃湯時，突然首度感覺到肚腹中的胎動。

想像幾個世紀之前，那些不知名的母親在一個難得有燦爛陽光、充滿潮濕灰岩的世界，仰賴綿羊（當然少不了牠們）、馬鈴薯和海藻維持生計，夜裡只有火光照亮。在如此環境下的她們，或許以某種方式一點一滴累積，造就了現在的我。想到這點，不禁有點令人心驚。她們在重新燃起火堆，烹煮晚餐的海藻布丁時，唱的是什麼催眠曲？當我推著昂貴的嬰兒車去買鷹嘴豆球當午餐時，我的行為會受到她們做過的事左右嗎？我想像這些不知名祖先用鬼魅般的粗糙雙手揉捏麵糰，在冰冷的水中搓洗衣服，輕觸孩子的臉龐。那是一雙雙屬於雕刻家的手。

儘管她們的存在令人感到不知所措，但一想到現在的任何人——不論是生理媽媽、收養或寄養的媽媽還是單親爸爸——只要有心關愛及珍惜一個小女孩，就能塑造出以後好幾個世代的媽媽，也讓人感到未來充滿了可能。

當然，母親和祖母並不是我們唯一的創造者，我們也不是她們的複製品。（幸好，我媽那個「在感恩節聚餐的親友抵達前三分鐘才要收拾內衣褲」的基因好像沒有傳給我這一代。）

想了解是什麼造就我們今日身為媽媽的樣貌，當然轉身要往過去追尋，不過，也別忘了看看腳下——在膝蓋那邊或再矮一點，你家小小孩在地毯上塗鴉或死命抓住姊姊的手的高度。沒錯，我們的孩子——還記得他們嗎？無庸置疑，他們對我們是怎麼來的毫無興趣，只要我們乖乖待在崗位上準備替他們倒巧克力牛乳就好。之前，我嘗試讓大女兒跟著我去做產檢，想藉機讓她體驗成為人母的奧妙；結果她對那些精密的超音波儀器和微弱的胎心音等等似乎一點興趣也沒有，倒是在洗手間發生一個微妙的插曲。在看診結束、準備回家前，她飛快地偷了一個塑膠杯，然後尿在杯子裡面，就像她看到媽咪所做的一樣。

無論如何，她是我故事的核心。就如同母親會創造未來的母親，孩子也是形塑我們育兒方式的強大力量。我們的女兒（和兒子），亦是我們的創造者。

第七章

# 你當我小孩嗎？

## 孩子如何造就媽媽

然後有一天，那些熟悉的感覺全都回來了：彷彿有顆球從胃部一路往上滾到喉頭的噁心感、眼皮下濃得化不開的睏倦感，還有在公共場合的尷尬放屁聲。某天傍晚，我在浴室笨手笨腳地摸索一陣之後，不怎麼意外地看到那兩條粉紅平行線一如以往地變深，指向未來的道路。在三十九歲之齡，我——用我婦產科醫生那句已經聽膩的話來說——要「重頭來過」，迎接四寶。

不過，即使同樣是懷孕，每次過程還是截然不同。這回我瘋狂迷上辣醬和便宜冰茶，而不是懷前一胎時心心念念的瑞可塔起司披薩。我忍不住一直重播幾首很久沒聽、也不太會想起的歌，像是那首〈這是我的派對，我想哭就哭〉（It's My Party and I'll Cry if I Want To），還有提芬妮（Tiffany）唱的每一首歌。我平常晚上看電視總是昏昏欲睡，現在反倒變得比較有精神，因為向來有人臉辨識困難的我一反常態，漸漸開始能認出曾在八〇年代電影或短命的情境喜劇中客串過的小演員，連身為電影迷的老公都肅然起敬。不過，我的英文字彙量也在下降。我還不到四十，竟不時和七十多歲的老媽面面相覷，努力思索某個雙方都想不起來的詞，像是**紀念碑**、**薄荷**之類。

或許這些事情在前三胎懷孕時都曾經發生過，只是我沒有注意到。畢竟，我才剛讀完一堆談論媽媽們對陌生人臉部特別有疑心、媽媽們如何大量喪失字彙的論文。又或者正如這些科學文獻所言，每經歷一次荷爾蒙雲霄飛車，我身為媽媽的能力和缺陷就變得更加明顯。

但這會不會是四寶特有的情況？

我們的孩子——或者就拿我的孩子來說——不但隨時隨地都可能大搞破壞，對母性科學似乎也同樣會造成嚴重干擾。對於想探究母親差異的研究人員來說，小孩和他們那些可愛的舉動會是影響非常大的變數（更別提還是會搶劫多力多滋的變數）。

如果妳的小孩是個大吼大叫的暴力狂，而其他媽媽的小孩在實驗中跑去摳他的鼻孔，不論研究者的目標是什麼，妳和對方媽媽的反應都會截然不同。這就是科學家比較喜歡給媽媽們看別人小孩照片的原因之一，也是為什麼他們會開發出超現實的擬真嬰兒。這種大型電子娃娃和真人嬰兒非常相似，乍看之下幾可亂真；研究人員帶著擬真嬰兒移動時，偶爾會有驚訝的同事向他們道賀。

不過，也有研究室並未盡可能縮減孩童的這種效應，反倒打算深究，想釐清母親的形成過程中，除了受到提供胎盤的爸爸和古早以前的愛爾蘭母系祖宗影響，孩子還發揮了什麼樣不可或缺的作用。

每個小孩都是難以預知的影響因素，而且會以不同的方式塑造母親。我們罹患產後憂鬱症的機率、睡眠習慣、對孩子微笑的頻率，甚至是我們對於生育更多小孩的意願，都會受到現在這個小孩的氣質、健康情況和其他特質影響。在嬰兒床邊架設夜視攝影機的科學家注意到，嬰兒才是夜間節目的主角，因為每個寶寶打從出娘胎起就是獨一無二的破壞分子，甚至在出生前就已經是了。這些脆弱的小東西對我們的掌控能力，比你想像得高出很多。

這種現象對從前的媽媽們來說或許非常顯而易見，但對今日的我們而言卻比較難察覺，因為我們的樣本數量正在縮減。一九七六年時，生四胎以上的媽媽占了四成，但現在只有百分之十四，獨生子女的家庭數量則多了一倍。如果妳只需要滿足一個小主子的需求，那就很難衡量妳的教養方式有多少成分是在回應某一個孩子的特質。

不過，生兩胎以上的媽媽發現的事情，可能會比塞在我們冬季外套口袋裡那團孩子去年擤鼻涕用的乾硬衛生紙更令人印象深刻。或許是身處的情境，讓我們能透過不同於別人的方式，體會孩子天生的差異對於母親行為的影響力有多麼龐大。

二〇一八年時，一群來自明尼蘇達大學雙城分校（University of Minnesota, Twin Cities）的研究人員訪問了一千位民眾，調查他們認為人的基因或／和環境是否會影響個人特徵，例如眼睛顏色和智力等等；跟許多學者一樣，這些研究人員最初的研究目的其實和研究媽媽無關。

研究者很驚訝地發現，在各種族群的受訪者當中，就屬媽媽們給出的回答最為準確——但並非所有的媽媽，而是有多名親生子女的媽媽。

沒有什麼事比下一個孩子的誕生更能令我們謙卑、更能強調我們所知或所能掌控的其實很有限，並讓我們更明白，我們的生活和心靈不過是那些胖胖小手揉捏著的培樂多黏土。

✕✕✕

我再次來到耶魯大學，跟在活力十足的海倫娜·拉塞福背後，隨著那穿著紫紅色毛衣的身影穿梭在耶魯紐哈芬醫院（Yale New Haven Hospital）聖拉斐爾校區（Saint Raphael Campus）的走廊上，來到母胎醫學病房。她一個左轉，走進了六號房。

裡面彷彿另一個世界，遠離走廊上電視的刺耳聲響，也不見脹滿膀胱、拖著緩慢腳步要去照超音波的孕婦們。

這裡完全不像醫院的檢查室。六號房裡沒有消毒過的潔白床單，但擺著一張躺椅，上面鋪著格紋毯，看起來相當舒適。頭頂上的螢光燈關著，取而代之的是金黃色的燈光，照亮房間的這一角。還有一盆人造的蘭花，讓人比較不會注意到亞麻地板反射的眩光。拉塞福盡量把這個房間設計得像家一樣有溫馨感，好讓準媽媽（還有肚子裡的寶寶）感到自在。聽說曾有病房護理師被逮到偷溜進這裡午休呢。

這天下午的受試者到了，她穿著寬大的冬靴，挺著懷孕三十七週的肚子。拉塞福引導這名孕婦坐到躺椅上。

「我要問幾個簡單的問題，」她說道，「妳過去一個半小時內有吃過任何東西嗎？」受試者思索了好一陣子，然後搖搖頭。「我們會這樣問，是因為如果妳攝取了大量糖分，寶寶會變得非常活躍，我們希望盡量讓寶寶維持在平時的狀態。妳有喝什麼東西嗎？」

喝了茶，大約在早上十一點左右。

「昨晚睡得好嗎？」

（又是一陣長長的沉默。）

「我知道這題很難回答，只要說妳覺得是好或不好就行了。」這位準媽媽最後給出一句溫和的「好。」

接著，拉塞福用鬆緊帶將胎心音監測器固定在這位媽媽露出的隆起肚腹上，並撕開一包膠狀物質，好讓探測器在肚臍周圍滑動。她熟練地找到胎兒快速的心跳和標準的每分鐘一百四十下相近。媽媽用的心率監測器已裝在孕婦的衣服下面。媽媽和小孩的心率紀錄很快跑出來，旁邊的平板電腦上是胎兒的數字，媽媽的則顯示在拉塞福的數位腕表上，以備稍後下載。實驗的舞台已經準備妥當，只要儀器都保持在正確位置就好。

「如果有東西動到了，」拉塞福在我們踏出房間前說，「就喊我們一聲。」離開房間是為了讓媽媽和胎兒休息約二十分鐘，好確定他們心臟活動的基準。一如以往，拉塞福對於這位女性體內看不見的巨大變化有一百萬個疑問；但她特別渴望了解的，是媽媽和寶寶兩人生理警覺度（或稱警醒度〔arousal〕）之間的關係，她將會藉由測量媽媽和寶寶雙方的心率變化來觀察。（**我想我們終於可以獨處了**，我彷彿聽見提芬妮柔聲在我耳邊唱著，**唯一的聲音是我們的心跳聲**。）

我們讓那位孕婦愉快地沉浸在過期的《In Touch》八卦雜誌裡，封面上是一則永恆不朽的報導〈珍妮佛與小布宣布：我們要有女兒了！〉。

⁂

科學家早已知道，胎兒在母體身心狀態出現重大變化時會有反應。我們可以用一些工具粗魯地提高母親的警醒度，像是會發出聲音的門環；一九六〇年代還有過一些令人嘆氣的實驗，由狡猾（而且肯定是男性）的研究人員向孕婦謊稱胎兒缺氧。當母親悲痛萬分時，胎兒會出現猛烈的反應，在我們腹中扭動，心跳也會急速增加。

科學家現在才發現，這個故事還有另一面。

二〇〇四年時，約翰霍普金斯大學（Johns Hopkins University）的學者珍妮特・迪皮特羅（Janet DiPietro）曾記錄孕婦和胎兒在懷孕後期的心率。

「當時我的思考方向只有一個，就是胎兒會對媽媽有反應。」她回想道。但統計師整理她的資料後表示，情況看起來似乎剛好相反。每當胎兒動的時候，媽媽的神經系統就會出現反應；是胎兒在刺激媽媽，他們本末倒置了。

一開始，迪皮特羅還以為這個重要發現是哪裡出了錯。她對統計師說：「不會吧，你可能要檢查一下是不是把X軸和Y軸弄反了。」

但在重新檢查數據之後，證實了這個模式：每次胎動的兩三秒過後，媽媽的身體就會出現出現類似的反應，她的皮膚電導率會跟著上升（手汗也是一種評估母親警醒度的指標）。

迪皮特羅意識到可能會有什麼新發現，於是接著設計了一個實驗情境，阻隔孕婦的兩種感官；她不是像研究大鼠的科學家那樣把研究對象弄瞎，而是暫時用膠質眼罩蓋住孕婦的眼睛，用隔音耳塞讓她聽不見聲音。

同時，迪皮特羅安排一位研究人員悄悄靠近毫無所覺的媽媽，手上拿著一個硬紙筒，裡頭裝滿沒爆成爆米花的玉米粒。研究人員會在孕婦肚子上方十幾公分處，大聲搖動這個紙筒三次。

由於只有胎兒會聽到這個聲音，研究人員就能從中觀察胎兒被驚動後，母體如何出現連帶反應。

媽媽們對大多數的胎動通常沒有感覺——只會偶爾感覺到這裡或那裡像是被用空手道劈了一下，但我們的身體似乎全都知道。而迪皮特羅認為，這些寶寶給媽媽的訊息具有很重要的心理作用：塑造我們。

「我覺得這種現象應該有某種傳送信號的功能，也就是說胎兒在幫媽媽做準備，要讓媽媽把注意力放在自己身上。」她表示。寶寶從體內呼喚媽媽，把她的注意力不知不覺地從外界拉過來——這或許還能解釋為什麼孕婦對於周遭環境的反應往往比較少。

胎兒活動有非常多種。迪皮特羅在刺探子宮內的情況時，曾觀察到某些尚未出生的寶寶做出各種稀奇古怪的動作，包括舔拭媽媽的肚子內部。不僅如此，胎動**次數**的差異可能比類型差異更大。同樣是三十六週大的胎兒，最好動的寶寶比起最懶散的寶寶，有動靜的次數至少是五倍。

「如果妳的胎兒活動力非常強，妳就會受到越來越多刺激，」迪皮特羅表示，「這種機制或許就是要讓女性針對不同類型的孩子做好準備。」不是為了一般的嬰兒，而是為了摯愛的孩子。

或許這能解釋為什麼有些媽媽在小孩還沒出生時，就對他們有「異常透徹」的了解——這是研究人員在產前教育時訪問初產媽媽後的發現。媽媽似乎能夠根據肚子裡的活動情況，預知幾個月後出生的會是個小呆頭鵝，還是小搗蛋鬼。

胎兒在子宮裡支配媽媽的這種方式，有「母體程序化」（maternal programming）之稱，影響層面可能遠遠超出胎兒活動的差異。胎兒透過胎盤分泌特殊的荷爾蒙來操縱我們，而這些荷爾蒙的分泌情況每次懷孕都不一樣（每位爸爸製造的胎盤也都不同）；胎兒或許也會透過微嵌合左右我們，將整個胎兒細胞嵌入母體——除了心臟，還會進入腦部。

但就目前來說，追蹤心率等比較簡易的指標是最能區分胎兒影響模式的方法，因此拉塞福最近曾前往迪皮特羅研究室取經，了解如何應用她的技術。

* * *

二十分鐘到了。拉塞福和我走進房間，看了一下布簾旁那位心滿意足的孕婦跟她手中的雜誌。接下來，就沒那麼愉快了。

「等一下要請妳閉上眼睛，」拉塞福對她說，「然後我會播放一段五分鐘的嬰兒哭聲錄音。我要請妳想像寶寶在哭，沒問題吧？」

那是一陣恐怖尖利、令人打顫的哭聲，時而嚎啕大哭，時而低聲啜泣，而且就如拉塞福在我們踏出房間後說的，它會「循環」。這段小孩哭聲是由專業的哭聲研究員（真的有這一行）錄製。「三分鐘半之後，會安靜大概八秒，」拉塞福低聲對我說，眼中閃爍著一絲調皮。「然後又會繼續哭！」

她首先要測試的，是在哭聲結束後，媽媽和胎兒需要多久才會恢復平靜。

不過，她同時也在觀察所謂的「胎兒個性」，以及對媽媽的影響。

有些胎兒對哭聲的反應比較強烈，也需要比較久的時間平復。這些動作特別多、反應特別大的寶寶，在長達九到十個月的孕期當中會給媽媽更徹底的刺激，或許會讓媽媽在戴著電極帽聆聽嬰兒哭聲或觀看嬰兒臉部照片時，出現比較強烈的反應。拉塞福想知道，這些搖滾寶寶的媽媽們是否會出現不同的腦波模式？

還有，是哪一方先反應呢？如果母胎之間的交互作用有如雙人舞，那麼是誰在掌握節奏？在監測器上不斷砰砰作響的胎兒心臟，是否就像鼓手一樣敲擊著節拍，讓媽媽的心臟隨著拍子跳動？還是剛好相反？

後來，我難得找到一個空檔，躺在家裡床上思索拉塞福的想法，還有我還在醞釀的個人規畫。到底誰才是老大呢？這天，我肚裡的寶寶才七週大——嚴格說來只是個胚胎，還沒完全進入超音波檢驗師口中的「小熊軟糖期」。**你連手指都還沒有哪，**我心想，**是要怎麼改造我？**

* * *

由於胎兒與外界隔絕又還未發育完全，很難找出他們是如何帶動媽媽的反應，或許有人會認為等到寶寶出生、可以直接觀察後，就會比較容易取得研究資訊。

但事實上，難度反倒提高了。

因為其中牽涉到「先有雞還是先有蛋」的重要問題。出生後沒多久，媽媽和寶寶就已經非常親密，讓人很難視為分別獨立的個體——母親與嬰兒是一個配對組合，科學家亦將母嬰稱為「一對」（dyad）。

「將母嬰兩者分開來思考是很方便沒錯，」耶魯大學兒童研究中心的琳達．梅斯表示，「但他們並不是個別獨立的，而是一個相互作用的組合。其中一方會喚起另一方的反應。」

在別人還沒注意到的時候，產後的媽媽和新生兒就已經開始同步晝夜節律、腦波，甚至是細語的音調。誰能看出哪一方是主導者呢？母嬰之間會創造出沒有止盡的雙向回饋迴路。

就以向來棘手的產後憂鬱症來說，脾氣不好的寶寶似乎會讓媽媽更沮喪消沉，但很難判斷這個因果循環到底是從何開始。抑鬱的媽媽對來自嬰兒的刺激比較沒有反應；同樣地，她們的寶寶會因缺乏母嬰互動而有所改變，甚至產生基因層級的影響，因為壓力會造成細胞DNA損害。這些嬰兒在幾個月大的時候，對母親的臉就已經比較沒反應，也比較不擅長分辨別人的表情。因此，對於已經陷入憂鬱的母親，這些嬰兒給予的刺激更少，使得問題越來越惡化。

這種令人困惑的共生關係，在科學家苦苦追尋到底是誰塑造了誰的過程中，不過是問題的冰山一角。因為媽媽和寶寶不但生活和呼吸的步調一致，也處在同樣的環境下，這對雙方共同的行為肯定多少有影響。

當然，媽媽和寶寶還有部分基因相同。

為了分辨個別小孩對於母親行為有什麼樣的影響，科學家嘗試了曾經運用在媽媽身上的單基因研究方法，想了解寶寶ＤＮＡ中是否有某個部分會破壞母嬰互動。

有很多研究提出可能是關鍵所在的小孩基因，但大多遭遇同樣的障礙：實驗結果難以重現，而且光是單單一種血清素轉運蛋白或多巴胺受體的基因，不太可能左右孩童複雜的行為。

此外，小孩有一半的基因與媽媽相同，這點仍是不爭的事實。所以即使發現問題出在某個基因，也很難確定是作用在媽媽或小孩身上，或是兩者皆有。

為了避免出現這種混亂，某些遺傳學家回歸到一種傳統但實證有效的工具：雙胞胎研究。先前我們已經看到，有研究顯示身為同卵雙胞胎的**媽媽**在育兒風格上比一般姊妹更相似。接下來的研究，則是要了解孿生的**寶寶**，包括同卵和異卵的雙胞胎。

最大的問題在於，媽媽對於同卵雙胞胎（ＤＮＡ完全相同）的育兒方式，會不會比異卵雙胞胎（如同一般手足，只有一半的ＤＮＡ相同）更為相似。如果會，那麼很有可能表示小孩能夠控制並左右母親的行為。

「如果媽媽們對每種雙胞胎都一視同仁，那就表示這問題和小孩無關。」在南伊利諾大學（Southern Illinois University）負責一間雙胞胎研究室的伊莉莎白・迪拉拉（Lisabeth DiLalla）如此說明，「如果媽媽對待小孩的方式有別，而且對基因差異越大的小孩越不同，那就可能是小孩身上某種因素引發母親的行為差異。」

當然，雙胞胎研究有很大的限制。凡是同時帶過好幾個小孩的人都知道，雙胞胎父母並不好當。雙胞胎的媽媽連哺乳也不容易，她們得先掌握「雙橄欖球式抱法」這種高難度的技巧。對雙胞胎的任何教養行為，都可能是心力交瘁下的產物，而未必是小孩基因影響下的結果。比方說，年幼的雙胞胎死於意外的機率特別高，並不是哪個基因讓他們特別莽撞冒失，而是因為他們的媽媽只有一雙眼睛。我的鄰居有對淘氣大膽的雙胞胎，他們曾在媽媽踏出客廳的那瞬間爬上木製百頁窗，其中一個還把媽媽鎖在屋外。她一邊打電話給消防隊求助，一邊焦慮地緊盯那孩子的一舉一動，而另一個雙胞胎則從頭到尾在窗戶後面，雙眼發光地看著。我想，雙胞胎的媽媽明顯比較容易早逝，可能就是因為壓力太大了。

不過，即使雙胞胎媽媽的生活不同於一般人，資料仍顯示她們對同卵雙胞胎的育兒方式在某些方面比異卵雙胞胎和其他類型的手足更為類似。

賓州州立大學（Pennsylvania State University）的學者珍娜・奈德西瑟（Jenae Neiderhiser）指出，更奇妙的是，在異卵雙胞胎被誤認為同卵雙胞胎或相反的情況下，這個現象也並沒有改變，科學家在檢驗後確認了這些手足真正的關係。

由此可見，媽媽們的行為並非出於同卵雙胞胎這個**認知**，而是受到孩子們極為相似的個性和先天特質所觸發。研究人員估計大約四分之一的母性行為差異可以歸因於小孩的遺傳特徵。

領養研究也突顯出孩子對於媽媽有著難以磨滅的影響。養母與小孩之間通常完全沒有血緣關係，但被領養的小孩體內的基因仍像回音一樣迴響不已，而且在長期影響之下，足以讓養母的行為慢慢變得像某個她毫無關係、甚至可能素未謀面的人：小孩的生母。

在藥物研究中，也有其他證據能證明小孩本身對媽媽的影響力；研究人員以化學物質改變孩子的行為，透過逆向工程影響媽媽的行為。在一九七九年開始的一項早期研究中，研究人員找了一群「過動男孩」，讓其中一些孩子服用注意力不足過動症（ADHD）的藥物，其他孩子沒有服用，但小孩的媽媽們不知道小孩有沒有服藥。不過，在小孩確實有服藥且變得比較平靜的情況下，媽媽的行為也跟著改變。

近年有另一項在非洲模里西斯島（Island of Mauritius）進行的長期研究，給當地某些兒童飲用強化營養成分的盒裝果汁，成分包括ω-3脂肪酸這種腦部發育必須的脂質。這項研究由賓州大學（University of Pennsylvania）心理學家阿德里安・雷恩（Adrian Raine）主持，協助研究的麻州大學達特威爾分校（University of Massachusetts Lowell）專家吉兒・波特諾伊（Jill Portnoy）表示，為了進行比較，「其他小孩喝的是普通的果汁」，不含ω-3脂肪酸。連續六個月每天飲用健腦果汁的小孩，一年後行為問題減少了，可能是因為這種飲料有促進神經發展的作用。但波特諾伊表示，同樣令人驚訝的是，「我們也發現**家長**的行為有所改善。」這些孩子的照顧者幾乎都是母親，在孩子的行為問題改善之後，她們的反社會行為也減少了。研究者甚至發現，這款給孩子的特調飲料能減少媽媽在親密關係中施加暴力的情況——雖然媽媽本人甚至一口都沒喝過。

「也許只要靠一款果汁，就能提升整個家庭的生活，我覺得這個概念讓人很振奮。」波特諾伊表示。

不過，要是我有這種神奇的果汁，我敢保證至少會有一個小孩抱怨不喜歡那個味道，最後還是無法奏效。我家的難搞小鬼頭們有著截然不同的個性和看法。當然，身為親生手足，我的孩子們在某些地方還是很相似；比方說，他們全都不知道《CATS貓》（Cats）是史上最糟糕的電影，每個都看得入迷。儘管我對三個孩子都用一樣的暱稱（小寶貝、小心肝、小可愛……等等），他們仍是截然不同的三個人。雖然他們都叫我媽咪，但我在其中任何一個孩子面前，也都是完全不同的一個人。如果他們像小提琴樂隊一樣對我演出三重奏（他們真的會），我就得設法用三部合聲回應。

就拿我兩個女兒之間的巨大差異來說吧，同樣在超級盃星期天隔天出生的她們相差兩歲，但打從剛出娘胎，她們就是全然不同的個體。一個是夜貓子，另一個是晨型人。一個只要聽到遠處傳來小蟲子嗡嗡飛舞的聲音就尖叫逃跑，另一個會讓甲蟲在肩膀上爬來爬去。一個喜歡多力多滋的超濃起司玉米片，另一個熱愛美式沙拉醬口味。

大女兒（我該照她本人的希望叫她「鈴蘭姑娘」嗎？）的個性直接急躁，喜怒都表現在臉上。她會在迪士尼影片演到浪漫情節時跑出房間，因為她受不了那種肉麻感。在她強烈的情緒波動之下，其實有著溫柔體貼的個性：她曾經在外面冒著雷聲隆隆的大雨，只為了救回一株香芹。有一次我問她，為什麼要把我的親親擦掉？「我不是要**擦掉**，」她說，「是要把它揉進去！」但若惹毛她，她會大力反擊。某次參加婚禮，有人罵她不應該用其他客人的杯子喝水。為了報復，當時才四歲的大女兒狠狠捏了那位七十歲的老太太一下，接著，她還粗魯地拍了拍某位姑婆的屁股。（我得要替大女兒說句公道話，大人的屁股剛好跟她的視線高度差不多。）

後來某天在家時，我媽試著教她要對陌生人友善一點。

「對別人溫和一點，對方才比較容易聽妳的，就好比用蜂蜜比用醋更容易抓到蒼蠅。」

我媽眼中閃耀著幾許小學老師的教學熱忱，直接拿出兩個玻璃小酒杯來示範，一杯倒滿蜂蜜，另一杯倒滿醋，要讓她親自感受一下，而我則去了隔壁房間。

一分鐘後，我媽衝出廚房。

「**她喜歡醋！**」我媽氣急敗壞地說。

至於剛出生時沐浴在二月神祕陽光下的二女兒，性格十分開朗。早在她還像隻胖嘟嘟小無尾熊在幼兒遊樂場裡跌跌撞撞時，幼兒園老師就說她像個靈活的政治家；年紀稍大一點，更儼然幼兒園裡的精明外交官，有位老師最近形容她「有吹笛者型的個性」，因為她會帶頭把遊戲玩得特別有趣，而且當朋友傷心難過的時候，她總是知道該說什麼話來安慰對方。

如果說她姊姊跟我爭辯時像機關槍，那二女兒就像是藏身在隱形山坡上的狙擊手，致命而精準。她有如一顆滋味絕妙的松露巧克力，內餡卻暗藏著滾珠軸承。我頭一次體會到她可愛外表下如鋼鐵般的意志，是她兩歲前開始不睡午覺的時候。「我不會投降的。」她這樣對我說。我老公有時會說她越來越像個小獨裁者。不過往好處想，她是自己戒尿布的，某天她一本正經地對我們說：「我不需要尿布了。」然後她就真的不用了。她也從來沒有真的用到腳踏車的輔助輪。

以前每當我又哄睡失敗，精疲力竭地大字仰躺在二女兒的床上，她就會摸摸我的頭髮，然後低聲說：「我知道妳是個美麗的公主。」彷彿她才是媽媽，而我是女兒。

炫耀完我同樣美好、同樣可愛的兩個女兒，現在我對於接下來要談這個母子科學的分支有點遲疑，因為是關於母親的偏心。雖然我們的小孩有本事把媽媽逼到快崩潰、把我們整得慘兮兮，但我們自己也會基於某些自私的理由，以不同的方式對待每個小孩，端視我們認為哪個孩子比較珍貴。

有些科學家將孩子與生俱來的特點（例如好看、健康和聰明）稱為「先天優勢」（endowments at birth）。光是打出這些字，都讓我覺得心痛。雖然我知道自己養育三個孩子的方式不同，但我打從心底相信我對他們的愛都一樣。沒有任何學術論文能動搖我這樣的想法。

可是話說回來，我想如果媽媽們能看透關於自己的所有真相，就不需要撥弄是非的學者來研究我們了。當然，已經有很多證據證明其他動物媽媽有殘忍的偏心行為。有些灰熊媽媽會把一隻幼熊置之不理，只帶走另一隻。所有豬媽媽（不只是輾壓者）

都可以讓每個乳頭分泌不同量的乳汁，這樣就能讓最強壯的豬仔獨得最多母乳，發育不良的小豬只能挨餓。

**不，我絕對不會做出這種事情**，妳或許會這樣對自己說，就跟我一樣。但妳可能早就已經參與了致命的偏心行為，因為女性的身體似乎會自行淘汰子宮裡的某些胚胎，我們甚至可能根本沒發現自己流產。淘汰也可能是出於人為；在基因篩檢較普遍的歐洲，唐氏症胎兒的墮胎率約有九成。

不過有件事情最讓我驚訝，尤其是考慮到女性為了長出媽媽腦而面臨的種種困擾，還有我們成為母親之後敢於和美洲獅單挑的勇氣，那就是人類媽媽其實比其他動物**更有可能**拋棄或背叛後代，**即使是在小孩出生之後也一樣**。

這個驚人的事實，或許反映出養育一個有相當能力的人類，要負擔的成本和壓力高到不成比例。而且，由於人類的童年時期特別長，人類媽媽可能需要同時周旋在好幾個需要照顧的小孩之間，其他靈長目動物就不需要這樣的本事。每生一胎，就代表十年以上的辛苦育兒生活，還要多消耗一千萬大卡的熱量。在現今物質充裕的美國，一千萬大卡似乎不是很高的要求，你可能會說，**多去幾次好市多就好了啊**！但人類媽媽如今的育兒傾向是在前現代時期形成，而當時養小孩要比現在困難得多，因此發生許多令人悲傷的事。母親殺死或遺棄嬰兒可以說是常態。即使到二十世紀初，殺嬰在美國城市地區仍相當常見。如今世界上仍有一些貧困地區的婦女會進行消極的殺嬰行為，也就是「致命的選擇性忽視」，像是人類學家南西・謝普-休斯（Nancy Scheper-Hughes）在巴西貧民窟所做的田野調查就得到令人悲傷的結果。即使是在今日的美國，最有可能害死一週大嬰兒的人依然是生母。

莎拉・布萊弗・赫迪在《母性》（*Mother Nature*）一書中多次談及母親的殺嬰傾向；這本書無疑是精采的科學著作，但我不太推薦當成睡前讀物。這位知名靈長類專家提出許多相當駭人的理論，雖然我有時會看得幾乎想大笑出聲。傷害我的小孩？光是想像他們有一絲疼痛就讓我快昏倒，就連他們膝蓋擦破皮時，我都會在傷口上吹氣，好減輕雙氧水帶來的刺痛。就算小孩有時會讓我氣得要死，我也不會把他們丟在暴風雪裡或餵給野狗。

但赫迪和其他科學家表示，我們可能天生就有將毫無自保能力的寶寶拋棄的傾向；從這種說法，也衍生出另一種解釋產後為何會出現某些情緒障礙的理論。或許，母親在產下新生兒後出現情感麻木的現象之所以極為普遍，是基於某種冷漠無情的目的——「這是為了抵銷剛當上媽媽的興高采烈，如此才能用比較客觀的標準評估後代的品質優劣。」某位科學家以冰冷的文字這樣寫著。也許在媽媽開始全心投入母職之前，趁著母嬰雙方還沒有變得太過依附彼此時就找上門的產後情緒障礙，是一種有其考量的停頓方式。

從前，我們禁不起將珍貴的歲月和熱量浪費在沒達到基本標準的孩子身上，只能將所有資源心力投注給最強壯優秀的後代。基於這種悲觀的考量，媽媽會變得偏心。

像妳我這樣養育好幾個小孩的普通媽媽，是否仍背負著挑選演化贏家的祕密任務？在我為熟睡的兒子蓋好小被子、或是發現他以為那個b開頭的粗話是「賓果」（bingo）時，心中湧現的那股溫柔憐愛，和殺嬰的思考邏輯完全搭不起來。**無條件付出**的母愛確實能戰勝一切——但是，只有在適當的條件下。在生活安逸富足的社會，母親對於天生病弱或殘疾的孩子很少棄之不顧，往往忍受極大痛苦陪伴著孩子，有些媽媽付出的程度甚至可能讓我們都自愧不如。我有個朋友因為兒子罹患罕見遺傳疾病，自己成立基金會來募集研究經費；我也看過另一個朋友為了與死神拔河的孩子，在經濟和心理上都竭盡一切、付出所有。根據研究顯示，現代母親的幸福終生都與孩子幸福與否緊密相繫，而重病孩子的母親往往承受龐大壓力、心力交瘁，死於心臟病的機率也較高。不過，現代西方社會的女性真的有比其他時代和地區採取不同作法的母親更「優秀」嗎？

有些專家主張媽媽心裡仍存在黑暗面，只是深藏在文化的掩護之下。在這個營養過剩的年代，我們那從演化中發展出來的冷酷心思或許會有稍微不同的表現方式，以其他方法「阻斷」某些孩子的未來，例如情感忽視。

有幾項令人感到不舒服的長期研究持續追蹤義大利的早產兒，發現在寶寶三個月大時，早產兒母親與嬰兒的互動品質比足月兒的母親來得差。當這些寶寶進入學步期後，科學家在點心時段仔細觀察，發現早產兒母親的行為仍有細微的差異，並認為這是反映出她們有「較多負面情感」的跡象。（雖然這些差異仍有可能是來自其他因素，比方說因為早產帶來額外開銷的壓力。）另一項研究則發現，在車諾比核災之後，瑞典媽媽對可能受到輻射影響的子女減少提供資源——可能連她們自己都沒有意識到。

夠了。我感覺自己毛髮直豎，彷彿一頭被激怒的母獅。我的媽媽腦讓我無法繼續想像下去了。

比起拋棄孩子，我比較能思考偏心這回事。現今母親對特定孩子的偏愛大多隱含在細微之處。據說——孩子們，只是據說！——約有八成的媽媽疼愛某一個孩子甚於其他子女，超過半數的父母對每個小孩有所謂的差別待遇。

而且，理論上來說，媽媽可能會押寶在最有前途的小孩身上。在孩子陷入困境時給予協助、砸錢讓孩子去上公文式教育或大學入學測驗補習班，顯然都是特殊待遇。根據美國「啟蒙」（Head Start）學術計畫長期研究的結果，當資源有限時，父母會從一開始就將大部分資源投注在最聰明的孩子身上——尤其大家庭更是如此，因為父母手頭可能更緊，不得不做取捨。

二〇一九年有份來自馬拉威的研究報告，內容頗有意思。有位經濟學家觀察發現，發成績單這種在西方社會習以為常的作法在這個非洲國家並不常見，因為發了成績單之後，當地家長的反應不是鼓勵學業表現欠佳的孩子，而是將更多資源給予比較聰明的小孩，有時會造成書念不好的孩子失學。

不過，母親的偏愛有個十分驚人而且相當膚淺的預測因子：媽媽們似乎容易溺愛長得最可愛的小孩。

演化生物學界如今正熱烈辯論外表之美是否有其意義存在。有些科學家認為外貌的吸引力能用來判斷未來配偶是否健康或「基因良好」，也有人認為招搖的外表（例如孔雀出了名誇張的尾羽）是主觀喜好，就像流行時尚一樣善變。

我要強調一下，我蠻喜歡外貌如時尚這個說法，因為這樣就能顯示出男人有多荒謬。如果男人真的要找最實用的嬰兒孵化器，那他們拋媚眼的對象應該要有結實健壯的四肢和腳踝、寬闊的臀部和水桶腰；換句話說，他們追求的外型應該是像童子軍的女訓導員，絕對不是超級名模。

但對於嬰兒，人類的審美觀似乎差異不大。沒錯，對於什麼樣的孩子算是好看，不同社會可能還是有些微差別，例如某些文化的人不喜歡出生時頭髮太多或太少的寶寶。研究者在非裔美國家庭中發現一個令人不安的偏心現象，就是膚色較淺的女嬰比較得大人疼愛，顯然反映出暗藏的文化影響。

但整體而言，構成可愛嬰兒外表的元素相當固定，而且放諸四海皆準。研究者將這些特徵稱之為「嬰兒基模」（Kindchenschema），包括大眼睛、高額頭、尖下巴，還有胖嘟嘟的臉頰；這套標準不但超越文化和種族之別，甚至跨越物種的藩籬。幾乎所有哺乳動物寶寶都有類似的特徵，而且在小鹿斑比等卡通角色，還有法國鬥牛犬和波斯貓等人為培育的品種身上，這種特徵還特別被強化。科學家主張，就連需要父母照顧的非哺乳動物也會表現出嬰兒基模，例如剛孵化的侏儒鱷（媽媽會在牠們出生後把牠們含在森牙羅列的嘴裡），長相就比南鼂蜥等沒有母親照顧的物種可愛。

除了年幼和脆弱以外，那些舉世皆然的特徵究竟意味什麼，我們還沒有完全找到答案。研究人員將某些人的嬰兒時期照片與高中畢業照對照，發現長相這件事也是小時了了，大未必佳。我當臨時保母時曾帶過一個小孩，長得和嘉寶（Gerber）商標上的寶寶一模一樣，至少可以說那圓滾滾的臉蛋足以登上尿布廣告和育兒雜誌封面；雖然那孩子長大後還是挺好看，但出生後九個月左右絕對是她人生中最可愛的時期。

這套寶寶外貌標準雖然是個謎團，但有著無庸置疑的效果。舉例來說，有明確證據顯示小孩的可愛程度會影響無血緣照顧者的態度和行為。某項研究發現，長相討人喜歡的嬰兒在新生兒加護病房的預後情形較佳，「推測可能是因為受到醫護人員較多照顧」。日間托育中心的育幼人員容易低估不可愛小孩的發展程度和智力。可愛與否也是預測孤兒領養結果的一大指標。在十九、二十世紀之交，沒人要的嬰兒還會像多生的小貓一樣被登在報紙上徵求收養，而且大多不用花錢，有些媽媽甚至願意付錢讓你帶走小孩；不過，長得特別可愛的小孩卻可能要價一百塊美金。

但是，父母不是應該不受這些偏見影響嗎？在英文中，還用「醜到只有媽媽愛的臉」（the face only a mother could love）這樣的片語來形容奇醜無比的外貌，這又怎麼說呢？

事實上，爸爸才是比較不計較外表的一方，因為他對小孩樣貌最關注的只有一點：小孩長得像不像他。美國有一項名為「脆弱家庭與兒童福利研究」（Fragile Families and Child Wellbeing）的大規模調查，追蹤許多與父親分居的美國家庭；二○一七年有份研究在這些龐大的調查資料中，鎖定一個問題的答案：「孩子長得像誰？」如果父母雙方都認為小孩和爸爸像是同一個模子刻出來的，爸爸平均每個月會花更多時間陪伴小孩。由於父親額外付出心力照顧，這些長得像爸爸的孩子在出生一年後，比長得像媽媽的孩子更為健康。法國有項研究找了裁判小組來確認爸爸們對於小孩像自己的判斷是否正確，結果發現這些爸爸的小孩確實長得像他們，也顯示這些父親對小孩更有感情。另一個在塞內加爾的研究團隊則發現，長相像爸爸、**氣味**也像爸爸的小孩，會長得更健壯，獲得的營養也更充足。有趣的是，**就算是領養的小孩**，爸爸們顯然也比較喜歡自己的迷你翻版。

父親能帶來的這些好處，或許解釋了媽媽們和母系親屬為什麼喜歡一再談論新生兒跟老爸有多像，尤其是在爸爸聽得到的情況下。在發現這方面的研究之前，我一直以為我的阿姨們一下說寶寶的耳朵像我老公、一下說這下巴跟爸爸一模一樣，是因為我小孩剛出生時長得有點滑稽，她們想澄清不是媽媽這邊害的。但事實上，姨婆們很可能是在幫我的忙。

不過，對媽媽來說，因為絕對能肯定跟孩子的血緣關係，我們一點都不在意孩子長得像老公、帥氣的水管工，還是遠房表兄瑪薩。

我們是完全著眼於可愛與否的鑑賞家。

一九九〇年代，有心理學家進駐德州奧斯汀某間醫院產房，觀察了超過一百位媽媽與新生兒的互動情況。小孩長相最可愛的幾位媽媽，從一開始就顯得「比較溫柔親切、愛逗小孩」，而且隨著小孩年紀增長，這樣的差異仍持續存在。（得知寶寶們也相當膚淺、容易受到美女的臉吸引，讓我覺得心裡稍微舒坦一點。）

幾年後，亞伯達大學（University of Alberta）的研究員在探討購物車安全這個看似無關的主題時，又有了令人意外的發現。這位研究員潛伏在超市裡，觀察許多在冷凍披薩區和早餐穀片貨架前選購的父母和小孩，結果注意到媽媽們為長相比較可愛的小孩扣好購物車座位安全帶的機率是其他小孩的兩倍。（當然，他請了小孩父母以外的人來評估孩子們的相對可愛程度。）其他研究則發現，在雙胞胎嬰兒八個月大時，母親比較會受長得較大、較健康的孩子吸引。

最讓人難忘的，大概是一份對一九八〇年代警方拍攝的受虐兒童照片所做的研究；這份報告指出，顱顏比例異常的孩子比符合一般人可愛標準的小孩更有可能遭到虐待。雖然虐待兒童的加害者往往是男性，尤其是無血緣關係的男性，像是媽媽的新男友。但這個令人悲傷的事實，也有可能是因為母親會更努力保護長得好看的孩子。

近來，有科學家以唇裂研究來窺探媽媽們不可言說的禁忌；唇裂屬於先天畸形現象，並不符合典型嬰兒基模的標準。二〇一七年，有研究者請媽媽們配戴具備眼球追蹤功能的眼鏡，經分析後發現，比起正常嬰兒的媽媽，唇裂寶寶的媽媽較少注視自己的孩子。另一項研究則發現，及早採取手術治療唇裂，不僅能解決外觀問題，可能也有助於改善孩子與母親的關係。孩子越早恢復一般人認為的可愛樣貌，母親就會變得越溫柔。

我還是一樣可以整天讀著這些研究報告，然後繼續否認他們暗示的事情與自己有關。我可以很高興地告訴大家，我的每個小孩都相當可愛，而且幸運的是全都長得挺像，甚至很難從新生兒時期的照片看出是誰是誰。當然，剛出生時是有些令人擔心的小地方。其中一個孩子有尖尖毛毛的耳朵，另一個是鬥雞眼，還有一個的下唇有點短。有時候孩子看起來跟《星際大戰》的尤達大師頗有幾分神似，有時候則看起來像E.T.。我偶爾會對懷裡的小外星人悄聲說：「你聯絡上你的太空船了嗎？」不過，他們在我眼裡絕對都很可愛。

這不是理所當然的嗎？無論研究報告寫什麼，每位媽媽不是都會無條件地疼愛她那滾來滾去的小寶寶，疼愛到可以對孩子的缺點視而不見、還能享受他們便便的氣味？我們難道不會像小飛象的媽媽一樣，在馬戲團觀眾嘲笑兒子的滑稽耳朵時憤怒到失控反擊嗎？

當然，這裡的問題出在小飛象其實是迪士尼根據嬰兒基模打造的傑作，那對大耳朵主要是襯托出牠嬰兒般的臉；所以小飛象並不是醜到只有媽媽愛，相反地，牠正是媽媽會竭盡全力去保護、甚至偏愛的那種小孩。

在懷孕十週時，由於已屆高齡，我接受了一種新式的檢驗，可以從我的血液中抽取寶寶胎盤的DNA，篩檢胎兒是否有重大染色體異常。

抽血的過程感覺非常漫長，在針筒慢慢被深紅色填滿的同時，我平時對「身體內的體液」的噁心感湧現，與害喜的難受混雜在一起，腦中還有個掙扎的念頭，覺得或許不該去窺探孩子基因的祕密，尤其是在懷孕這麼初期的時候。護理師注意到我的臉色越來越糟，問我有沒有其他小孩，我虛弱地點點頭：我有兩個女兒，一個兒子。

幾天後，我的電子信箱裡就跳出篩檢公司寄來的信，他們已經完成寶寶的基因檢驗。結果是正常的，我鬆了一大口氣。喔，對了，他們也確定了寶寶的性別——早期篩檢的這個額外好處，比發現重大異常要討喜多了。

懷第一胎時，我選擇把寶寶是男是女的答案留到最後再揭曉，但後來我就覺得產房裡的生產驚喜已經夠多了，不用加碼了謝謝，所以我發誓接下來懷孕都要盡早知道性別。但我也覺得自己應該會一直生到女兒，尤其是因為緊接著大女兒來報到的老二也是女孩。我來自那種幾乎都生女兒的家族。我自己只有一個妹妹；我爸有一個姊妹，這位姑姑生的全都是女兒；我媽有三個姊妹，沒半個兄弟；外婆有四個姊妹，沒有兄弟，其他親戚也差不多。我的母系家族裡面，只有一個表弟，可以理解他為什麼很少在家族聚會中露面。我可憐的外祖父，終其一生都被許多女性親戚監督鈉攝取量，他把這些人統稱為「她們」——我曾無意中聽到他悶悶不樂地自言自語：「她們連一根法蘭克福香腸都不會讓你吃。」（這裡的「你」是他自己。）

「在我們家，男生就像母雞的牙齒一樣，少之又少。」我的阿姨們現在還是會一邊大口吃著開胃菜，一邊這麼說。

所以在第三胎懷孕初期得知是男孩時，我相當驚訝。我把我的焦慮告訴當時的婦產科醫生，她很親切，有個兒子；我很快意識到，兒子算是她特別寵愛的小孩。

「別擔心！」她喊道，「妳會**很愛**這個小傢伙的！」

沒有任何宣言比這更讓我驚恐了。我接著請教阿姨，也就是那位表弟的媽媽。

「嗯……妳知道的……丟顆球給他就是了。」她含糊地說。我頓時明白，她也不知道要拿兒子怎麼辦。

這些說法並沒有讓我對養育兒子做好準備。打從出生，他在我懷裡的感覺就不太一樣，似乎要更結實一點，像是一小袋水泥。他用姊姊們的粉紅色固齒器磨牙，穿她們傳下來的愛心印花舊睡衣，小小孩的他每週五晚上都（有點不情願地）跟姊姊們一起看《決戰時裝伸展台》（*Project Runway*）的重播。（「穿成這樣好老氣喔。」

某次他對一套落敗的服裝發表這樣的評價。）儘管處於充滿女孩氣息的環境，但他幾乎是一學會飛奔亂跑，就把自己定位成暴力的掠奪者，沉迷於當海盜和黑暗使者，把姊姊的舊推車稱為他的「死亡馬車」。他喜歡在空中揮舞橡膠劍、在臥室鏡子前試圖從棉花糖般的身體擠出肌肉，而且我必須說，他確實擁有堪稱頂級的「嬰兒釋出器」（baby-releaser）——這是嬰兒基模特徵的別稱。在食品雜貨店裡，常有老太太跟在他後頭，朝他飛吻。不過他對我說，我是他「最愛的女人」。

生兒子帶來許多明顯的改變，比方說，我現在知道巴巴里海盜和加勒比海盜的差別，也知道籠手劍和彎刀有什麼不同。母性科學也顯示，孕育兒子帶給我許多肉眼看不見的變化。男生的母親從最初就很不一樣，而且早在基因檢測報告的預測結果出爐、送到我們腦部處理資訊的區域之前，我們彷彿就已經收到揭曉寶寶性別的小便條了。

那張便條的內容還包括幾個壞消息。懷有男胎的女性容易出現妊娠併發症，包括流產、妊娠糖尿病和早產，剖腹產的機率也較高。原因尚未確定，但可能是因為男性胎兒體型較大、成長較慢，對於母體不僅生理需求較高，也更需要呵護。即使男人在一般認知中比較高大健壯，實際上的身形也多半如此，但「脆弱的男性」（有些科學家會這樣稱呼男生）一生中的死亡風險其實高於女性。我兒子在出生後發出可能代表肺部吸入異物的聲音，當時護理師提高警覺是很正確的做法：初生的男嬰發生問題的風險往往更高。原因或許在於Y染色體：在子宮裡，以X染色體為主的母體免疫系統會將兒子的Y染色體視為攻擊目標，而缺少成對的X染色體或許也讓男孩較容易有遺傳疾病。

「#男寶媽」（這是我們有時會在網路上使用的自稱，也暗示我們有許多隨之而來的負面影響）除了生理上的挑戰，也可能碰到許多心理方面的問題。英國肯特大學（University of Kent）近期的一項研究指出，可能是因為免疫系統發炎的緣故，我們因懷孕出現憂鬱問題的機率多了七成。此外，我們在第一和第二孕期時對厭惡的東西明顯較為敏感；為了測量，科學家採用相當有創意的研究方法，那就是測試媽媽們對蟑螂、「滿是黏液的喉嚨」還有「保存在玻璃罐中的人掌」的反應。這或許是因為脆弱的男性胎兒特別容易受到環境威脅的危害，所以媽媽們對周遭環境格外敏感戒備。

從好的方面來說，準「#男寶媽」的孕吐通常不會太嚴重，就像老一輩的媽媽們所言，準「#女寶媽」的孕吐情況比較普遍。我們也可以多攝取百分之十的熱量而不會變胖（據說如此），而且比較少因懷孕出現認知問題，在工作記憶和空間能力的測試中表現優於「#女寶媽」。

在不知不覺中將媽媽「程序化」的胎動，也會因胎兒性別而異；較傾向口部活動的女胎會用嘴巴做出各種動作，而男胎會胡亂擺動腿部（可能就像男性坐著時大大張開雙腿那樣？）並動來動去。女胎對言語和突如其來的聲音反應特別大，心跳也較快。或許正因為如此，懷女孩的媽媽到了第三孕期時，心跳也特別快。

至於哪個性別的胎兒會讓媽媽的胸部變得更雄偉，目前答案仍懸而未決——呃，沒錯，確實有很多研究室曾探討過這個問題，但產乳量和胸圍的比較結果卻相互矛盾。

不過在兒子出生後，我們**的確會**分泌熱量較高的母乳。有項研究調查了麻薩諸塞州幾十位健康的媽媽，發現男嬰媽媽分泌的母乳比女嬰媽媽多了百分之二十五的營養含量，證實男孩熱量需求生來就比較高。許多哺乳動物都會為雄性幼獸分泌脂肪含量較高的乳汁，尤其是跟人類一樣成年雄性體型比雌性大、而且體型會影響未來求偶機會的物種。其中乳牛是有趣的例外，牠們會分泌比較營養的乳汁給雌性小牛。此外，動物研究也顯示，母乳的化學成份會因寶寶性別而異；猴子媽媽給兒子的乳汁含有較多壓力荷爾蒙皮質醇，給女兒的則含有較多鈣質。

這些因胎兒性別而產生的差異，即使到產後仍持續反映在母乳、大腦和行為上。經典的「X寶寶」（Baby X）實驗發現，當媽媽們與陌生的幼兒相處時，會因為聽到小孩是女生或男生而出現不同的行為。此外，還有許多奇妙而長期存在的漣漪效應，例如女孩的父母比較可能會投資股票、花錢做牙齒矯正，並且較少與小孩討論科學和數學。有項研究發現，美國女孩媽媽的政治立場比較可能傾向右派，英國女孩的媽媽卻比較傾向左派。此外，男孩的媽媽會花較多時間在家事上，零用錢也給得比較多。在某些文化中，男孩媽媽通常會持續哺乳更久。

我給兒子餵母乳的時間確實比他姊姊們更久，但主要是因為生育間隔，而不是其他因素——至少我是這樣告訴自己的。但我也在想：如果有科學家觀察我的一舉一動，得到的結論會不會也是我注視他的次數更頻繁，就像某些對兒子癡迷的猴子媽媽一樣？如果是這樣，我要抗議（或許有點太過了），我不是像女兒有時抱怨的那樣特別鍾愛兒子，而是因為養育兒子對生長在女性家族的我來說，實在是很新穎的經驗。

我承認，我有寵溺兒子的傾向，就像直到年老時都還把兒子當成寶寶對待的虎鯨媽媽；如果有隻八十歲的虎鯨媽媽死亡，牠已屆中年的兒子死亡率也會突然飆高。順帶一提，有個出身自地中海地區的朋友在聽到這件事時嘆了口氣，說：「牠們跟義大利人一樣。」至於虎鯨女兒，牠們自己也能過得很好。

人類男孩的媽媽仍有比較高的機率罹患糖尿病等病症，如果生過好幾個活蹦亂跳、老是到處亂敲的小男孩，未來的健康更是前景黯淡。這些可憐的女性應當得到比其他媽媽更多的實質回報，但芬蘭有項根據工業化前資料做的大規模死亡率研究發現，出於各種科學因素和不證自明的原因，有四個以上兒子的媽媽最有可能早逝。

不過，就如同所有與性別有關的複雜問題，有時很難判斷什麼事情是與生俱來、什麼是性別社會化的結果。比起我們對於可愛的不自覺反應，母親對待兒子或女兒的方式更會受到生活地區和所處環境的影響。

在人類歷史上的大多數時期，社會環境都對男嬰和男嬰的母親明顯優待。「女人都想要兒子，」人類學家瑪格麗特・米德（Margaret Mead）提及她待在紐幾內亞的日子時這樣寫道：「性別不對的嬰兒會被用樹皮包起來，丟進河裡。」

積極殺嬰的文化多半是針對女嬰，因為無論是繼承土地還是葬禮儀式，都需要有兒子。在今日的印度，懷有男孩的母親依然比較有可能去做產前檢查及施打破傷風疫苗。分娩之後，這些國家的母親平均花較多時間陪伴兒子，為他們補充更多維生素，給兒子斷奶的時間也比餵養女兒時來得晚。印度某間人工流產診所提供了令人難過的數據：八千個終止妊娠的胎兒中，只有三個是男性。根據近期報導，隨著印度越來越現代化、家庭趨向少子化，這個問題也越來越嚴重。

生為女孩，就算還不至於面臨死亡絕境，也往往一生都要背負某些重擔。在土庫曼的某個部落，人們給女兒取名時常有「最後一個女兒」或「需要男孩」等意涵，但男孩——還有他們的母親——卻能在社會上享有特別地位。

艾蜜莉就遇到這樣的情況。她老公是黎巴嫩人，在穆斯林文化下成長；在這個文化中，生個兒子足以讓母親的地位永遠改變。艾蜜莉的前兩胎都是女兒，生產之後，住在中東的婆家人仍像以往一樣叫她艾蜜莉。但在兒子出世後，婆家人突然改稱她為「狄恩的媽」。

過去幾個世紀，美國的媽媽們可能也有類似的偏見：西部拓荒時代的出生紀錄顯示了拓墾家庭從何時開始**停止生育**；不成比例的是，十九世紀美國務農家庭的婦女在生下兒子之後就不再生小孩，顯示當時的美國婦女也在追求生男。某些對兒子的偏好顯然一直延續到一九八〇年代，差不多就是我和妹妹出生的時候，當時人們仍然比較期待第一胎是男孩。

不過美國重男輕女的傾向從那個時期就消失了，或許要歸功於女性主義者的努力，以及經濟形態慢慢從農業和其他高勞力產業轉型。

現在美國媽媽們普遍希望兒女雙全，不過我們某種程度上更偏好女孩，有越來越多媽媽表示希望第一胎是女兒。而且，現在的美國媽媽平均花費更多時間和金錢在女兒身上。在一九七〇年代，只生兒子的家庭會投資較多金錢在日間托育，以及腳踏車、玩具和露營設備等物品上。不過這個趨勢到二〇〇七年就已逆轉，最大手筆的消費者變成了只有女兒的家庭。當然，也有一些明顯的例外：雖然男嬰理論上較為脆弱，但華裔美國家庭的**女性**新生兒是出生後最有可能因健康不佳就醫的族群。研究者認為，由於華裔文化長期以來重男輕女，女嬰的媽媽可能較少做產前檢查，也較有可能在懷孕期間出現飲酒等行為。

所以，我們生到什麼樣的孩子、成為什麼樣的媽媽，這當中的相互作用並非完全由DNA和荷爾蒙決定。媽媽的生命有無數細節，而我們每一個人也都在不斷變化中。我們是由肚子裡的孩子所創造，但也受到外在世界的影響。

現在，該來看看母親與孩子相依偎的小天地之外，有什麼樣更巨大、甚至全球性的驅力能夠鍛鍊或毀壞媽媽最親密的依附關係。而且，由於改變環境遠比編輯基因容易得多，或許這能指引我們如何掌握身為母親的命運。

對了，我這一胎是女兒。

第八章

# 母愛溫度計

## 外在環境如何塑造（或瓦解）媽媽

我和科學家們魚貫走進大鼠所在的房間，裡面籠罩在微弱的紅光之中。此刻是德州時間的中午左右，不過房間內的人工照明經過特別設定，所以一大早「太陽」就下山了。現在對夜行性的大鼠來說是半夜，是牠們最喜歡、最活躍的時段，尤其剛當上媽媽的母鼠和幼鼠更是如此。

我的雙眼似乎不太能適應這裡的亮度。我瞇眼俯身看著一個鬧哄哄的大鼠棲息區，用極度友好的聲音說：「哇，妳的寶寶好大隻呀！」

「那邊的其實是成年公鼠。」博士後研究員漢娜・拉普（Lappah Lapp）溫和地說道。她帶我到另一個透明的飼育箱前，這次我終於看出有一隻母鼠，身下擠著一團吵吵鬧鬧的六日齡幼鼠。牠們長著絨毛的皮膚仍呈現半透明，可以看到幾隻幼鼠肚子裡有白色乳汁，顯然剛剛吃飽。

提到吃，我們現在要看的現行實驗方法，會用到尼拉牌（Nilla）的威化餅。我最近才想到過這款餅乾，聽說只要用兩片（中間再夾一片Thin Mints淡薄荷餅乾）就能做成迷你漢堡的模樣，成為義賣餅乾的噱頭。還有個當媽媽的朋友會把尼拉牌威化餅弄碎撒在水蜜桃上，做成脆皮水果派當小孩的點心。

不過，拉普和德州大學奧斯汀分校這間實驗室的首席研究員法蘭西絲・香檳，要把這款小孩都愛吃的餅乾用在某些更迫切的用途上。她們在餅乾中加入雙酚A（又稱BPA）這種化學物質，也就是現代塑膠製品的主要成分。

BPA在世界上無所不在，每年產量約有六十億噸。無論是補牙用填料、食物包裝，還是購物收據裡，都含有BPA。過去已有學者發現BPA與許多問題有關，像是不斷升高的罹癌率和兒童發展遲緩問題；現在更有人懷疑即使是低劑量的BPA，也可能改變雌性動物的育兒行為，導致齧齒動物減少哺乳行為或是疏忽小孩。這種化學物質，或許也會改變人類媽媽的行為。

沒有人知道明確的作用機制為何，但某些人造塑膠物品似乎確實阻礙了媽媽腦部天生的可塑性。ＢＰＡ屬於內分泌干擾素，可能會模擬或阻斷孕婦體內雌激素的自然作用，而雌激素是讓女性轉變為母親的重要物質。

在近年大眾棄用ＢＰＡ的強烈呼聲之下，塑膠製造商開始改用結構極為類似的雙酚Ｓ（ＢＰＳ）和雙酚Ｆ（ＢＰＦ）替代ＢＰＡ；香檳和拉普正在進行的研究，也包括測試這兩種化學物質是否同樣會影響齧齒動物媽媽。她們在第二批餅乾中加入這兩種物質。

過去三週以來，研究人員一直用這兩種不同成分的尼拉牌威化餅分別餵食兩組懷孕的大鼠，每次的份量是四分之一塊餅乾。他們也準備了沒加料的餅乾給第三組大鼠，作為對照組。將化學物質注射到大鼠體內或許比較直接，但在設計這項實驗時，香檳一直都有考慮到這些大鼠的生活品質。我猜，經歷過懷孕的她，或許覺得懷孕中的大鼠也會想大啖高醣食品吧。

拉普弄碎一小塊餅乾來示範。一隻母鼠用粉紅色的小前掌捧起餅乾，狼吞虎嚥地吃掉了。

房內安裝了紅外線攝影機和信用卡大小的電腦，對準大鼠的棲息區。這些設備以大鼠的耳朵、尾巴和其他身體部位作為解析指標，學習在一片混亂之中辨識出特定的母育行為，例如哺乳和理毛。最後，電腦就可以針對食用不同餅乾的大鼠評估母性行為的展現程度，看看誰是模範媽媽，誰又常躺在一邊納涼（而且不是為了餵奶而躺著）。

我在會議室裡，喝了一大口那天早上我唯一找得到的水：從汽車旅館套房浴室的水龍頭，用充滿壓痕的拋棄式寶特瓶匆匆忙忙裝好帶出門的水。這水喝起來好像有死金魚的味道。由於我的體態明顯看得出懷孕，我已經做好了被旁人責罵的準備。

「我一向都用塑膠容器喝水。」香檳平靜地說。

這間研究室也和哥倫比亞大學（Columbia University）的幾位科學家合作，研究化學物質對人類媽媽的影響。那些科學家會藉由採取尿液樣本，對照女性體內的塑膠汙染程度與她們在各種嬰兒測試中的神經反應，從中分析她們的媽媽腦是否受到影響。

最後，香檳和拉普還會在大鼠媽媽死後解剖牠們的腦部，觀察基因表現是否有變異，尤其是在與雌激素和催產素相關的部位。根據目前在囓齒動物身上做的塑膠物質研究顯示，這些物質會讓內視前區發生明顯變化（也就是先前提到的 mPOA，腦部最具指標性的母性反應部位）。

雖然幼鼠已經出生，但尼拉牌威化餅研究先導階段的數據才正要出爐，拉普與香檳討論起接下來的步驟。香檳就是大鼠舔毛那篇表觀遺傳重要研究的作者之一，堪稱是母性科學界最有潛力的明日之星。自從那項研究之後，她變得更想了解各種環境因素會如何影響媽媽的基因表現，在無形之中改變我們的行為。

「我不確定這算不算有趣或是有關，」拉普不太好意思地對香檳說，「但妳可以看一下體重增加的數據。」拉普在電腦上叫出一張圖表，上面有三種不同顏色的線條，分別代表一組吃餅乾的大鼠。

研究人員從第六天開始在餅乾中加入不同的化學物質，在此之前，大鼠媽媽們的體重增加量都差不多。但那三條不同顏色的線在第六天之後突然變得分歧，一條上升、一條下降，剩下一條則居於中間。

「哇喔。」香檳盯著圖表發出驚嘆。

當時實驗尚未解盲，沒有人知道這些塑膠原料產生了什麼樣的影響。但可以確定的是，在孕期中接觸大量化學物質並不符合常態，可能會對媽媽產生連鎖效應。

堅忍不拔的母性本能已經存在數千萬年，無論是牛羚、海牛還是土撥鼠，都受到這股力量驅使，甚至連雄性哺乳動物都有類似的本能。

儘管我們照顧孩子的動機根深蒂固，媽媽們對於窩巢、洞穴或公寓大門之外的環境條件，還是格外敏感。

這種可塑性，在大多數情況下是一種天賦。雖然媽媽身體不怎麼靈便，大腦卻無比靈活。媽媽們有著共同的任務，但並不是在默背同樣的劇本。母性有如羅盤，有如指引方向的星辰，而不是單一的路徑。

母性本能的靈活性，讓我們在各種環境下都能大展身手。我們的改變從來不曾完全休止，隨著環境變化，本來是某個類型的媽媽可能會轉變成另一種類型。這讓我們面對任何困境都能努力應變，通常可以設法度過難關。

不過，世界也可能會不顧我們的意願，讓我們變得反常。

正因如此，「這就是我，永不會變」這樣的母職身份認同理念其實毫無意義可言。我曾經送一個孩子去上華德福體系的幼兒園，看到那裡的媽媽們自己攪拌原料製作奶油；也曾帶另一個孩子去城鎮合作社，看到有些媽媽得靠食品雜貨店捐贈的過期物資過活；這些事情讓我對媽媽的適應能力感到驚嘆。有些時候，使用布尿布、吃野生紅蘿蔔，還有即使隆冬時節也要在戶外玩兩個小時以達到充分運動，根本就是不可能實踐的事情。在評論滿天飛的時候，我想對其他媽媽（有時也對自己）說：**請停一停，妳也不知道換成是自己會怎樣**。布魯克林那些時尚的模範媽媽部落客，之所以能跟巴西貧民窟那些消極殺嬰的母親不同，並不是因為什麼神奇的香蕉麵包烘焙基因；最關鍵的原因，就是環境。

這道理不只適用在人的一生；如果你仔細觀察，就會發現女人在**日常的一天**當中，隨著周遭環境改變，會展現出不同的媽媽樣貌。有科學家像偵探一樣尾隨我們，觀察我們處理午後的各種雜事，發現我們在公園和在超市的行為不太一樣，在替小孩洗澡和換尿布時也不同。順帶一提，所有人類媽媽在換尿布時都處於母親敏感度的最低點，每個族群的媽媽都展現出「不太積極的關注」，這個結果不讓人意外。

媽媽們在晚上打小孩屁股的機率是早上的兩倍，或許是晝夜節律變化的緣故。不過，其他模式可能就比較偏向功利，而不是生理因素。某項研究調查了佛羅里達州五歲到十一歲兒童的媽媽們，發現她們特別容易在特定幾個星期六打小孩——說穿了，就是學校成績單發下來之後的那個星期六。（看來發成績單還真是件危險的事。）

神經科學家羅伯．薩波斯基（Robert Sapolsky）在《行為》（Behave）一書當中鄭重提醒：「不要問某種基因做了什麼，要問它在特定的脈絡下做了什麼。」有各式各樣的情境變數形塑媽媽的情緒和行為。環境以肉眼不可見的方式不斷改變著我們，有時關閉某些基因，有時又呼叫某些基因。

人造塑膠物質對媽媽天生的可塑性有害，是最能直接證明環境會干預基因的證據之一；而其他具滲透性的化學物質，也有類似的現象。比方說，曾接觸某些殺蟲劑的草原林跳鼠會把自己的寶寶吃掉。就連媽媽日常飲食中的物質，也可能擾亂體內的化學作用。科學家在大鼠身上發現，脂肪含量偏高的飲食會增加鼠媽媽的焦慮程度，原因可能是膽固醇使得哺乳期間通常會縮小的腎上腺變大；或許在人類身上也一樣。從好的方面來說，吃魚或其他富含ω-3脂肪酸的食物，則有助避免產後憂鬱症。

這些潛在的化學危害和益處，雖然看似驚人，但完全比不上最主要、最神祕，我們又了解最少的環境影響因子：壓力。

壓力無法放在顯微鏡下觀察，也沒辦法注射到體內或是加進尼拉牌威化餅裡餵食。壓力的形式和程度也各不相同，原因從一疊沒送出的道謝便條到腺鼠疫的爆發都有可能，而且因人而異。讓我極度焦慮的事，在你眼裡可能稀鬆平常。一位媽媽的巨大考驗，對另一位媽媽來說或許微不足道。

但是，當某些壓力排山倒海而來，會考驗媽媽本身決定「戰鬥或逃跑」的反應系統，改變我們的行為——有時可能是永久改變。

環境壓力可以解釋哺乳動物媽媽為什麼會拋棄看似毫無問題的小孩。媽媽本身也未必有「問題」，至少在演化生物學家的論述中，這樣並沒有錯。媽媽只是在盡力將自己的基因延續下去，等到日子變得好過一點，再試著撫養下一胎。

所有物種的哺乳動物媽媽都會面臨各種形式的環境威脅，包括食物短缺、天敵環伺和其他暴力威脅，或是傳染病爆發。當處境變得艱難時，黑尾草原犬鼠媽媽不會困在原地，牠會起身前行——捨棄孩子往相反的方向而去，賭牠下一胎時環境已經有所好轉。每十胎當中，大概就有一胎會被媽媽以這樣直接的方式拋棄。

在最壞的狀況下，就連勇猛的母獅也會拋下喵喵嗚咽的幼獅，頭也不回地離去。

讀到這幾頁的媽媽大多很幸運，不會像我們同為哺乳動物的表親們面臨某些自然環境的挑戰。不過，人類也要面對某些我們特有的壓力來源。耶魯大學兒童研究中心曾著手調查康乃狄克州低收入婦女最大的壓力來源，也就是與產後憂鬱症正向相關性最高的環境因素。

他們找出的危險因子，不是什麼關乎生死的東西，而是尿布。拋棄式尿布到一九四八年才發明，但缺乏尿布與貧窮婦女心理健康惡化的關聯最為顯著，甚至超越糧食不足帶來的焦慮。

起初，這個結果讓我很困惑。我們不是看到新手媽媽的大腦變得特別能夠承受壓力嗎？我本以為，媽媽的壓力處理系統在產後自動調節到低速檔，是極具代表性的成功表現。媽媽們或許看起來有點狼狽，但卻能臨危不亂。我們能在龍捲風來襲時緊緊抓住汽車安全座椅、用球棒擊退熊，也會在地震時攔下第一輛計程車。

從醫院帶著剛出生的二女兒回到家後，躺在沙發上的我很平靜地注意到餐廳的吊燈燒起來了。（以後要注意：絕對不要買部分材質是厚紙板的燈具，就算有特價——或許該說特價更不能買。）老早以前在臨時保母專業課程中學到的重要知識絲毫沒有出現在腦海中，但不知為何，我的身體自動跳下沙發、關掉吊燈的開關、找出小蘇打粉灑在火焰上，等濃煙散去後，再找消防隊幫忙。

我最近看到一段短片，亞利桑那州有位媽媽家中失火，情況比我家嚴重得多。我看著影片，突然明白我看到的，正是那個女人的世界終結之時。在熊熊燃燒的烈焰之中，她將懷裡的幼兒拋向在陽台下方等著救援的男人。這時她身上已經著火，但心中似乎有遠比自己更重要的事，又飛奔回火場尋找受困的女兒。新聞報導自然都聚焦在接住孩子的那個人，而非母親。她的名字是瑞秋．隆恩（Rachel Long），最後沒能生還。

無論上刀山，還是下火海，母親都無所畏懼。結果我們居然敗在……沒尿布可用？

事實證明，對媽媽們最具威脅性的壓力往往**不是**火災和地震等事件，我們天生有能力面對突如其來的災難。擊垮媽媽的，是潛伏周遭、長期存在，而且往往看不見的問題，像是貧窮、飢餓，以及尿布。媽媽們無疑在各種情況下都可以表現得很出色，而且要現代人類女性選擇拋棄孩子，可想而知要跨過的門檻非常非常高。然而，即使大部分媽媽能堅持下去，還是有些母親可能會迷失。

長期的威脅可能會瓦解媽媽最基本的母育習性。前面提過，將寶寶抱在身體左側是媽媽們近乎本能的傾向，或許還是我們最接近自發性母育行為的一種現象。

但有項研究顯示，壓力過大的母親比較有可能改用另一隻手，將孩子抱在身體右側。

＊＊＊

當神經科學家要給予大鼠媽媽壓力時，可以採取的作法有移走鋪巢墊材或用尾巴把牠吊起來等等。

德國歌德大學（Goethe University）的大衛・史萊特利（David Slattery）偏好使用所謂的「約束測試」，將一隻大鼠媽媽從幼鼠身邊帶開，放在狹窄的壓克力圓管中；牠從圓管中看得到外面，也可以正常呼吸，但不太能動彈。

研究人員會一而再、再而三地把牠放回圓管。

母鼠一開始可能還不太受影響，但在連續幾週每天受到這種無害卻不愉快的心理壓力之後，牠就不再是原本的牠了。

首先，在和幼鼠團聚後，牠會比沒受到壓力的大鼠媽媽**多花**百分之三十到四十的時間哺乳，似乎是想藉由刺激催產素分泌來讓緊繃的神經放鬆。

此外，長期承受壓力的大鼠媽媽在被放入迷宮之後，反應並不像個大膽的媽媽；

在正常情況下，大鼠媽媽們會勇敢深入別的老鼠不敢去的地方，因為牠們對於壓力的反應鈍化，敢於直直走進迷宮最明亮、最毫無掩蔽的通道，找出藏在那裡的美味小點心和小寶寶分享。

但被史萊特利弄得緊張兮兮的大鼠媽媽，卻是躲在迷宮的陰暗角落。牠們一點也沒有大膽無畏的樣子，反倒像從未生育過的母鼠一樣畏畏縮縮。

「我們覺得非常驚訝，」史萊特利表示，「我們以為這些媽媽會應付得更好，結果卻不是這樣。如果壓力太大，就會讓原本保護媽媽的系統失靈。」

在這些壓力沉重的大鼠媽媽死亡後，研究人員解剖牠們的腦部，發現在壓克力圓管中度過的難受時光，居然實際侵蝕了大鼠媽媽的腦部結構。

比方說，正常大鼠媽媽的海馬迴在懷孕期間會停止製造新的腦細胞。海馬迴是與記憶密切相關的部位，這種暫時減緩發展的機制是哺乳動物媽媽的一大特點，或許能說明為什麼很多媽媽常在需要動腦的事情上出糗，像是突然想不起最近剛認識但很要好的朋友叫什麼名字，或是在去超市的路上忘記要買哪些東西。這些情況可能反映出某種權衡之下的適應機制，因為某些區域的腦部迴路反而強化了，例如負責處理突然變得好聞的寶寶氣味的嗅球。

不過，史萊特利指出，在極度緊張焦慮的媽媽身上，「這種正常的生理變化逆轉了。」這些大鼠媽媽的海馬迴看起來就和處女大鼠一樣。

研究人員在承受壓力的大鼠媽媽腦部組織中發現更多異常現象，包括可能與催產素分泌量下降有關的基因表現變化——這或許就是牠們瘋狂哺乳的原因。也許與壓力相關的神經細胞變化，能夠解釋為什麼雪豹等野生動物媽媽在圈養環境下會出現忽略小孩的情況。

有些長期承受過大壓力的齧齒動物媽媽，在壓力消失許久之後，行為仍然沒有恢復正常。比方說，就算再也沒有被放進壓克力圓管，牠們仍表現出有壓力狀態下的行為。在壓力系統增強的情況下，牠們的母性迴路可能會永久弱化。這些媽媽的大腦無法達到應有的發展。「即使牠們再生下一胎，表現出來的母性行為也會不一樣。」塔夫茨大學（Tufts University）的伊莉莎白·伯恩斯（Elizabeth Byrnes）表示。

齧齒動物不用處理堆積如山的醫藥費帳單和欠繳的房租。不過，丹妮爾·史托森伯格最近將一些原本在實驗室裡嬌生慣養的大鼠媽媽移到加州某個偏遠的自然保護區，面對乾旱環境、森林大火濃煙和嚇人的野生火雞等等，觀察牠們在自然壓力增加的情況下表現如何。

當我問起野外實驗的進展時，她有點鬱悶地說：「攝影機被吃掉了。」有時候，籠外的世界還是看看就好。

對野生動物媽媽來說，最明顯而古老的環境壓力大概就是糧食供給了。有幾十種哺乳動物媽媽在食物來源不足的環境中，甚至會停止生育下一代，像西方狍和棕熊都是如此。牠們的生殖道有個像保險箱的巧妙構造，稱為「子宮隱窩」，能將受精的胚胎無限期保存在裡面、暫停發育，不再推展孕程；等到附近灌木叢裡的漿果成熟，或是環境變得比較符合生存條件，再繼續生育。

人類媽媽沒有這麼方便的適應機制，但若沒辦法攝取到每日所需的熱量或囤積大量皮下脂肪，我們也沒辦法生小孩或泌乳——這就是為什麼女孩在初經來潮前後體脂肪會增加兩倍以上，也是為什麼科學家主張能撐滿高腰牛仔褲的身材其實是優勢。

這些生理上的現實讓人類媽媽對環境線索保持高度警覺，尤其是在那些生活艱難、僅能勉強餬口的地方。在玻利維亞的播種季節，由於勞力工作大量耗費女性身體的能量，會使農民妻子的流產率增加四倍。在衣索比亞，距離上次收成的時間越久，哺乳媽媽的上臂圍就會縮減得越多；若能提供額外熱量，就有助於大幅提高生育率。還有，在該國某個偏遠鄉村地區設置新的自來水管道系統後，當地婦女不用再費力從遠處的水井扛回沉重的水，她們就能生更多小孩。

媽媽如果營養充足，也會把小孩照顧得更好。舉例來說，吃飽的獵豹媽媽會花更多時間教幼豹狩獵。飢腸轆轆的哺乳動物媽媽則可能怠忽職守；母羊在食物熱量受到限制的情況下，會突然變得容易疏忽小羊，在田野上離小孩遠遠的。

餓肚子的媽媽甚至可能不會在遇到掠食者時保護小孩。有篇科學文獻的標題便是以懶散媽媽的角度出發：「哥倫比亞白尾鹿的母性防衛機制：什麼時候值得出面護子？」為了找出答案，科學家利用獵犬來追蹤母鹿和幼鹿。他們發現，決定母鹿會不會挺身護子的因素之一，是母鹿的身體狀況和那一年的食物多寡。填飽肚子的鹿媽媽會堅守在小鹿前面，有時甚至會氣得耳朵往後拉平、踢蹬雙蹄，不顧一切地攻擊獵犬。

但餓肚子的鹿媽媽，只會躲在灌木叢裡憤怒地噴著鼻息。

⁂ ⁂ ⁂

從前文應該看得出來，對於飢餓這類可預防的問題如何徹底毀掉纖弱的母嬰關係，我有點不敢正視相關的研究結果。由此可見，我在這世界是處於比較優越的位置，食品櫃裡塞滿了巧克力鬆餅粉；我幾乎無法想像人類在患難時會被迫拋棄自己的孩子。事實上，我根本**不想**去想像，更別說去理解了。

但這些恐怖的事情，解釋了媽媽在沒那麼極端的困境中出現的某些行為。那是媽媽們逃避也不奇怪的、鐵錚錚的現實。

為從最簡單的層面直接了解母性的背叛是什麼樣子，我非常、非常短暫地造訪了康乃狄克大學（University of Connecticut）的一間動物行為研究室；在這裡，可以用比較安心一點的距離觀察母性的演化。史蒂夫・川柏（Steve Trumbo）研究昆蟲的育兒行為，這或許是探討母性時最基本的動物模型。會參與育兒的昆蟲媽媽相當少見，在目前所知的昆蟲物種中大約只占百分之一。不過，某些討人厭的蟲子當起媽媽來非常認真盡責，而且擁有和我們十分類似的神經化學物質。

川柏的主要觀察對象是雌性埋葬蟲，牠們會將林地上的死老鼠巧妙地做成黏糊糊的肉丸，然後在附近的土壤裡產卵，用腐肉養育幼蟲。

川柏的研究室充滿了各種處於製造和腐敗階段的老鼠肉丸，全裝在特百惠保鮮盒裡。他打開一個盒子，一陣令人作嘔的惡臭撲鼻而來。此時他才告訴我，幾年前因為打籃球意外腦震盪，喪失了嗅覺。雖然我在布朗克斯動物園的遊樂設施「旋轉蟲蟲」騎過好幾次糞金龜，但顯然對應付此刻的狀況毫無幫助，我不由得往後退了一大步。

我們參觀了另一個都是蟲子的房間，裡面一片漆黑，連門縫都用毯子塞住阻擋光線。如果你看過《沉默的羔羊》（*Silence of the Lambs*）最後幾幕，應該會覺得這裡有點眼熟。

或許這會是個適合發掘母親內心黑暗面的地方。

川柏和我小心留意不要大口呼吸，因為埋葬蟲喜歡死老鼠的氣味，但無法忍受人類的氣息。蒼白短胖的幼蟲，讓我聯想到裹在包巾裡的人類新生兒。我們豎耳聆聽埋葬蟲媽媽用翅膀摩擦腹部發出的聲音，那是某種母愛之歌，呼喚著肥胖柔軟的寶寶。「很輕柔，像搖籃曲一樣。」川柏輕聲說。他讓我看埋葬蟲媽媽如何餵食幼蟲：牠會一邊愉悅地轉動著觸角，一邊把蒼白的幼蟲輪流舉到嘴邊，像在親吻牠們一樣，實際上是將糊狀的死老鼠肉吐出來，餵進幼蟲的嘴裡。

但有時候，埋葬蟲媽媽的親吻會變成死亡之吻，牠會用力將蠕動著的寶寶塞進自己張大的雙顎之間，好像在吞潛艇堡一樣。

對現在的川柏來說，察覺這種恐怖的同類相食何時出現幾乎已是他的第二天性。「基本上這是數學問題，」他說道，「$x$公克的老鼠肉可以養活$y$隻幼蟲。」如果埋葬蟲媽媽只找得到瘦巴巴的老鼠，牠就得淘汰一些後代。

「牠大概沒辦法照顧所有小孩，」在我們經過一個特百惠保鮮盒時，川柏若有所思地說。盒子裡的埋葬蟲媽媽跨站在肉丸上，周圍到處都有幼蟲在蠕動。「牠恐怕得殺掉幾隻。」

我感到胃在翻騰，不曉得是因為揮之不去的老鼠臭，還是因為這種念頭。

有些哺乳動物對資源匱乏和其他預示未來前景不佳的跡象十分敏感，會出現類似的同類相食行為，就像我小時候養在房間的倉鼠，牠在生產之後——顯然認為我的衣櫃頂端不是個有保障的環境——把自己的寶寶一隻接一隻地吃到只剩下一些淺粉色的皮，好補回牠投資在胎兒身上的珍貴蛋白質。這個難以抹滅的記憶，或許就是為什麼之前我……呃，我是說聖誕老公公，要買小橘給小孩時，會嚴厲地逼問寵物店飼育員是如何管理倉鼠的配種，幾乎是在要求他保證給我的倉鼠是處女。

人類比甲蟲和倉鼠都複雜得多，而且讀到這些文字的媽媽們除非剛好在執行什麼嚴格的節食，否則應該大多都和三餐不繼、熱量有限的生活方式絕緣，還有很多肉丸可吃。然而，媽媽的生物機能仍會在生理上對盛世和飢荒有所反應。在已開發國家，若是突然發生經濟衰退或財務危機，可能會讓媽媽出現類似從前作物歉收時的母性行為。即使沒有餓肚子的可能，我們還是會自然而然地反應。

我開始覺得這個亞學科應該屬於橘子蘋果經濟學（Freakomomics，又稱怪誕經濟學）的範疇。

經濟學家早就明白生育率與經濟息息相關，像是平均房價每增加一萬美元，就會導致租屋族的生育率下降百分之二等等。而如果某個地區由於開採燃煤等因素發了橫財，也會推升當地的生育率。這不光是出於父母的規劃和實踐：科學家現在猜測，當女性承受心理壓力（包括經濟壓力）時，即使努力想懷孕也比較難成功受孕。至於在金融風暴來襲時已經懷孕的女性，可能會在無形中自動減少對未出世孩子投注的資源。例如，丹麥有項針對一九九五年到二〇〇九年間的失業率研究顯示，失業率突然飆升時，國內流產率也跟著增加。雖然墮胎率也同時上升，但某些女性的身體在認知到即將面臨困境時，似乎在沒有外力介入或母親自願選擇的情況下就終止了妊娠。

「將人的決定和生理機制劃分開來，是一種錯誤的想法。」加州大學爾灣分校（University of California, Irvine）的提姆．布魯克納（Tim Bruckner）表示。在這個令人沮喪的領域中，他是首屈一指的專家。

苦日子逼近的威脅，也會影響出生的嬰兒。二〇〇五年，美國政府宣布要在全國關閉多處軍事基地，這項措施導致某些地區的失業率增加了兩成。突然之間，這些地方的嬰兒紛紛提早來到世上，可能表示母體在減少給予胎兒的資源。不過好消息是，Covid-19 疫情產生的現象正好相反，早產兒變得前所未有地少見，顯然母親的身體盡了最大努力讓胎兒留在體內越久越好，希望等到危險時期過去。醫師們相當震驚，但媽媽們可能從古早以前就在表演這種特技了。

在媽媽有壓力的情況下，寶寶也會開始萎縮。有項研究算出，每有五百人被裁員，當地醫院的新生兒平均體重就會下降將近二十公克。同樣地，在近年的次級房貸危機時，抵押品贖回權遭到取消的產婦所生的嬰兒體重也低於平均值。

布魯克納發表過幾篇令人震撼的論文，指出經濟不佳與致命的母育行為有關。他認為嬰兒猝死症（簡稱SIDS）這個醫學上仍未有明確解答的「嬰兒在睡眠中猝死」現象，經常發生在經濟有明顯問題的家庭。他指出，當加州的失業人數飆升時，嬰兒猝死症案例也超乎預期地增加；母親們可能會疏於移走床上的枕頭和其他危險物品，並且更容易將睡著的寶寶以趴睡的姿勢放下，這些都是不符合醫師建議的做法。

事實上，當一座城市的經濟趨於崩潰時，各種兒童意外死亡的案例都會增加；媽媽們可能會在洗澡時疏於留意，或是忘記綁好汽車安全座椅。根據布魯克納的計算結果，加州城市的就業率每下降百分之一，就代表當月「非故意傷害造成的嬰兒死亡數」可能會上升百分之八。

要注意「非故意」這個用詞，就連布魯克納也不認為這些壓力沉重的美國媽媽們是故意謀害親生子女。他支持所謂的「分心假說」（distraction hypothesis），並且認為這個理論可以解釋為什麼女性在面臨經濟壓力時比較不容易注意到早期乳癌的腫塊。我們心不在焉，因為一心想著如何回答面試時的問題，或是煩惱沒錢繳天然氣帳單。媽媽可能會忘記告訴新來的臨時保母要怎麼綁好餐椅的安全帶，也可能在忙著上傳超過期限的應徵履歷時，全然沒有留意到嬰兒房裡異樣的死寂。

每位母親都明白，這種壓力不僅在於能否填飽肚子，也不只是有沒有穩固經濟來源的問題，而是不確定性帶來的恐懼感：光是不知道下一餐或下一筆薪水在哪的心理壓力，就足以阻礙母性行為，就算媽媽和寶寶雙方其實都有攝取到足夠的熱量。

在一九八〇和一九九〇年代，有科學家用人工飼養的獼猴媽媽做了一系列如今很知名的實驗。他們不再直接給予獼猴媽媽固定份量的食物，而是給牠們裝滿木屑的「飼料推車」，把食物藏在裡面。這些獼猴媽媽得從開在推車側邊的孔洞伸手進去，像野外獼猴一樣自己尋找食物。

飼料推車分成兩種：一種是食物直接散落在裡面，份量相當大方；另一種裝得比較少，食物都隱藏在木屑下面。遇到第二種推車的獼猴得花上比其他獼猴更多的工夫，才能找到食物。

不過奇妙的是，母育行為大幅減少的，並不是那些忙著從份量較少的推車裡找出食物的獼猴（雖然覓食過程曲折了一點，但沒有獼猴挨餓），反倒是**兩種推車**都會遇到，但每兩週換一次順序、無法預測哪一種推車會出現的獼猴媽媽。在昨天食物唾手可得、今天卻要費力覓食的情況下，這些獼猴媽媽開始失常，體內的壓力荷爾蒙含量增加了百分之二十五以上，而且很快就變得疏於照顧孩子。

紐約州立大學下州醫學中心（State University of New York Downstate）的傑瑞米・柯普蘭（Jeremy Coplan）表示：「雖然牠們有攝取到足夠熱量，還是會認為食物可能會短缺。」他仍在繼續進行這系列實驗。

對於那些要花最多力氣找出食物的獼猴媽媽來說，每天要面對的是同樣的推車，而且牠們可以在辛苦過後抱抱剛才忽略一陣子的幼猴；但混合推車組的母猴找不到這樣的規律。這些感受到壓力的獼猴媽媽變得執著於在推車裡找來找去，給小孩的關愛也明顯減少；這種情況甚至對幼猴的細胞造成傷害，牠們染色體末端的「端粒」比應有的長度來得短，顯示出壓力和提早老化的跡象。

在食物不虞匱乏和被迫積極覓食兩種處境之間切換，這種帶來緊張感的情形稱為「變動覓食需求」（variable foraging demand）；由此看來，哺乳動物媽媽最應該恐懼的事物，就是恐懼本身。

變動覓食需求的實驗觸及我的切身之痛。其實，這系列實驗讓我的思緒頓時回到一九八七年某天早晨，我家廚房的餐桌上。當時我爸爸正專心讀著《華爾街日報》，頭版上有一條黑線，直直往下墜——股市崩盤。後來每當我看到線條往下跌的圖表，無論是代表降雨量還是心跳速率，我都會瞬間想起那個黑色星期一，股市跌幅換算成現在相當於大跌五千點的那天。

我爸爸原本在華爾街上班，雖然他努力試著做過其他工作，但從此再也無法正常賺錢。短短幾年之間，我們家從在高爾夫球場旁邊擁有一棟氣派的紅磚屋，淪落到只能租城裡最廉價的集合住宅。我有一套珍藏的娃娃，臉部材質不是塑膠，而是用陶瓷做的，如今成了緬懷往日優渥生活的遺物。昨天我家的私人車道上停著賓士，衣櫥裡還掛著貂皮大衣，今天卻連衛生紙都要省著用。

爸爸原本想當建築師，想畫草圖線條，而非看著股市線圖一路往下。他一直有憂鬱的問題，他家族的許多人也有，所以他離開職場背後的原因，不光只是那個糟糕的交易日而已。但在我童稚的眼裡，他的心理健康狀況就如同崩盤的股市。

在我念初中時，他很突然地去世了；他在世的最後幾年，一直處於某種恍惚的狀態。他胖了很多，讓人很難想到他曾是足球隊的四分衛，高中時還是全校最快的飛毛腿——雖然那些讓他足以被大學招募的運動員基因沒有遺傳給我，很不公平地全都直接給了我妹妹。

爸爸儘管壯碩，腳踝卻很骨感，像水牛一樣。有一次在布洛克島（Block Island）

我的風箏被風吹走，爸爸追了過去。看到如此壯碩的男人居然能跑得那麼快，實在令人意外，他幾乎就像是在飛離我們，越來越遠。那大概是我們家最後一次的家庭旅遊了。

✕ ✕ ✕

母親的壓力也會以退卻的形式表現出來。人類學家羅伯．昆蘭（Robert Quinlan）選擇了一種特別令人心碎的標準來衡量這樣的情感退縮，那就是母親夜裡睡著後與嬰兒之間的距離。如果當地有很多會讓小孩喪命的疾病肆虐，媽媽可能會睡得離小孩比較遠；這種生理上的鴻溝，或許也是疏離的指標。

除了疾病，戰爭也會增加心理上的距離。有項針對長年住在加薩邊境、飽受砲火轟炸威脅的以色列媽媽所做的研究，結果蠻有意思：科學家發現她們腦部與社交互動和同理心相關的區域比較不活躍，而這兩者都和母育行為有關。實際上，任何從短期性演變成長期性的危機，都有可能助長這樣的退縮現象。如同我們先前看到的，媽媽們在地震和其他突如其來的天災當中表現相當出色；但我們可能會在災難的餘波之中變得對孩子比較疏離或漠然，尤其在需要漫長時間才能恢復秩序時。

在中國四川省發生八級地震的一年多過後，當地孕婦仍有異常嚴重的憂鬱問題。

日本福島核電廠發生爐心熔毀事故之後，許多沒有生理症狀的年輕媽媽還是出現嚴重的心理健康問題——事實上，另一項分析報告指出，除了被迫清理放射性廢料的工作人員之外，年輕媽媽的痛苦情緒比災區的其他人都要嚴重。難民營裡的媽媽大多很難正常哺乳；卡崔娜颶風侵襲後的幾個月內，精神遭受重大打擊的母親們在不習慣的混亂狀況下掙扎度日，嬰兒死亡率也隨之飆升。

許多創傷未經治療所遺留的影響，足以讓母親與孩子之間產生不健康的距離。而且創傷並不只發生在畢生罕見的重大自然災害中，或是遙遠的島嶼上。有非常多美國媽媽在日常生活中不斷經歷創傷，而且往往是隱性人口；如鄰里槍戰、性暴力、親人過世、家庭暴力或長期疏忽等，都是創傷來源。

「創傷來源可大可小，」麻薩諸塞大學醫學院（University of Massachusetts Medical School）的金素慧（Sohye Kim）表示，「不見得是遭遇戰爭或人身攻擊，可能會是沒有這麼衝擊的事情，像是重要他人的互動模式有不明顯但持續重複的情緒不穩行為，尤其是來自照顧者。」這個範圍除了自己的媽媽之外，還包含了很多對象。金素慧表示，女性在成年後可以透過治療、與至親深入對話或其他形式的自我省思來面對這些感受，處理痛苦的過往經歷。

不過，若是沒有經過這些反思，創傷會一直深埋心中。這些舊傷在女性生產時，可能會再次撕裂。由於留存在基因中的零碎歷史，逝者的面容會以奇異的方式在孩子身上再現，像是和曾祖母如出一轍的酒窩，或是多年未見的叔叔的下巴。

我到現在都還見得到爸爸看電視的樣子。他的雙眼，在沙發上的大女兒臉上閃閃發亮；而他的嘴巴——跟二女兒的一模一樣——正在搖椅上呵呵大笑。

埋藏數十年的童年創傷，可能會重塑媽媽的基因表現，改造她的腦部結構。金素慧和研究同仁找了數十位看似平凡無奇、能力正常的美國中產階級媽媽，透過 fMRI 掃描影像發現，心中深埋過往創傷的媽媽在看到自己小孩的照片時，杏仁核顯得和其他人不同。杏仁核是處理情緒及偵測相關環境線索的重要部位，金素慧表示：「杏仁核會發出訊號，提醒我們這個東西很重要，要注意。」母親看到小孩難過的表情時，杏仁核應該要立即有反應，這是媽媽的本能反應。「這非常重要，因為小孩在難過痛苦時最需要母親。」

但是，有過創傷的媽媽的腦部沒有出現反應。「那個腦部區域變得遲鈍了。」金素慧表示。

她認為，這種神經活動鈍化的情況是經過演進的自我保護機制，減少媽媽因痛苦回憶產生的情緒。「沒錯，以照顧者的敏感度來說，這種情況是有問題。但對於母親的生存很有幫助……這是非常驚人的適應機制。」

所以，這種現象是有作用的，即使需要付出代價。

⁂

我很幸運，我媽媽並沒有拋下我們。爸爸生病後，她在我們的世界崩壞前設法撐住了我們的生活。她當了七年的家庭主婦，對那時的我來說等同於一輩子，但她當下就去找了一份教職。大家都認為女人很適合當老師，因為她們喜歡和小孩相處——出於母性本能之類的。但只要聽過我媽在學校因大雪宣布停課時發出的歡呼，就會知道未必是這麼回事。雖然她對自己帶的六年級學生付出無數心血，但她在那些布告欄布置和介係詞練習之間找到的，是解決變動覓食問題的對策：極為穩定的工作時間和豐厚的津貼。

以我們的情況來說，老師的薪水不太能彌補所有的損失，所以我媽還兼職送報，每天凌晨四點起床，趁著別人的爸媽都還沒起床時把《紐約時報》丟在城裡各家的私人車道上。

她做的這一切，是出於對我和妹妹的愛，只是我們不太懂得感激。我們把她的付出當作理所當然，而我們對她的絕對信賴，很可能代表著我們在以往的人生中，一直深受父母疼愛。如今我長大成人，明白事情本有可能朝不同的方向發展，可能有不同的我們，可能有完全不一樣的結果。

當我們還住在那座磚造的大房子裡，但家境已經開始惡化時，某天半夜，我媽聽到樓下傳出一陣腳步聲，然後有人打了一個大噴嚏。那時，我們的華屋已經遭過一次小偷。她並沒有畏縮地躲在棉被裡，等警察來逮那位闖入家中的不速之客；相反地，某種我現在曉得是母性本能的東西主導了她的行動。只要有她在，誰也別想再傷害我們。

她大步走到樓梯的頂端。

「**給我滾出去！**」她不斷大吼，並且用空的洗衣籃猛敲樓梯扶手為自己助陣。

在你對可憐的小偷開始心生同情之前，先告訴你，那其實是我在夢遊。我的印象中只有警察手電筒蒼白的光暈，完全不記得更早之前的事情。

不過，母親的天性並不代表一切：我媽媽的社經背景和大學學歷也有很大的關係。一位貧困的媽媽通常無法拿出不是靠學貸修來的教師執照。而幾乎所有母性困境的危險因子，在貧窮媽媽的身上都變得風險更大。她們通常比較早生小孩（出於「此時不做更待何時」的生活策略，而這本身可能就是環境不穩定的原因之一）、剖腹產機率較高、哺乳率較低，而且更常接觸干擾內分泌的化學物質和其他汙染物——可能來自附近的垃圾掩埋地，或是飲食中大量出現的塑膠包裝食物。

貧窮母親比較有可能在童年時缺乏適當照顧，也更有可能帶有過去的創傷。這些媽媽容易產下體重較輕，且有相關健康問題的嬰兒。她們被判斷患有產後憂鬱症的機率是一般媽媽的兩倍。

就算只是住在過於擁擠的環境中，也會使媽媽們對孩子的反應靈敏度降低。光是蟑螂橫行這個環境因素（雖然蟑螂本身是優秀的母親），就能讓人類媽媽的憂鬱風險增為三倍。

再來，最糟糕的是，本身已經面臨長期壓力的低收入媽媽，對於各種突如其來、意料之外的壓力更沒有承受能力。她們往往被迫居住在環境惡劣而且已經抵押的房屋，或是土石流區的房子；在經濟突然崩壞時，她們的收入來源會首當其衝。這些媽媽是最沒有能力掌握明天會如何的族群。

所以，毫不意外地，貧窮和隨之而來的壓力會對媽媽的大腦造成不良影響——至少丹佛大學（University of Denver）學者金費雍（Pilyoung Kim）的研究結果顯示如此；她是研究貧窮對母性行為影響的專家。就如同內心深埋創傷的影響，貧窮媽媽的杏仁核也有異常活動；但不同於帶有創傷的中產階級媽媽，貧窮媽媽的杏仁核沒有鈍化，反而似乎**過度活躍**，當她們看到哭泣的嬰兒時，腦部掃描影像顯示杏仁核出現高於平均的反應，顯示壓力系統異於常態地激烈運作。

或許因小孩的悲傷產生過度刺激，是一種情緒上的檢傷分類。「如果我所處的環境不穩定或難以預測，也許我對哭泣等痛苦的跡象比笑容更注意是很合理的，這是一種保護小孩的方法。」金費雍這麼說道。

並不是所有貧困女性都會出現這些變化，而且貧窮媽媽和中產階級媽媽的腦部差別，也絕不是從前優生學家所認為的先天差異。事實剛好相反：這些生理上的不同，正是基本物質環境改變我們生理機制的例子，因為由此可以看出，貧困對於媽媽的身心都構成威脅。

「每個人都有壓力，」金費雍表示，「不是只有生活貧困的人才會有壓力。但是社經地位較高的人，比較不會同時遭遇多重壓力。在訪問貧窮媽媽時，我很難想像她們要怎麼應對照顧新生兒的壓力。」

綜觀所有考量，對於缺乏尿布成為擊潰某些美國媽媽理智的關鍵，或許就不會感到那麼驚訝了。

---

對於無法抑制或擺脫壓力來源的媽媽，還有一種衡量她們行為的觀點。與其說是

表現欠佳或缺乏敏銳度，或許這樣的母性行為是出於戰略，為的是讓後代準備好面對她們和孩子僅有的一手爛牌。母性科學對於理想母性行為的定義中，不時隱含對她們的批評，卻未必會將這種可能性考慮進去。

最有意思的例子，或許是壓力龐大的媽媽如何以不自覺但經過某種計算的方式「決定」要生男孩還是女孩。

**慢著**，你可能會說，**寶寶的性別不是由父親的精子決定嗎？我也上過高一生物好嗎！**確實，媽媽的卵子提供X染色體給胎兒，而爸爸游得最快的精子帶有X和Y染色體的機率大約各半。

但事情不光是如此，因為媽媽的身體大概會淘汰一半的受精卵。在這場隱形的篩選中，胎兒的性別似乎是其中一個考量；我們的身體對於男孩還是女孩比較安全的判斷，**取決於環境線索**。

根據某些演化生物學家的說法，當前景樂觀、媽媽沒有壓力、一切井然有序時，母體會比較適合孕育兒子。男孩體型較大、較脆弱、需要更多資源來孕育，但是（至少在太平盛世）只要以後長得健壯，就可以到處尋求對象、生育眾多孫輩，有演化上的優勢。

反過來說，如果媽媽處於動盪不安的環境，生女嬰會是比較聰明的選項，因為初期需要付出的身體資源和熱量較少。雖然女兒可能不會像風流才子傑可莫・卡薩諾瓦（Giacomo Casanova）或搖滾樂手米克・傑格（Mick Jagger）那樣兒女滿天下，但即使在生活艱難的環境，她們還是有可能生下幾個兒孫。

或許像我家這樣世代都生出女兒，不完全是出於巧合。這套演化密碼稱為崔弗斯－威勒德假說（Trivers-Willard hypothesis），目前仍有爭議，而且並非在所有媽媽身上都成立：很顯然，如果以個別女性為例，還是有許多承受壓力的媽媽生下男孩，也有很多生活無憂的媽媽生下女孩。畢竟，世界人口的男女比例仍是大約各占一半。

但若從規模較大的群體來看，就有強烈跡象表明這套假說仍有幾分道理。哥倫比亞大學近年研究兩百位壓力程度各不相同的新手媽媽，發現在身心最受煎熬的女性當中，有將近七成生的是女兒。哥大另一個研究團隊則分析美國近年出生的四千八百名嬰兒，發現已婚、教育程度較高的女性生下男嬰的比例較多。還有一些很有意思的證據顯示，環境特別優渥的女性（尤其是億萬富翁的太太們）生下的子嗣中，男性占了六成。這些模式的影響不只在於出生，還關乎孩子的未來，因為貧窮的父母會將較多資源投注在女兒身上，富裕的父母則會給予兒子較多資源；從我們購買小學書包花費的金額（貧窮家庭傾向花錢為女兒購買較精美的款式），到有錢人家的兒子往往比同樣有優勢的姊妹分得更多資源，都可見一斑。

當然，壓力是非常主觀的，而且人類往往會適應常態的壓力——所以科學家也很喜歡研究不同社會階層女性面臨的大大小小環境變化。比方說，在不景氣的時候，有些針對男孩／女孩的花費模式似乎也會改變；父母儘管手頭變緊，卻會在女兒身上投注更多，比以往花費更多金錢在女孩衣服等物品上。此外，在這種時期產下的男嬰經由剖腹產出生的比例較高，顯示可能有較多胎兒窘迫的案例。

男嬰也有可能根本無法出生。在九一一恐怖攻擊事件發生後，科學家注意到後來在曼哈頓出生的女嬰比例提高。最初，科學家認為罪魁禍首是瀰漫島上大多數地區的有毒粉塵，這也確實可能是導致較脆弱的男性胎兒遭到汰除的因素。

然而，男性胎兒夭折的情況一路蔓延到加州，連只有在電視上看到那些恐怖影像的媽媽都受到影響；壓力本身的毒性，就已經夠強了。或許是出於類似的原因，在二〇一五年巴黎恐怖攻擊帶來的哀痛之中，法國也出現一波女嬰高峰。深入分析顯示，相較於未能出世的男胎，在這些充滿壓力的時期順利誕生的男嬰，健康和認知測試的表現往往特別良好——彷彿他們具備抵擋批評和攻擊的條件。

根據研究顯示，即使是最不易察覺的壓力因素，例如生活在寄生蟲肆虐的地區、住處周圍有很多空氣汙染，或是在異常炎熱或寒冷的天氣懷孕，都有可能稍微降低女性生下男孩的機率。由此可見，就算只是不吃早餐，或許也可能降低生男孩的機率，因為這樣的舉動可能會給予身體錯誤的訊號，讓身體誤以為當地的資源正在減少，啟動古老的壓力機制——儘管妳其實只是不想再增加三十公斤的體重。

不過，更妙的還在後頭。有壓力的媽媽不僅會根據環境線索選擇胎兒性別，還會使盡渾身解數根據環境調整小孩的氣質。我在前面提過，不管再怎麼努力，我們也沒辦法改變孩子的個性，但我們可能會在無意之間、無意識地改變他們的本性，讓他們更適合在溫和或殘酷的世界中生存。

如我們前面看到的，在大鼠身上，這種小孩改造工程是在出生之後，透過實體接觸以及媽媽頻繁為寶寶「舔舐和理毛」達成。我們很自然地會覺得比較少被舔舐的大鼠寶寶有點可憐，牠們長大之後，可能不會像現代的理想母親典範那樣感性溫柔。不過，這些大鼠寶寶或許適應得更好，因為牠們的「戰鬥或逃跑」反應系統在基因表現上受到的改變，能讓牠們在充滿壓力的環境中生存。

對於哺乳動物來說，哺乳或許是媽媽暗中發揮影響力的另一種方法。靈長類母乳所含的營養和荷爾蒙成分各不相同，媽媽就像飲料調製員，可以根據環境信號調配出多種不同的組合，透過每三小時一次的母乳餵養影響小孩的成長模式和個性。

這稱為「哺乳程序化」（lactational programming）。透過母乳在孩子體內注入額外的壓力荷爾蒙（例如皮質醇），可能會讓新生兒變得「比較緊張和沒自信」，較能因應災變。以猴子來說，吸收較多皮質醇的幼猴成長快速，比起社交探索，牠們將成長「擺在第一位」，這或許是為了盡可能提高與不友善的同類交手時的勝算。

這套機制在人類身上的作用是否相同，目前仍未明朗。不過，有項人類研究顯示，孩子的氣質與母乳所含的壓力荷爾蒙有關。主導隱藏天賦實驗室（Hidden Talents Lab）的猶他大學（University of Utah）學者布魯斯·艾利斯（Bruce Ellis）和其他幾位科學家認為，適應壓力的小孩比較可能發展出容易在高風險地方生存的性情，包括容易發生小型混戰的鄰里街區。自覺處於艱困環境的媽媽，大腦可能會對孩子哭泣的聲音過度反應或反應不足，使得她表現得很嚴厲或疏離，乳房也可能會分泌充滿皮質醇的母乳；但這些現象，或許正是她給予孩子的最大母愛。

「這些媽媽的行為未必是錯誤的，」塔夫茨大學的伊莉莎白·伯恩斯這樣解釋，「那是在錯誤環境中的正確行為。」一位嬌生慣養的中產階級「嬌嬌女」媽媽，或許能以百般呵護孩子的媽媽腦高分通過每一項「回應性」考評，但這樣的為母之道在貧窮孩子的世界裡可能根本行不通。

艾蜜莉告訴我她長了一顆新的心臟之後，我也聽到其他媽媽打過類似的比喻：孩子是在妳體外爬行、學走、騎三輪車還有到處跑來跑去的第二顆心臟。當然，人生道路總是崎嶇不平。但如果在妳之外的世界到處都是地雷或性侵犯呢？難道妳不會盡一切可能，努力讓妳毫無防備的小心肝堅強起來？母親會依照自己的人生經歷塑造孩子，而孩子也會反過來塑造母親，鞏固這樣的回饋迴圈。

貧窮媽媽對於環境的反應或許不只是勉強過關，而是相當聰明的機制。

「如果沒有將情境考慮進去，討論所謂好的育兒方式或不好的育兒方式，其實都不合理。」艾利斯和研究同仁這樣寫道，「高付出和低付出的育兒策略都是帶有條件的；也就是說，不同策略是為了適應不同的社會與經濟條件。」

艾利斯提到了一個新的詞：「社會」。雖然在自然和人為的危險之下，外面的廣大世界無可置疑地影響著媽媽，但我們與周遭人類的關係，或許是所有母性力量的源頭。

這不是我從科學期刊或書上看來的，而是從親身經歷辛苦得到的體認。

第九章

# 沒有媽媽是孤島

## 那些毀滅媽媽的事

四寶在肚子裡的第一次踢踢很小力，卻很有衝擊性，彷彿我的子宮是孩子在鞋店拿到的某顆防爆氣球。每當我站起來或坐下時，就會擠出一個像老忠實間歇泉似的嗝。

這次懷孕目前一切正常。我現在才二十四週左右，但因為已經約好剖腹產手術，寶寶預定誕生的日子幾個月前就已經寫在月曆上頭；而且，身為手術常客的我不需要煩惱很多奇奇怪怪的事情，像是要怎麼把巨大的「生產球」滾進麵包車窄窄的後車廂。尤其我現在對母性本能已經有很多具體認識，應該有信心醫生會克盡職責，其他事情可以交給天性和荷爾蒙受體，只要等到新生的寶寶安穩地窩在我懷裡，一切就會重回軌道。

只不過，上一胎並非如此。

我懷第三個孩子時，正值我和老公的人生巔峰：我們的事業發展超乎預期地順利，而且做了一個出乎意料的決定，賣掉位於華盛頓特區的連棟住宅（儘管我們和兩個橫衝直撞的學齡前兒童使用空間感覺越來越小，房價卻奇蹟似地上漲），換成康乃狄克州偏遠郊區一座充滿田園風情的古老農莊，距離我小時候的家只有幾公里。那房子稱不上豪宅，因為我們是記者，不是金融家，但還算得上氣派——而且老實說，搬回大房子是我一輩子的目標，我想把所有可能的物質享受都給我的孩子，想讓所有曾目睹我家沒落的人都看看我怎麼養育她們。

事實上，我實在太想要這間房子了，即使驗屋員發現到處都有腐朽的柱子，領著我老公走過放肆生長、快要吞沒日光室的灌木叢形成的綠色隧道，他那一次次意味深長、看著我們欲言又止的目光也無法動搖我的決心。前任屋主們（想來應該**真的是**金融家）顯然在財務上逐漸陷於困窘，好幾處都有大自然登堂入室的跡象。但在我們眼裡，這樣好像很浪漫。

三寶是我們完美計畫的最高潮。當時我們還不知道，這個即將加入的新成員會成為我們家的第一個兒子。從科學角度來看，或許可以說我的身體對我們共享的環境和未來前景投下了信任票。

但是，在那次感覺不怎麼穩當的驗屋結束、談定交易的幾天後，就在我得意地展示還沒乾透的驗孕棒的那個早晨，老公在脖子上發現一個小小的紅色腫塊。

我們去了附近步行可達的急救護理中心，醫師診斷後認為「只是一個癤」。那腫塊很快就消失了，但隨之而來的症狀卻持續下去。接下來三個月，經過一波又一波的疼痛、失眠、靜默型心肌梗塞，還有十幾次的就醫和急診，還是沒有人知道他身上到底出了什麼問題。心血管科醫師、腸胃科醫師、神經科醫師和風濕病專科醫師全都束手無策。精神科醫師提出一些比較明確的想法，但開出來的藥並不見效。總是心情愉快、正面樂觀的老公——我們家的催眠曲歌手和腳趾甲修剪專家，那個從高中辯論對手變成終身伴侶的男人——在我眼前逐漸凋萎，體重掉了將近二十公斤，而且性情大改，變得焦慮徬徨、痛苦萬分，常鬱鬱落淚。

雖然懷孕婦女多半比較脆弱，但我的條件還算是相當有利。這不是我的第一胎，所以我的母性機制大致上都已經啟動。我在財務上暫且不虞匱乏（雖然隨著我們的「農場」開銷增加及老公的工作能力下降，資金一天天變少），受過高等教育，是經驗豐富的前臨時保母和親餵資優生，由深愛我的好媽媽撫養長大，健康狀況良好，還有兩個美麗的女兒。我婚姻美滿，以三十五歲的年紀來說，已經算是年長的媽媽。

不過，我也有一些可能造成周產期情緒障礙的潛在危險因子，像是基因中埋藏著眾多親戚的心理病史、童年時期有一些中度心理創傷（尤其是父親的早逝），還有每次都剖腹的生產模式。這次剖腹產可能也會有劇烈的產後痛和麻醉劑量不足的意外。

雖然在我懷兒子的時候還沒發表，但有研究結果顯示第三胎的誕生似乎預告著母親心理負擔會稍微增加，尤其是當新生的孩子與前兩胎性別不同時。而且無論如何，孕育男孩都會讓母親的憂鬱風險略為提高。

但是，最可能直接威脅母性行為的因素，並不在於我的大腦和身體。我所面臨的劇烈環境變動，不是地震、颱風或戰爭，也不是折磨人的貧窮；我的世界因為另一個人的巨變而天搖地動，而且還發生在我的「社會支持」上（這是正式術語）。

我生前兩胎的時候充滿了安全感，身邊有我信賴又具備類似經驗的多年好友，還有一聲令下就會毫不猶豫去幫我買 Ben & Jerry's 冰淇淋的老公。

但此時，在坐落於逐漸崩解的石崖上、埋著前人遺骨的新家裡，我感到無比孤單。

哺乳動物媽媽的母性行為會受到群體環境影響，有時甚至是由群體環境決定，而群體環境就是周遭的其他同類，尤其在演化過程中共同照顧需求越來越高的人類更是如此。社會支持不足與周產期憂鬱有著密切的關聯。

哥倫比亞大學的研究顯示，孕婦的支持系統強度是影響心理健康的主要因素之一，背後的原因很多。新手媽媽需要別人提供實際協助（像是好心鄰居放進妳空蕩蕩冰箱裡的香噴噴雞肉鹹派）、實用指導（例如我媽在我第一胎產前睿智地建議，只幫寶寶準備一件紗布衣是不夠的），還有在比較神祕的情感寄託方面，也會需要其他人。

最後這件肉麻兮兮的事情——姑且稱之為愛吧——是我們了解最少，但可能最重要的一項。親朋好友的支持對孕婦來說很有實質幫助，能夠在懷孕期間降低母體血壓並強化胎盤功能。有親友支持的產婦分娩過程會比較順利，剖腹產的比例也較低；產後的疲累感比較少，而且較有機會成功哺乳。

不過，社會支持對於養母來說也同樣重要，雖然她們並沒有實際生育，但身為母親的幸福感和母育能力，有一部分也建立在孩子來到家中之前周遭給予的鼓勵。

某種程度上，這些啦啦隊員是誰甚至沒有那麼重要。偶爾有外人收費探訪（例如護理人員）的孕婦，日後的母育表現往往比較好，虐待孩子的機率也比較低。有專業陪產員協助的女性，從初期就對寶寶「更有警覺性且更常回應」。

不過，可想而知，孕婦生命中的某些人還是有特別重要的作用，例如伴侶、父母和好友。

第三個孩子在肚裡踢我的時候，我前兩次懷孕倚賴的對象都不在身邊。首先，我的丈夫實質上消失了，雖然他就在眼前，在我們仍然空蕩蕩的老農莊裡遊蕩，但他在心理上和情感上是缺席的。或許我們選擇的生活負擔太大，給他帶來的壓力太重，終於讓他整個人垮下來，就像一塊被踩在腳底的樂高積木；或許是我以小孩名義編織的巨大夢想和貪婪要求讓他崩潰了；又或許，這一切完全不是我的問題，而是他體內某些看不見的基因問題突然發作。他像是被某種可怕的生理疾病吞噬了，或是被什麼奇異的混亂心境困擾——根據我自己的童年經驗，後者並不會比較好。

我站在家中一扇被封住的老舊窗戶前，透過波紋玻璃望著他的身影，試著不去想家族史常會一再重演。

大約在我們舉家北遷的一週前，我也一口氣告別了華盛頓特區的朋友圈，那些每週都會聚在一起喝咖啡或大吃巧克力碎片餅乾的戰友媽媽們。喔，我也在不久前辭掉長期以來為雜誌寫稿的工作，放棄了一起聊天吐苦水的好夥伴們，獨自在閣樓裡埋首寫書。

奇怪的是，迅速籠罩我的沮喪情緒，卻讓我想起喜劇《魔笛》（The Magic

*Flute*）中的一幕。我不是歌劇迷，但幾十年前，小學三年級的音樂老師在教室裡準備了一捲《魔笛》錄影帶，她不在的時候我們就可以看；顯然她很常不在，因為影片畫面深深烙印在我的記憶中。

一身黑藍色的夜之后在舞台上緩步向前，閃爍著星形亮片的拖尾裙襬垂在身後，流動著，蔓延著；三年級的我等了又等，才發現她的禮服裙襬其實是沒有止盡的，這個瘋狂女子就是午夜夜空的化身，她用貓一般尖利刺耳的嗓音竭力唱出駭人的德語：

噢，別發抖，我的愛子！
你純真聰穎、又誠摯；
你這樣的青年，最能安慰
母親心中的深深傷悲。

第三胎出生前後的幾個月，我在新家時而痛哭，時而暴怒，時而躺在床上茫然瞪著天花板；我忽然明白在兩個小女兒眼中——還有等到「我的愛子」醒著的時間變得夠久時——我看起來想必就是如此，像個會在中午現身的夜之皇后，但有如行屍走肉，身上閃閃發光的綴飾不是星辰，而是淚水。

這種個人的痛苦煎熬，不僅來自母親本身的經驗和生物化學機制，還源自於複雜變動的社交環境；以解剖老鼠頭部為主要基礎的科學研究，能夠衡量這樣的痛苦嗎？

其實，就連實驗室裡的大鼠媽媽，也對社會線索相當敏感；如果能在自己的姊妹身邊養育寶寶而不是獨自撫養，牠們會表現出更好的母性行為。

不過，為了更深入了解一位媽媽在混亂處境中的複雜心理，有些科學家轉而研究群居性幾乎和我們相當的另一種動物。

❈ ❈ ❈

我站在類人猿小路（Simian Lane）滿是沙土的盡頭處等待，身上穿著白色的實驗衣，腳上套著我家小孩的日間托育中心要訪客穿的那種拋棄式鞋套。

加州大學戴維斯分校國家靈長類動物研究中心（National Primate Research Center）的科學家艾琳．金納利（Erin Kinnally）打開車門，露出乾淨得可疑的車內空間，還有給她四歲小孩用、卻沒有半點餅乾屑的汽車安全座椅。

「應該看得出來我在妳來之前把車子清理過了，」她說，「上車吧！」

我們前往戶外區，那裡有模擬自然環境的普通獼猴圍場，每個圍場有多達一百五十隻獼猴，其中許多是母親和幼猴。

我們的車子緩慢行經十多個半畝大的猴欄，裡頭有獼猴寶寶在空中盪來盪去，彷彿有看不見的微風推送著牠們；其中一隻幼猴用以前消防員滑下鋼管的誇張動作從支撐桿溜下來，下方有成猴在爭吵、咂嘴和吠叫。

圍欄裡充滿了塑膠溜滑梯、蹺蹺板、其他回收利用的人類遊樂場設施，還有一些砍下來的樹幹，甚至有個結構像巨蛋穹頂的物體。許多猴子在天花板上吊掛著，就像真實版的連環猴（barrel of monkeys）玩具。

不過，根據金納利所言，這些具有高度社交性和智力的動物「也需要獨處」，所以每個欄區裡都有一些隱蔽的角落，能讓獼猴逃離群體中過於緊繃的壓力。「這點真的很適合作為人類的模型。」金納利表示。

「牠們的基因與我們相近，而且過著需要處處拿捏的社交生活。每個猴群都自成一個小世界，要了解牠們，就得考慮到猴群的成員個性、猴群組成、有多少衝突發生，還有位階高低。」獼猴有明確的階級劃分和啄食順序（pecking order），屬於所謂的「專制物種」（despotic species，這個詞讓我想到人類幼兒）。不過，猴群中的女王有可能一再更替，所以內部關係很複雜，而且會不斷變動。為了弄清楚猴群中令人眼花撩亂的群體關係，這裡的靈長類研究人員最近還請來三位統計物理學家協助。

所有社交關係上的失誤、摩擦和餘波，都影響著每一位母親的行為。

我們在其中一個圍場前停下車子，裡頭儼然是O.K.牧場（O.K. Corral[7]），一個以爭鬥衝突出名的地方。也因此，這裡是研究人員在一週數次的母性行為調查中最喜歡研究的區域，他們會將獼猴媽媽的一舉一動都記錄下來。

雖然我們與圍欄保持著三公尺的距離，但好幾隻獼猴一看到我們靠近就飛奔逃竄，只有一隻名叫塔比的老母猴緩緩走了過來。每隻獼猴媽媽除了有小名之外，研究人員還在牠們的胸前和大腿內側紋上五位數字的正式編號，並將身上局部的毛染成獨特的圖案，不過這些輔助識別的記號也可能在加州偶爾降雨時被洗掉。

我仔細端詳塔比有如小精靈般的耳朵和紅潤的臉頰（和牠的屁股顏色一模一樣），在牠的媽媽肚和杏仁形雙眼中尋找著我與牠的共通點。

金納利談到會影響靈長類媽媽的幾個因素，大部分也適用在我身上：年齡、生產次數、遺傳基因、母親的養育史、小孩的性別和其他特質、能否找到食物和棲身之處，還有各種環境因子。在野外，有些獼猴媽媽的行為甚至會因為樹冠的高度而異：獼猴家庭棲息的地方距離地面越遠，媽媽就越焦慮。

不過，社交化學的影響作用或許最為強烈。沒有母親陪伴成長的普通獼猴，容易有虐待自己小孩的傾向。而和自己媽媽一起生活的獼猴，往往較能勝任照顧孩子的工作，而且比較放鬆。

「有沒有祖母差別很大，」芝加哥大學的靈長類學者達里歐・梅斯崔皮耶里後來這樣告訴我，「祖母可以幫忙理毛和保護小孩，支援母親。牠們會關照小孩，而且警覺性高。猴子生活在相當危險的社會中，所以身邊有家人很重要。」

身邊有較多雌性親屬的母猴顯得更為放鬆，牠們會組成「玩伴團體」並讓小孩到更遠的地方活動，因為牠們有信心在麻煩出現時會得到母親、姊妹和表親們的支援。

在獼猴群中，位序（rank，在某些方面類似人類的社會階級）是以母系家族傳承。如果母猴所屬的家族地位較高，就能得到家族的庇蔭——庇蔭這個形容相當貼切，因為地位最高的獼猴媽媽可以在大熱天占據最涼爽的遮蔭處，下雨的時候也能在乾爽的地方休息。

金納利指出猴群中地位最高的母猴，牠名叫葡萄柚。這隻毛髮蓬亂、個性一如葡萄柚般酸澀的猴群女王，甩開攀在左大腿上的幼猴，大步走開。牠可以這樣大搖大擺，因為牠的後代是別人碰不得的，就和義大利黑手黨的小孩一樣，沒有誰膽敢動牠的孩子一根寒毛。

我們也看到另一隻地位較低的母猴，金納利一時想不起牠的名字，這點似乎也代表了什麼。這隻瘦巴巴的年輕母猴隨時注意著猴群中的衝突，而且通常會讓幼猴待在

7 譯註　位於美國亞利桑那州墓碑鎮（Tombstone）的景點，重現一八八一年發生在美國西部的著名槍戰場景。

身邊，不願意讓小孩跑太遠——社經地位較低的人類媽媽有時也會這樣，她們比較容易有分離焦慮，教養方式傾向專制權威。猴群中攻擊性極強的雄性首領「空手道仔」一昂首闊步地走過，尾巴彎成一個大大的問號，這隻母猴明顯僵住了。（公獼猴難以確認與幼猴的血緣關係，母猴是孩子唯一的照顧者。）

在陽光燦爛的加州生活，一般來說還算不錯——這裡的獼猴們不用面對原產地東南亞的季風雨，食物包含大量產地直送的農產品，還有當地商店鮑比達茲勒南瓜鋪（Bobby Dazzler's Pumpkin Patch）淘汰的萬聖節南瓜。

然而，在這個猴類樂園中，還是有獼猴會受到壓力，尤其是那些位序較低、社會支持系統薄弱的媽媽。這些母猴除了免疫系統較弱，還有其他明顯的特徵。梅斯崔皮耶里與其他專家研究了七十隻獼猴，結果顯示，相較於地位高的同類，位序最低的獼猴媽媽血液中的壓力荷爾蒙含量高達四倍。這些位於啄食順序末端的母猴，也可能會成為上層獼猴不堪的取樂對象。

「就跟在野外觀察時一樣，我們在這裡也看過不少讓人難受的事情，」金納利說道，「我曾經因此而哭，我看到一隻位序較高的亞成猴把某隻低層母猴的寶寶抓來『玩』了很久。」在這些「綁架」行為中，被抓的幼猴有時會被壓在地上毆打，而幼猴的母親無力阻止。當亞成猴出現這些激烈的玩鬧時，園區人員通常會介入處理。

位序低的母猴知道自己必須隨時保持警惕。幾項很有意思的研究顯示，當周圍有其他位序高的獼猴時，這些母猴很有可能會試圖阻止幼猴哭叫，以免引來不必要的注意和攻擊。

**嗚！嗚！**獼猴們叫著，一輛白色貨車開到籠外，發出尖銳刺耳的聲音。

對人工飼育的獼猴們來說，將某些成員帶去做研究測試或治療的實驗室車輛就是天敵。當失蹤的獼猴回歸猴群時，研究人員有時會在旁觀察後續的社會連鎖效應。

為了讓獼猴們分心，身穿白衣的研究人員灑出大把的葵花子，彷彿婚禮上灑的米。一心認為自己有權得到最多葵花子的葡萄柚，四肢著地大步走來，牠的幼猴無所畏懼地攀在胸前，好像裝在BabyBjörn嬰兒背帶裡般。牠的兩頰塞滿葵花子，頰囊脹得鼓鼓的。

不過在角落，幾乎誰也沒注意到——喔，還是有例外——研究人員趁著獼猴們吱吱尖叫時，放了一隻棕色的獼猴進來。

這隻回歸猴群的獼猴，很可能是誰的姊妹、母親或對手，牠可能會改變這些獼猴媽媽對外的聯盟關係，以及深藏體內的神經化學機制。

人類媽媽大約在兩千五百萬年前就從獼猴分化出來，一般來說，我們不會為了一條小黃瓜而在彼此身上塗抹糞便或弄出血淋淋的傷口。不過，作為社會壓力和社會支持的模型，獼猴們突顯了雌性網絡有其重要性，尤其是某個重要的雌性角色：母系的祖母。

就我們搬到康乃狄克州某座森林裡這個不妙的決定來說，外祖母是一線希望。我們的新家離我媽住的公寓只有幾公里，巧合的是，人類學家在偏遠村落的研究中記述母親和女兒的小屋距離，也差不多是這樣「步行一天的路程」。

這實在是好運，因為擁有優勢的年長媽媽們少數的不利條件之一，就是我們住得離父母很遠，而且父母在我們終於要有小孩時往往已經垂垂老矣。相較之下，貧窮女性往往住得離（年輕許多的）父母比較近，較有機會受到父母照應。在近親會照顧年輕媽媽的文化中，產後憂鬱症的案例似乎也較為少見。

當然，這一切並非全憑命運：我和老公的通盤計畫中，一直都有盤算找我媽幫忙照顧孫子們——這計畫不算經過我媽批准，她現在的人生應該是搭乘維京遊輪盡情玩樂的階段。（專欄作家大衛．貝瑞〔Dave Barry〕曾經寫到，這類詭計解釋了佛羅里達州為何存在。）不過最出乎意料的是，到頭來我媽其實是在照顧我。這就是為什麼冷到彷彿星星都在顫抖的那晚，她會陪著我在黑暗的夜空下照看羊舍裡的綿羊。

像這樣肩負重要作用的祖母，在其他哺乳動物中並不多見。大部分的哺乳動物媽媽在孩子成年後就會非常乾脆地拋棄牠們，對於多產的動物媽媽來說，這是理所當然的。草原犬鼠在小孩斷奶之後，就會斷然離開；棕熊媽媽一找到新男友就會拋下小熊；齧齒動物在孩子幾週大之後，就對牠們不理不睬。有篇關於天竺鼠長大成年的科學論文，標題相當令人難忘：你的媽媽不是你的媽媽（Mother Is Not like Mother）。

在與我們血緣最接近的靈長類表親（例如普通獼猴）當中，儘管群體中的雌性會與成年女兒保持友好而支持的關係，但就連最熱心幫忙的祖母也仍有繁殖能力，會在生命結束前持續生育，所以牠們最多也只能在成年女兒和需求更高的新生子女之間分配時間和心力。在狨猴等新世界猴當中，甚致發生過嫉妒心重的懷孕祖母將孫輩殺死的情形。

然而，對於人類媽媽來說，在各式各樣的生活方式和行蹤不定的男性伴侶當中，母系祖母都是我們的壁壘，是像左右手一樣可靠的核心支持系統。

「有些地方的父親做得比較多，有些地方比較少，但母系祖母在各地都差不多同樣肯幫忙。」加州大學洛杉磯分校（University of California, Los Angeles）的人類學家布魯克・沙爾扎（Brooke Scelza）表示：他研究過全球各地祖母的行為。

一世紀之前，有位知名的（男性）人類學家進入過著狩獵採集生活的澳洲提維人（Tiwi）部落，他對於停經婦女的存在感到非常困惑，認為這些女性是畸形產物，「可怕而惱人」，而且「令人作嘔」——顯然一點都不值得他去研究。（這種極度無禮的偏見，或許解釋了我那依然時尚的媽媽為什麼對祖母的英語稱呼置若罔聞，除非你用法語的奶奶叫她，或稱她為「性感女郎」才有反應。）

不過，現在有一大堆科學文獻在讚頌人類祖母。人類擁有停經這樣少見的特徵（好像只有虎鯨也會這樣），讓祖母們的存在變得相當有適應性。莎拉．布萊弗．赫迪在描述祖母的演化原理時這樣寫道：「考慮到她的身體逐漸衰老，她該從何時開始放棄繁衍，改為照顧女兒的後代呢？」（免責聲明：我在說服我媽接下臨時保母的新任務時，應該要把這個訊息再修飾一下。）這是人類女性為了永久延續基因演化出來的另一種聰明機制：卵子（和母乳）枯竭後，我們變得對自己的女兒格外有幫助，而且善於照顧非己出的孩子。生過很多小孩的年老女性，染色體末端的端粒甚至會變得特別長，顯示她們可能會老化得慢一點，讓她們能幫忙女兒久一點。

我們先前已經提到，童年早期的互動有可能影響基因表現，讓母親的育兒風格深植在人類家庭中。不過，媽媽自己的母親若捲起袖子來幫忙，也能在此刻帶來很大的不同。尤其和十幾歲毛毛躁躁的新手臨時保母比起來，母系祖母堪稱是媽媽的終極幫手。她們是媽媽的近親，而且自身的媽媽迴路（也稱為「母性記憶」〔maternal memory〕）已經組建完成，頂多需要整理複習一下；再加上她們擁有豐富實戰經驗，能夠擔當最需要技巧的育兒照顧工作，像是安撫和洗澡。

難怪從德國到衣索比亞鄉間，都有資料顯示參與育兒的祖母對嬰兒存活率的影響多於父親。針對芬蘭工業化前出生紀錄所做的最新研究顯示，如果母系祖母住在附近，且年齡介於還算硬朗的五十到七十五歲，幼兒的存活率可大幅提升百分之三十。在英國，女性的雙親不僅能增加她懷孕的機率，母系祖母更是普遍與孕期健康有關。有一項對兩百一十位婦女做的荷爾蒙調查發現，胎盤分泌的促皮質素釋放激素（corticotrophin-releasing hormone）濃度與家庭支持有關聯（家庭支持通常是來自女性自己的母親，而不是寶寶的父親）。這種荷爾蒙有如分娩開始的計時馬表，所以與母親關係緊密的女性在化學機制上比較能避免早產。

各地的產後習俗差異很大，不過祖母們幾乎都是不可或缺的要角。奈及利亞的祖母會將產後休養的女兒安置在感覺相當夢幻的「養肥屋」中；中國祖母會將豬腳和薑一起燉煮，大概是為了幫女兒補充骨質中流失的鈣質，印尼祖母則會煮出有助泌乳的特殊藥膳湯。至於我媽，她準備的是義大利麵和肉丸。

母系祖母缺席，會讓母親身邊出現很大的空缺。母親逝世對孕期中的媽媽是有害的壓力來源，尤其對懷有男胎（負擔會大一點）的女性來說更是如此。在一項對波多黎各孕婦所做的研究中，住在自己母親附近但關係不佳的準媽媽，在所有組別中的妊娠結果都是最差的。

當然，最需要祖母協助的媽媽，就是在童年早期遭受虐待或疏忽的女性，但她們也是最難得到這種支援的一群。

父系祖母確實也可以提供不少幫助。在我小時候，因為媽媽忙於工作，我爸的母親成了我生病時的照顧者，她會準備一大盤培根，跟我一起窩在沙發上看《價格猜猜猜》（*The Price Is Right*），自己一邊翻著最新的言情小說。我婆婆是很受我小孩喜愛的照顧者，她會跟孩子們一起用野花做押花，復活節時還會安排超好玩的找彩蛋活動。很多父系祖母與兒子家庭的關係不太密切，並非她們不願參與，而是因為媳婦刻意將她們排拒在外，這是無情的「鞏固家庭」行為的一環。

不過，高居荒野峭壁上、視野一望無際的人類學家和生物學家確實認為，父系祖母的異親育幼行為不是那麼關鍵。「當然，這並不是說妳不能和婆婆建立穩固的關係。」沙爾扎表示。父系祖母之所以可能「比較缺乏照顧動機」，有其演化上的原因。其中之一，當然又是父系血緣的不確定性：父系祖母無從確定與孫子的血緣關係，這或許解釋了她們為什麼對照顧小孩投入較少，對於孩子生存率影響也很小。

父系祖母與孫子母親健康的關聯也比較微弱：就算這個傲慢又討人厭的年輕女人

在生產時掛了，她的兒子還是可以找別人生小孩。（不過……實事求是地說，就算老婆活得好好的，他還是有可能這樣做。）某些可能破壞感恩節晚餐氣氛的研究發現，婆婆住得比自己媽媽近的女性，家庭人口可能會比較多，但整體健康狀況較差。一項對中國媽媽所做的研究則顯示，情感支持主要來自婆婆的母親，罹患產後憂鬱的機率是兩倍。

為了在妳我的婆婆聽聞這個充滿爭議的分支學科之前趕快轉變話題，我們來看看關於祖父的科學研究。演化心理學家哈拉德．A．歐伊勒（Harald A. Euler）指出，參與育兒的祖父在其他動物當中根本不存在，「例外的可能只有瓶鼻海豚。」而父系祖父的血緣關係更是加倍難以確認：他們不但無法肯定兒子是不是孫子的生父，甚至也無法確定自己是兒子的生父。

這些學術上的否定論調，使得真正有參與育兒的人類祖父對媽媽們來說格外珍貴。祖父們參與育兒的程度落差很大，不過人類學家認為，祖父們可以提供物質和情感上的支持，可能是小家庭潛在的「穩定力量」。

我自己的爸爸早在老公健康狀況崩盤的二十幾年前就已過世，但幸運的是，從我公公的住處到我們不快樂的新家大概只需要二十分鐘。在我們的生活變得支離破碎時，爺爺忙著修好農莊裡所有卡住的窗戶、用堅固的木條在懸崖邊築起防止孩子摔落的籬笆，還包辦了其他看似無望的工作。他忍受夜之后的次數應該比我可憐的媽媽少，但他出錢雇用我們負擔不起的鐘點保母。這位保母除了在清洗衣物上幫了大忙，更在某些非常寂寞的時刻擔任了更重要的角色：朋友。

⋈ ⋈ ⋈

事實證明，連雌吸血蝙蝠都有同性好友，牠們會分享反芻的血液大餐。當我遠離以前的好友們、獨自在憂鬱低潮的深谷時，我真的就只想要有人可以一起吃拉麵。

不過，在這麼簡單的渴望背後，隱藏著亙古以來的擇汰壓力。女性的友誼很可能是從儲備代理母親開始，考慮到養育人類小孩要投入的漫長時間和大量心力、需要同時照顧好幾個小孩、環境中的危險以及同住男性往往對育兒漫不經心，這是一種必要的總動員機制。其實，女同性戀可能就是源自於類似的機制，只是在演化的過程中將母親的友善之情改換成更深入的關係。

在自給自足型態的社會，基於很多原因，如果媽媽社交性較高，寶寶比較容易存活。某些文化中，朋友和鄰居會輪流共同哺育嬰兒，就像母狼和母獅一樣。現在波士頓大部分的新手媽媽或許不會輪流照顧彼此的寶寶，但有研究顯示她們平均每天會向其他較有經驗的媽媽尋求建議十次。而朋友穩固的情感支持，遠比任何幫助更加重要。有項針對四歲小孩的媽媽所做的研究發現，對社交關係滿意度越高的媽媽會展現「較理想的母性行為」。

可惜，我才剛離開姊妹淘的生活圈，而艾蜜莉和我妹妹都住在離我很遠的城市。成年後，每當我想要新朋友，就會在辦公室裡找適合的對象。這是很典型的策略：職場是許多年輕媽媽的社交中樞，有七成的媽媽在職場工作，其中四成是家裡的主要經濟來源；在一九六〇年代，這樣的媽媽只占百分之十一。

每位媽媽顯然在工作上都面臨某些困難。（我最喜歡的動物界案例是海豹媽媽，有些海豹媽媽在英勇的狩獵之旅中會長出藤壺。）不過，**外出工作**是否有助於年輕媽媽的心理健康已經變成一個異常微妙的問題，而且很容易變得政治化，職場交友機會只是其中一個面向。學者的看法是某些類型的工作對媽媽有害且充滿壓力，某些工作則能帶來人際關係上的回饋而對媽媽有益。有些職業媽媽過得很辛苦，但全職媽媽陷入憂鬱的可能性更高，尤其是住在人煙稀少的郊區時。（我現在明白原因了：我們那鄉間莊園廣達數公頃，萬聖節沒人上門來要過糖果，幾年下來也沒遇過任何鄰居。）

職場是另一個可以應用猴子典範的現代媽媽生活領域。還記得那些食物可能很多也可能很少的手推車嗎？不穩定的職業環境會毀滅哺乳動物媽媽，規律則可以讓我們過得安穩。在那些可以讓媽媽們自己安排工作行程、享有充足休假、採用彈性工時、躲開小孩——哎呀，怎麼會跑出這句來？——並且選擇性遠距工作的職場，我們可以同時獲得工作回報和社交的益處，而且無損於我們對家庭的照顧。但另一方面，輪班、季節性工作、工時不穩定等情況對媽媽來說傷害很大，所以那些（基於經濟考量，尤其是為了健康保險相關的原因）別無選擇、只能有什麼工作就做什麼的媽媽，恐怕就過得不太好。有研究發現媽媽產後不到一個月就返回鹽礦工作，與壓力和憂鬱程度增加有相關性，也不太令人意外。

產後不得不受命工作的負面影響遍及各種類型的職業婦女，包括律師（我認識的一位法務在產後幾天就被迫回去出庭）和外科住院醫師，這些行業的婦女約有四成在懷孕期間考慮過辭職。不過，低收入的單親媽媽因為出路最少，受到的衝擊也最大。根據死亡率來看，美國壓力最沉重的媽媽族群，是在年紀較長後成為單親媽媽、工作和時間安排選擇有限的女性。

反過來說，我的職業生活一直都相當愉快。雖然薪水並不是特別高，但身為記者，我在行動上享有「自由且有選擇權的感覺」；根據比利時的一項研究，這是職場媽媽達到心理健康理想狀態的其中一個重要因素。我的產假和育嬰假很長、上司不會緊迫盯人、有很多表現機會，還有古怪但有趣的同事們。有研究發現孕期長途通勤可能對孕婦造成危害（通勤時間超過九十分鐘與男胎出生率小幅下降呈正相關，或許是因為長途通勤容易連帶省略早餐），但我們住在華盛頓的時候，我可以悠悠哉哉地散步到公司（或者說是搖搖擺擺地走去公司，因為懷孕的關係）。而且，相信我，早餐是絕對少不了的：我每天都花很多時間在辦公室外的餡餅快餐車前排隊聊天。在做出搬去康乃狄克州這個不明智的決定前，最讓身為職場媽媽的我感到幻滅的事，就是突然得知辦公室的集乳室也要當穆斯林祈禱室使用。

人類的指揮鏈對於母親福祉的影響，就和猴群位序的影響一樣強大。「位居下屬對健康有負面影響，」威斯康辛國家靈長類研究中心（Wisconsin National Primate Research Center）的靈長類學家托尼·齊格勒（Toni Ziegler）說明，「假設妳在某個地方工作，又是辦公室裡位階最低的一個，毫無權力，講什麼話、給什麼意見都沒有人聽，一點成就感也沒有，因為大家都不把妳當一回事，這種情況就是慢性壓力。妳的身體可能會出現發炎反應，代謝激素也會分泌失調。」

但我的新陳代謝很正常，我的名字列在雜誌版權頁很上面的位置，職場上的大多數同事都讓我覺得自己表現還不錯，其中不少人和我是很要好的朋友。

如今，在康乃狄克州，那些同事都成了回憶。我的「辦公室」只是一張靠著骯髒牆面的廢餐桌。

當然，在我自己的媽媽難題中，階級和特權是一大關鍵，它們解釋了很多事情，從我對職場抱持的美好回憶、老公突然搬到大老遠的地方後還能保持工作收入，到家裡有個能馬上出錢幫我們請保母的爺爺。

但我自己在階級這方面有著特殊而複雜的經驗，不見得能發揮保護作用。這也解釋了為何當老公迷失在幽暗森林裡、家庭存款迅速減少時，那種童年巨變重演的感覺會讓我的媽媽腦受到嚴重干擾。

在你像顆石頭不斷下墜之前，很難體會到階級的力量。童年時我家的經濟崩潰，不只代表我的生日派對上再也沒有小馬可以騎，或是再也沒有能力去度假，而班上其他女生每年二月回來上課時都曬得一身古銅色，髮辮上繫著鮮豔的髮圈，有如會一直存續到腐爛為止的地位象徵。經濟崩潰代表的，也不只是得把賓士車賣掉，換成破爛到只剩下一邊後照鏡的 Honda Civic。我們家的許多人脈關係都變了：社交圈縮小，地位搖搖欲墜，老朋友不再打電話來，我和妹妹成了霸凌的好目標，遭受到鎮上其他小孩不會遇到的各種欺凌。

當你住在一個沒有真正窮人的地區（這類人早就被以一百萬種方式從鎮上排擠出

去），上層階級和中下階級確實感覺差異非常大。在我們鎮上，位居頂層的是企業副總裁和華爾街小富豪，底層則是校車司機和他們的子女；如今，這些孩子反倒會禮貌地來邀我去附近的涼亭一起抽菸。

我也很想說這個美好小鎮上的善良媽媽們明白我家的遭遇，所以對我很好，但整體來說並非如此。我很高又胖，生理期比別人來得都早；有些演化生物學家會告訴你，這是在不穩定環境下成長的生理徵象，但以我來說，可能只是基因的關係，因為整個家族都是高大健壯的女人。

我和妹妹小時候花了很多時間想讓我們家恢復榮光。我們翻找一袋又一袋的烤肉用木炭（因為聽說炭只要過了夠久就會變成鑽石），在我們想得到的所有地方挖掘罕見的恐龍骨頭，一心相信美國自然史博物館只要聽到我們挖出化石，就會用一大筆錢買下來。

後來我們意識到，拿到好成績或許比較容易。我在高中時並不是最聰明的學生，但我有非得達到目標不可的動機和決心，而且對各種壓力已經習以為常，不管是大學入學測驗，還是最緊張激烈的高中校際辯論帶來的壓力，對我來說都不算什麼。艾蜜莉的母親是中學最嚴格的合唱老師，使得她也和大家格格不入；所以她成為我的同伴，和我一起力圖翻身、扭轉命運。我們成功了：她進了麻省理工學院，我念了哈佛，很快就爬回優渥舒適的階級。

我搬回家鄉，是想讓我家的故事有不一樣的結局。我想像在新家修剪得整整齊齊的草坪上為女兒舉辦充滿歡笑的婚禮，還大致計算過，只要天氣好，游泳池旁可以容納幾百位賓客。

只不過，我這段令人捏把冷汗的重登上流之路，下場是那股有如自由落體的熟悉感覺。我困在越來越像全景飯店（Overlook Hotel[8]）淡季景象的屋子裡，被自己的野心、還有一直以來自認已經回到上層社會的認知給背棄了。階級或許是銘刻在生物體內的、一種像脈搏般持續跳動的資格感：即使我在家鄉的啄食順序降到最後面（我的擦傷和瘀青可以證明這點），心裡始終有個小公主的幽魂。如今，小公主的幽魂穿著從前那件兔毛外套，帶著我再次踏上榮華之路，結果是過分講究帶來的帳單在廚房檯面堆積如山！這是一種典型的自大行為。

有違常理的是，我的資格感最後卻成了補救的關鍵。

在人類當中，窮媽媽和富媽媽之間有很多可以量化的差異，從我們給孩子吃幾份大豆冰淇淋，到我們打了幾下屁股。不過，我是到終於決定聯絡醫生求助的那天，才體會到社會特權為什麼會是一位母親的最終王牌。

當時大概是我兒子出生的八週後，他正在樓下應急保母的懷中安睡。我的女兒們在看第一百萬次的迪士尼《冰雪奇緣》，兩張小臉蛋都快貼到電視上了；自從老公突然生病之後，我們已經完全棄守不給小孩看電視的原則。

夜之后在自己的房間裡，凝視著有裂痕的天花板，眼淚一滴滴從眼角滑落。當時我還沒有細想過這些麻木感在古老的演化過程中可能代表的意義，我也絲毫不在乎這些感覺是為了讓我做好能抱著孩子衝出大火現場的準備，還是讓我能把他們用樹皮包起來丟到附近的河裡。我沒注意過自己是不是改成把寶寶抱在右側，或者他的哭聲是不是突然沒那麼明顯了。也許我體內的催產素分泌供不應求；也許我的伏隔核和以前不一樣了。但此時此刻，我一點都不在乎我疼痛又混亂的媽媽腦在科學家的掃瞄儀器裡是什麼樣子、哪些神經化學物質分泌不足，或者這種情況是哪個劣質基因害的。

我只想要停止這一切。

這通電話我已經拖延了好幾個星期，我覺得為了憂鬱情緒聯絡婦產科診所求助是萬不得已的最後一步。我這個人向來對療程嗤之以鼻，要跨出這一步並不容易，於是我一延再延。那天下午終於拿起電話時，我滿心認為當天就會被叫去，得到一些同情的話語或藥物，還有如同《冰雪奇緣》中的溫暖擁抱——最好三者皆有。

---

8 譯註　美國作家史蒂芬・金（Stephen Edwin King）恐怖小說《鬼店》（*The Shining*）當中的鬧鬼飯店。

總機人員幫我留言轉達。大概一個小時後，有位感覺不太耐煩的醫生回電給我。這並不是先前說我會很愛兒子，並為我兒子接生的那位親切醫生。（「喔，我愛他的小臉蛋！」我還在麻醉不足的慘叫聲中聽到她勝利的歡呼。）我曾在每月例行產檢時遇過這位醫生一次，但他不記得我，似乎也沒看過我的資料，而我哭得太厲害，沒辦法好好談話，也沒辦法表現出其他細微特徵。

我住在華盛頓特區時去的婦產科診所，客群顯然是以都市的職業婦女為主，但這家位於康乃狄克州某個小城的醫院，求診患者涵蓋各種收入層級和社會背景。這位醫生沒辦法從匆匆掃過的書面資料中看出（假設他真的有看資料）我是個經濟寬裕、受過高等教育、不容許隨便應付的白人女性，而且（至少當時）住在某個富裕城鎮優質街區的大房子裡（雖然幾乎快荒廢了）。在那個當下，我只是電話裡一個悲傷呢喃的聲音。我可能是美國任何一個媽媽。

他聽我說完自己的情況，然後冷淡地說：「妳以前也有憂鬱的問題，對吧？」不是「妳覺得憂鬱嗎？」也不是「妳以前有憂鬱的情形嗎？」，在我聽來，那是個直接的指控。

事實上，我以前沒有憂鬱的問題。當然，我向來有點容易緊張，可以說是會因為壓力變得有點神經質，樂觀爽朗大概不是我的個性。但我見識過真正的憂鬱症，我了解那是什麼以及會有什麼影響，我知道自己到目前為止從來沒有像那樣過。如果他有看我的資料，就會知道上面沒有任何內容會讓人覺得我曾有憂鬱問題。

不過，所謂的「以前」到底是指什麼？即使九個月前我的生活都還很精采，我還是很難回憶起當時是什麼情形，甚至想不起任何在昨晚半夜三點痛苦起床餵奶前發生的事情。我這輩子真的快樂過嗎？我突然想起十六年前念大學時，某篇特別棘手的英文論文交期將至，我不適到被迫去學校醫院躺了一個下午，醫生沒有開藥給我或做其他治療，只講了一些鼓勵的話。那算不算是憂鬱問題？

「可能有吧。」我邊抽泣邊回答。

顯然這就是那位醫生需要的，因為我的答案某種程度上代表著「不是他的問題」。他不假思索，念出附近城裡某位諮商師的電話號碼，便掛了電話。那間診所後來再也沒有聯絡我。

終於讓心情平復到可以打那支電話號碼時，我才從總機語音得知，預約第一次面談要等上兩個月。

兩個月不管怎麼看都是很長的時間，尤其對於八週前剛生完小孩、每個夜晚都有如一百萬年的人來說，兩個月根本就是永恆。處在這種情況下的母親，可能會拋棄家庭，也可能會自殺。許多國家甚至不曾追蹤母親自殺的數據，從這點可以看出現代社會有多忽視母親。不過，在快速高齡化、近年初產媽媽人數少得可怕的日本，有研究發現某一年死亡的孕婦和新手媽媽當中，大約三成是自殺。

我覺得自己不可能會去考慮那些行為，更不用說真的去做。但話說回來，哪個媽媽想得到自己會如此？

就是在這個時候，地位的重大意義突然變得清晰。如果特權會讓上層階級的人在內心認為自己得天獨厚，並且為自己沒得到的事物感到憤慨，那當時的我便是如此。我的內心浮現一個露出利齒、毛髮怒張的形影——就稱之為我心中的葡萄柚吧。我和我的孩子有麻煩，這個男人居然敢隨便應付我？在我的世界裡，雖然當時感覺一片黑暗，但醫生可是隨處皆有。我有很多親朋好友、甚至是一起瞌過大麻的大學室友，如今在當各種科別的醫生；而我賴以維生的工作就是訪問知名的科學家。這個傢伙不曉得自己面對的是什麼人。從我的喉嚨深處爆出一陣有如怪獸卡車車隊集結發出的低沉怒吼。如果手邊有洗衣籃，我一定會拿來砸；如果眼前有熊，我一定會拿球棒揮向牠。但這個威脅，還有我自然產生的母性反應，比倒楣的入侵者或灰熊都要抽象得多。這涉及我在與另一個人類的關係中所擁有的社會地位、這個醫生的權力與我的權力，以及他對我現況的看法與我自己的看法。我不會接受他對我的看法，也不相信我的選擇像他提供的這麼有限。

一怒之下，我打給人在明尼蘇達州的艾蜜莉，她絕對會理我（女性支持，打勾），而且她現在已經是內科醫生（哈囉，特權）。艾蜜莉有人脈可以幫忙，她介紹我找她的一位老朋友，對方是這個地區最高明的全科醫生，雖說他原本是不接新病患的。我當時沒辦法正常思考，所以完全沒想到別科醫生也可以處理常見的產科疾病。現在艾蜜莉要我打給這位醫生，我就照做了。

隔天下午，兩個裝著橘色藥丸的小瓶子已經放在我的包包裡，不時發出令人安心的輕響，我也約好了幾週後的回診。就像我小孩常說的，輕輕鬆鬆，乾淨溜溜。

但事實上，我覺得藥物本身化學成分給我的幫助，還不如它們帶給我的那種重拾主控權的感覺。我只吃了幾次藥；四年過後，這兩個藥瓶並沒有再被裝滿，而且仍然在我的包包裡，像護身符一樣。我依然記得第一次打的那通簡短電話所帶來的無助感，也很艱難地意識到，當時本有可能演變成截然不同的結果。

當時的我處於媽媽模式，我只在乎怎麼拯救自己和我的小孩。如今，懷著第四胎的我每次去做每月例行的產檢，都會坐在候診室裡回想那通電話，並在這間（當然不是先前那間）病患背景同樣多元的婦產科診所裡，偷偷觀察其他帶著小孩、來自各行各業的女性；我們的共通點就是都要一直拉緊孕婦牛仔褲的褲頭鬆緊帶，因為不管哪個牌子都鬆垮垮的。我不再那麼納悶為何那些最弱勢的女性往往無法受到產後憂鬱症的治療（儘管她們罹患憂鬱的比例更高），為何她們普遍少有機會獲得醫療資源，大多是仰賴家人的支持而不是醫生。

以前我認為，世界上有各式各樣的女人，她們自然會成為各式各樣的媽媽。現在我明白，任何一個女性，都有可能成為不同樣貌的媽媽，端視整體環境、支持系統和資源的有無，連陌生人的同理和尊重也有很大的影響。

我自己就有好幾種媽媽的樣貌。

然而，我不想假裝只要吞幾顆藥丸（其中一種藥有個令人難過的別稱：主婦海洛因）、把一切交給保母、跟我媽出門晃晃，就能跨過母親心中的黑暗面。

一切還是跟我老公有關。

本書對爸爸們的描述好像都不怎麼正面，一下說他們提供了胎盤就準備隨時開溜，一下說他們在大難來臨時會拋妻棄子；這些都是純粹的科學論述。

但是，以人類這種社交性最強的生物來說，實際情況比理論複雜一點。獼猴媽媽可能不知道或不在意孩子的父親是誰，對牠發生什麼事情也毫不在乎——但我當然在乎。

對於大多數的哺乳動物，母性本能凌駕於其他類型的愛情之上。「在動物身上，我們會看到牠們有一種依附關係。」研究配偶連結的加州大學戴維斯分校學者凱倫・貝爾斯（Karen Bales）表示，這種依附關係的對象主要是幼獸。「但是人類可以和很多人維持非常穩固、限定對象的關係，而且這些對象為我們做的事並不相同。人類的腦容量比較大，或許這就是為什麼我們的認知能力特別強，而且能感知情感。」

我先前提過一個很有說服力的理論，就是母性本能是人類愛情依附的主要關鍵。哺乳動物的配偶連結雖然很罕見（僅見於不到百分之五的物種），但或許是一種快速啟動更古老的母性迴路的機制。母嬰連結和愛戀連結都圍繞著同樣的身體器官：或許神經迴路回收理論可以解釋一些現象，例如男性對於乳房這個應該只會吸引嬰兒的器官為什麼特別迷戀。有些與母性相關的神經化學物質（例如催產素），似乎也會讓女性對某個高瘦蓄鬍、顯然不是她小孩的成年男人產生情感連結。

我是個有配偶連結的人。我和老公基本上已經用團隊的形式一起工作十年，並曾在一個遠離雙方父母、沒有任何家族後援的城市共同養育女兒，這種人類的本能偏好在我身上可能因而更為強烈。

在產房裡陪我生產的，不是什麼接生婆，甚至也不是我媽，而是徹夜守在身旁的老公。他也在很多看不到的地方幫了我，讓我逐漸擺脫童年時家中巨變帶來的恐懼和不信任感，克服那些在我當媽之後可能沒有好處的情緒，不讓它們在杏仁核或是哪個腦部區域悶燒。經歷戀愛、婚姻、各種衝動和其後經常感到自己能力不足的育兒大冒險，彼此相伴對我來說就是一種歲月靜好。我深愛他，不曾想過他會離我而去。

先前我們談到，爸爸們就算待在小孩身邊，對於小孩的存活率也沒什麼影響——雖然我個人不太認同這項發現，因為我老公就曾經從二女兒的喉嚨裡弄出一枚一美分硬幣。就給予媽媽的社會支持來說，爸爸們**絕對**不亞於母系祖母。

對於代間傳遞的虐兒行為，也就是不良母育模式從母親傳承到女兒的情況，充滿關愛的配偶是少數能夠打破這種有害循環的因素之一。有伴侶給予支持的媽媽們通常比較沒有壓力、敏感度較高，而且比較快樂。她們在災難過後的情況會比較好：有幾項關於震災倖存者的研究顯示，「婚姻關係可發揮正常功能」的媽媽在每次地震之後，心理狀態都比較穩定。在日常生活中也一樣，伴侶表達一點關心愛護之意，有助減少產後婦女的低潮情緒。有一項針對瑞典育嬰假新政策做的研究發現，爸爸們休假在家育兒的時間延長三十天後，醫生開給新手媽媽的抗焦慮藥物減少了百分之二十六。

另一方面，爸爸的缺席，與早產、母體貧血、高血壓和憂鬱有關——尤其是對於並非自願單親的女性。

這種負面的連帶反應，既有情感面的因素，也有現實面的因素，因為單親媽媽往往需要處理更多家務雜事、與小孩相處的時間較少、經濟壓力更大、晉升管道限縮，而且社交關係大幅減少（沒錯，婆婆們還是有派上用場的時候）。

同樣地，爸爸選擇留在家人身邊還是一去不回，背後的原因涉及很多變數，不僅包括廣泛的文化習俗和期望，也與個人受到的影響息息相關，像是他與自己父親的關係。

以往，人們普遍認為若第一胎是兒子，父親比較可能會長期參與育兒——這是很常見的認知吧？

有意思的是，有些社會科學家現在認為，女性若**原本**就擁有健康的支持關係，生兒子的機率會稍微高一些；所以男嬰是顯示父母關係品質較好、壓力較低的指標，而不是促使爸爸留下的誘因。

另一方面，在對父親做的研究當中還是有些令人不安的結果，顯示男性確實會根據小孩的外貌調整自己對孩子母親的行為。具體來說，就如同讀者可能已經猜到的，是根據小孩長得和自己有多像。有一項對紐約州阿第倫達克（Adirondack）地區虐兒爸爸所做的研究，結果顯示小孩長得越不像父親，父親在家庭爭吵中對小孩母親出手就越重，下手輕重的評估依據是母親身上的瘀青、骨折和她們動的手術。

無論傷害是在生理上還是心理上，學者們都認為，有虐待傾向的伴侶對母親的後續影響比沒有伴侶還糟。

加州大學戴維斯分校的莉亞・希貝爾（Leah Hibel）最近找來多對小孩月齡六個月的父母，請他們在實驗室裡互動十分鐘；其中，分配到「衝突組」的夫妻要討論相當尖銳的關係議題，另一組的夫妻則是閒聊比較輕鬆愉快的話題。

「有些人會真的吵起來，批評對方和爭論。」希貝爾描述當時的情形。結束後，母親陪著嬰兒疊塑膠環和玩玩具，科學家則從旁觀察。根據媽媽和小孩在這些互動前後測得的皮質醇數值，可以看出父母衝突的壓力可能會影響母親與小孩互動的方式。

不過希貝爾特別在意的是，媽媽的荷爾蒙分泌和行為並不是受到被分配的討論組別影響，而是與夫妻平時的溝通方式有關。有些分配到「衝突組」的夫妻，出現相當親密而有支持性的對話；有些「支持組」的夫妻反倒互相指責，事後與孩子相處時比較可能不投入。婚姻中的互動模式是如此根深蒂固，難以藉由實驗操縱。

就和工作一樣，「伴侶可以提供支持，**也可以**帶來壓力，」希貝爾說明，「有伴侶未必一定是好事。如果伴侶間的親密關係有問題，親職關係也一定會有問題。」不健康的伴侶關係往往會讓母親的行為惡化；根據另一間研究室所做的研究顯示，自認「夫妻之愛」處於低潮的媽媽，在與兩歲大的小孩相處時溝通方式變化較少。

儘管婚姻狀態仍是母育品質的預測因素之一，但掌握自己命運、**選擇**（又是這個詞）成為單親媽媽的女性，狀況可能並不遜於那些在婚姻中感到痛苦煩惱多過支持的媽媽，甚至還能過得更好。

⁂

不過，我的狀況並不是出於**我自己**的選擇。老公是我的情感支柱，而且——雖然承認這點讓我很難受，但自從生小孩之後，他也是我經濟上的靠山。我由喪偶的母親撫養長大，非常了解父親在生命中缺席的影響。雖然我和病得形銷骨立的丈夫此時因為毫無方向經常爭吵，但我不想和他離婚，也不想看著他死去或消失，只是我開始覺得那或許真的會發生。

對於當單親媽媽是「好」還是「壞」，人們往往自有定見，但非自願成為單親媽媽的女性在生物學上的變化，可說是科學界的盲點。

「令人驚訝的是，」德國雷根斯堡大學（University of Regensburg）的神經科學家奧利佛．博西（Oliver Bosch）寫道，「關於女性與伴侶仳離後的情緒變化，我們幾乎沒有任何神經生物學方面的研究資料。」

對於博西稱為「離棄母親」（maternal abandonment）的這種情況，我們很難研究相關的神經化學變化，主要是因為像人類這樣的固定伴侶制在動物界極為少見，尤其是在向來被當成最佳實驗模型的齧齒動物中更是罕有，牠們通常是見一個愛一個、玩完就走。

但博西研究的草原田鼠是少數由雙親一起養育後代的齧齒動物，草原田鼠爸爸會和幼鼠依偎在一起、為牠們清潔舔毛，也會在巢穴附近閒晃。（雖然聽起來很可愛，但博西表示，這些田鼠是實驗室裡的「小怪獸」，他們甚至得戴上用克維拉纖維〔Kevlar〕做的防彈手套才能處理這些小毛球。）這種生性好鬥的花園小害獸，從開始求偶時就和其他實驗用的齧齒動物大不相同；母草原田鼠只會在遇到第一個性伴侶時排卵，這個伴侶通常就是牠的終身配偶。

數十年來，科學家們（說起來多半是男性）關注的，一直都是這些格外盡心盡力的草原田鼠爸爸體內有什麼樣的神經化學機制。不過，博西對於草原田鼠媽媽也感到很好奇。如果少了終身伴侶，牠們會怎麼樣育兒？

他的研究團隊做了所有必要的前置作業：將處女草原田鼠與公田鼠一起放在籠子裡，讓每對毛茸茸的佳偶度過耳鬢廝磨的十八天——對齧齒動物來說，這樣就算是廝守終身了。

然後，就在第一窩寶寶快要出生時，研究人員像戴著克維拉纖維手套的神一樣，將每個籠子裡的公田鼠抓出來帶走。

讓博西驚奇的是，田鼠媽媽們生下孩子後一切正常，對寶寶的照顧幾乎沒有什麼不同。幼鼠們吃得飽飽、睡得暖暖，最重要的是全都活得好好的。

不過，當研究團隊讓田鼠媽媽進行一系列的標準壓力測試時，發現牠們變得明顯不同。面對毫無掩蔽的迷宮通道，牠們一反常態，沒有積極探險，而是畏縮不前。博西也小心翼翼地將每隻田鼠媽媽都放進裝水的燒杯裡——這不是什麼殘忍的行為，因為健康的田鼠是游泳健將。但是被伴侶離棄的母田鼠在這個「強迫游泳測試」中，幾乎不會游泳。牠們只是浮在水裡，連嘗試游一下都很少，幾乎就像是喪失了生存意志。

這些實驗帶給博西兩個領悟。一方面，他對於單親田鼠媽媽的韌性感到驚訝不已。

「我親眼看到這些田鼠媽媽的大腦有多強韌，實在很不可思議，這股動力促使牠們無論如何都要照顧好小孩。我認為人類基本上也是如此。」博西說道，「田鼠媽媽雖然面對必須獨自育兒的情況，仍是稱職的母親。」

但他的第二個領悟，是看見媽媽在奮鬥之餘，心中其實極度脆弱。他認為實驗室裡的田鼠媽媽們展現出來的是「轉變後的情緒性」——類似人類的憂鬱。

在每三隻田鼠媽媽就有一隻喪偶的野外環境中，他的見解可能是成立的。（有人形容田鼠爸爸有如「草原上的洋芋片」，是非常熱門的獵物。）失去伴侶的母田鼠大多不會另結配偶，但常會繼續和萍水相逢的公田鼠交配，生養幼鼠。

至少博西的實驗對象不是平白喪偶：他的研究團隊最後成功為某些母田鼠進行逆

向工程，透過化學機制封鎖腦部的特定受體，「挽救」田鼠媽媽憂鬱到只會漂浮在水中的行為和其他症狀。他相信，只要了解情緒低落的田鼠媽媽在生物學上有什麼特性，就可以為需要藥物的人類媽媽找出一盞明燈。

但就我的情況來說，救了我的主要是老公逐漸康復。原來他是得了一種猛烈但鮮為人知的細菌性疾病，最初的腫塊是被感染細菌的硬蜱叮咬所致。罪魁禍首不是基因缺陷，也不是因為發現我們的新家蓋在美洲原住民墓地上這件有點毛的事，而是不知不覺間對他產生壓力的環境壓力因子，也許是在那次暈頭轉向的驗屋時就開始了。歷經好幾個月的治療和令人洩氣的反覆試驗，他開始慢慢康復，我也漸漸好轉起來。

然而，我們對鄉間生活的夢想破滅了。我曾經想像，一棟經過裝潢翻新的鄉間住宅會是孩子們成長的堡壘。我們最終賣掉農莊，搬到附近某座小城裡一間有小後院的房子，離我們各自的媽媽和他爸爸的住處仍然很近。我們認識鄰居，每到萬聖節總有一堆孩子上門來要糖果，轉角有間拉麵店。

外在形勢確實可以造就或毀滅母親，但身邊的人更為重要。母親是孩子最真實的堡壘，但她無法孤軍奮戰。

第十章

# 母親之鄉

## 周圍的人如何塑造（及構成）母親

我躺在紐約市某間醫院的房間裡，窗外是哈德遜河景，房內掛著喬治亞・歐姬芙（Georgia O'Keeffe）的《黑色與紫色的牽牛花》（*Black and Purple Petunias*）典雅海報，我感到十分滿意。

一部分是因為，第四胎來到第三孕期的我，已經懂得事先勘查周圍所有的洗手間，還鎖定了轉角那家奇波雷（Chipotle）燒烤店，想好午餐時要點份熱量幾千大卡的大餐。不過我會這麼高興，最主要還是因為在生最後一胎前找到了大腹便便的我可以參與的科學實驗，而且不需要聽恐怖的嬰兒哭聲或是讓自己困在一堆培樂多黏土裡。

哥倫比亞大學周產期路徑研究室（Perinatal Pathways Lab）在網路上提供的實驗內容說明，是要我使用「香氛乳液」。

面帶微笑的年輕研究助理幫我躺上檢查台時，偶然提到她在某間大鼠實驗室裡經常操作電擊。當下我確實產生一絲懷疑：據說來這裡可以得到免費按摩，還有一些紓壓的冥想技巧，這種實驗未免也太棒了，會不會是假的？

還好，一切步驟都蠻像ＳＰＡ按摩的。研究人員打開兩根裝著香氛的圓管，讓我分別仔細地聞了一下，就像那種有閒情逸致品鑑香水的女性。其中一根圓管聞起來帶有乳香和麝香味，我選了另一根有花香和柑橘味的。

接著，我掀起孕婦裝，讓他們貼上監測心率的管線，並在肚子塗抹超音波傳導凝膠，裝上胎心音監視器。有個迷你的血壓計壓脈帶緊緊圈住我的食指，就像我的小孩有時不是跟我牽手，而是握住我的食指那樣。

「別擔心，妳不用發出『唵』什麼的。」研究助理說道，或許是察覺我並不是很擅長放鬆。

她消失在一面有窗戶的牆後。

「請打開香氛瓶，」冥想開始時，有個預先錄好的女性聲音輕聲說道，「將香氛放在鼻子前面晃一晃，仔細聞它的味道。」我聽話地仔細嗅聞圓管裡那不知道是玫瑰花還是什麼花的香氣。「把香氛放在旁邊。」放好了。「輕輕閉上眼睛。感受一下呼吸時的動作，還有身體的感覺……」

我盡力照做，讓胸口放鬆、想像自己的大腿「融化」、讓緊繃感從雙手飄走、注意肋骨的起伏，還要一邊試著忽略窗外傳來的警笛聲。

「把注意力集中在腹部，」錄音喃喃低語。「請繼續平靜地呼吸，一邊輕柔地觸碰肚子。」這時我明白了，不會有受過訓練的女按摩師跳出來，這場按摩得要自己來。我的手在像山一樣隆起的腹部亂摸，被超音波傳導凝膠弄得黏黏的。

「我們的練習到此結束，」經過大概七分鐘的深呼吸和揉摸，錄音這麼說道，現在聲音聽起來有點嚴厲。「請記得明天再聽一次。」

在玻璃牆後，我尚未出世的女兒和我自己的生理數據（包括我的子宮收縮次數和我們倆的心率）已轉為彩色圖表，顯示在好幾台電腦的螢幕上。如果我不只是來體驗一次按摩，而是這個實驗正式的受試者，研究人員還要收集我的血液、唾液和頭髮樣本，進行荷爾蒙分析。分娩時，他們會取得胎盤，仔細檢查其中的表觀遺傳記號。

這些科學家想了解的是，簡易的自助冥想是否有助於改變母性行為？首席研究員凱瑟琳・蒙克（Catherine Monk）把這種媽媽療法稱為「輕撫觸」（light touch），成本便宜、難度低，而且很容易推廣給媽媽族。實驗中那些異國風情的香氛，原來只是超市常見的嬰兒乳液。

但就算這套紓壓技巧最後證明有用，真的能在按摩身體之餘影響基因，蒙克也還沒辦法完全了解背後的原理。可能是準媽媽在冥想時聞到乳液的特殊香味就會放鬆（實驗要求我們每天都要大量塗抹），可能是肚裡的寶寶學到如何放鬆（畢竟嗅覺是在子宮裡第一個發育的感官），讓日後的母嬰相處更順利愉快；也說不定，真正發揮作用的是每次去醫院時和年輕友善的研究人員閒聊獲得的社會支持。

不過，這種干預方法也很可能無效。

近年來，研究人員嘗試了各種有創意的媽媽療法，從捏陶到柔軟心瑜珈（dru yoga）都試過；有人給媽媽們服用番紅花和益生菌，有人日夜打電話、發電子郵件和簡訊來給予支持，有人在我們旁邊彈奏豎琴，還有人讓我們多曬曬「晨光」。

大多數的干預方法，就算有用，對受試者的整體心理健康也大概只有一點點持續效果。創新的藥物療法也未必好到哪裡去。曾有研究人員嘗試運用催產素這種有助社交關係的荷爾蒙，讓有心理狀況的媽媽們嗅聞較多催產素；他們一度對這種干預方法寄予厚望，但結果顯示，催產素未必能提升母育行為或心理健康，而且還可能帶來預期之外的影響，例如增加攻擊行為。原因可能在於，負責處理催產素這種神經傳導物質的受體，在女性腦部的分布有一部分會受到久遠以前的童年經驗影響，若想改正這點，得要有時光機才行。

抗憂鬱劑的效果比較好，但即使妳屬於產後情緒障礙有幸獲得適當治療的那三成左右女性，這些藥物也不是萬靈丹。（我得在此聲明，每位媽媽的情況不同，我也不是醫生，如果妳覺得憂鬱難過，在採取任何治療前請先諮詢醫生。）媽媽們使用的藥物，大多都和醫生開給我的藥一樣屬於選擇性血清素回收抑制劑（SSRI），需要兩個月左右才會見效，時間久到足以讓情況更惡化。二〇一九年，美國食品藥品管理局（FDA）核准第一款專門用於治療母親憂鬱問題的藥物上市，就是藥效迅速的Zulresso。這款藥物尚未普及，因為必須透過靜脈注射連續給藥六十小時，治療一位媽媽得花上美金三萬四千元。

傳統一點的談話療法似乎比較有希望：有一項初步研究分析了治療前後的腦部掃描影像，發現十幾次的諮商談話可以改變母親的神經功能，例如改變杏仁核的活動情況。但這種治療同樣昂貴、耗時，而且難以擴及龐大的媽媽族群。此外，這類療法也不見得總是能發揮作用。比起改造媽媽的整體心智，糾正某些母育行為終究簡單得多，像是打屁股或不安全的睡眠習慣。

即使是在受到密切控制的小規模臨床試驗中，科學家都難以控制母性本能，那麼公共政策經常成效不彰也就不足為奇了。美國紐澤西州為了改善新手媽媽的心理健康，要求全面進行產後憂鬱症篩檢，雖然立意良好，但對於弱勢婦女卻沒有什麼實質幫助。

這就是改善母親處境時會遇到的矛盾。新手媽媽是最有改善動力的族群之一，也是最值得社會給予協助的族群之一。但媽媽們也是最難接觸的對象，除了因為我們的大腦在改變，也因為這樣的大腦讓我們忙碌不堪、暈頭轉向，連用載好冥想課程的iPad在家練習都很困難。

而且，雖然我們常常覺得孤單疏離，但媽媽族群很龐大（我上次查的時候已經超過二十億人），很難知道誰在什麼時間點需要什麼樣的關注和資源。最弱勢的媽媽們往往是最難得到照顧的人。

這當中還潛藏著一個更大的問題。誤認母性行為完全是與生俱來，可能會產生媽媽們不需要幫忙的錯誤假設。畢竟，人類沒有感恩日記或茉莉精油按摩都這樣過了二十萬年，我們的哺乳類親戚們更活了兩億年。既然人類母親已歷經數百萬年的演化，承襲世世代代的育兒能力，還有體內不可思議的各種荷爾蒙變化，別人還能為我們做什麼？如果母親的天性是這麼本能，為什麼不順其自然呢？歌頌母體的生物機制、等著這種與生俱來的能力自然「啟動」，很容易成為任由母親孤立無援的藉口。

但這種本能雖然存在，卻不是機械性或自動產生的，而是具有變動性、可塑性，還有一股可以被強化也可能被消弭的力量。母性本能會對不穩定的外在環境做出反應，而且對細微的社會線索極度敏感。母親不是《超完美嬌妻》（*The Stepford Wives*）裡如機器人般的女性，不會隨時完美、貼心又能自己發酵麵糰。我們有很恐怖、反覆無常，甚至暴力的一面。保護孩子的母性本能，也可能對孩子造成永久傷害。

基於上述種種，最能幫到大部分母親的方法，就是改變我們共有的環境、減少母親的壓力，並給予所有媽媽更多支持。其他人可以讓我們覺得安心、有人照應，也可以讓我們覺得孤立無援——前者能給予媽媽力量，後者卻讓媽媽陷入無助。終究，母性科學並不是顧著檢視我們的肚子、讚頌人類媽媽有多特別多複雜。（相信我，在懷過四胎之後，我的肚子是我最不想看的東西。）母性科學是觀察女性如何經歷人類最困難的一個生命經驗，並且找出最好的應對方式。只要同心協力，我們就可以讓為人母親的轉變成為更美好的事。

最能證明母職經驗有可能改變的，就是成為母親的生命禮俗在世界各地差異甚大。人類文化之奧祕，有如一層濛濛海霧籠罩著我們的大腦和身體，對科學家來說可能會成為研究上的阻礙和困擾，這也是他們那麼喜歡用老鼠做實驗的原因之一。不過對人類來說，文化是一個無法排除的變因。

在某個社會中，寶寶的星盤可能是個討喜的聊天開場白，但在另一個社會，卻能讓親子關係完全改變，媽媽付出的程度可能會因小孩的生肖好壞而不同。美國大約有百分之九十三的媽媽讀過《懷孕知識百科》（*What to Expect When You're Expecting*），她們對於母職的理解，就會跟還在相信《愛彌兒》（*Emile*）那套的法國媽媽們大不相同（沒錯，儘管盧梭這位傑出的哲學家將五個小孩都送到孤兒院的事蹟人盡皆知，還是很多人讀他的著作）。像媽媽應該陪小孩玩這麼簡單的認知，可能是西方社會所創，反映出村社共居生活模式的式微。美國媽媽覺得小孩最難照顧的兩個階段，據說是幼兒和青少年，但世界上某些角落的媽媽完全沒有這樣的煩惱——或許每位媽媽都應該買張飛去那裡的機票。

其實，最能證明人類母育行為受到文化影響的證據，來自有關母親變化的研究。就以育兒模式常被拿來互做比較的東亞和西方來說吧，東亞文化往往被稱為「集體主義」，因為數千年來的稻作農耕需要建造大規模的灌溉系統和開闢梯田，使得忠於團體和順從的性格特質比較容易在擇汰作用下留存下來——至少據說是這樣。但歐洲人，尤其是移民美洲的歐洲後裔，喜歡標榜自己在文化上是個人主義者，自認是特立獨行的開拓先鋒，專注於自我表現而不是彰顯孝道。

這些分歧顯然在許多方面影響著現代的母育行為，從媽媽們如何理解及講述圖畫書的內容（歐美媽媽往往會大聲宣揚主角實現自我價值的壯舉和情感，東亞媽媽則會輕聲描述故事背景），到我們如何與小孩講話（美國媽媽會問小孩很多問題、講出很多物品的名稱，日本媽媽則比較常輕聲低語和安撫小孩）。在遊戲和教養風格上，也有類似的差異。據說東亞媽媽（借用蔡美兒〔Amy Chua〕在她知名著作中的形容，就是「虎媽」）保護欲比較強烈，經常與孩子保持聯繫，日本有些媽媽甚至到小孩十五歲左右都還跟他們一起洗澡、同房睡覺。

有些科學家推測媽媽的集體主義或個人主義傾向是由基因決定，關鍵可能在於7R版本的多巴胺受體DRD4；這種受體對於帶來愉悅感的化學物質吸收效率比較差，並且與外向性格和衝動有關。這個遺傳變異出現在歐洲族群的機率，比東亞族群多了二十三倍。

但是，要說這些在半個地球上都看得到的複雜行為，全是因為單一基因出現機率不均，未免太牽強——更何況，東亞媽媽的行為不難找到生物學以外的可能原因。或許中國媽媽們會對孩子跟前跟後、灌輸嚴格的規矩，是因為中國政府數十年來的一胎化政策讓每位女性都只能有一個孩子。或許日本媽媽會和已進入青春期的兒女同寢，是因為東京的房價居高不下，迫使全家人擠在只有一個房間的公寓裡生活。

研究也確實顯示東亞婦女搬到美國生活之後，虎媽式的教養風格很少會傳承給第二代，而且（無論是好是壞）她們的女兒和外孫女很快就會採取我們這種比較個人主義的教養方式。比方說，有項研究是請一百一十八位女性與她們五個半月大的嬰兒互動，發現日裔美籍的媽媽們在某些方面跟土生土長的美國媽媽很相似。此外還有一些很明顯的改變，像是長久以來重男輕女的傾向在這片以生女兒為傲的新家園逐漸消失。

同時，有些行為我們本以為是因為美國人天生反骨、喜歡破除舊習，但其實並不是什麼開拓者精神的遺風，而是非常近年才有的現象。就拿小孩的名字來說吧（沒錯，這事最近讓我絞盡腦汁），在某些文化中，人們總是取同樣的幾個名字，或是從官方核定的名單中選擇，但美國人不會這樣。我們喜歡標新立異的名字，這點從好萊塢剛嶄露頭角的幾位年輕演員就看得出來，而且似乎是我們崇尚個人主義的好例子。

不過歷史紀錄顯示，這種喜好大約只出現一百年左右，而且直到一九八〇年代才變得明顯。任何曾在十八世紀墓園漫步的美國媽媽，都會發現到處都是莎拉和伊莉莎白，由此可見我們也曾經只取那十個常見的名字。隨著東亞走向現代化，儘管外界認為東亞文化傾向集體主義，如今都市地區的媽媽們也會為孩子取個與眾不同的名字。

所以，美國媽媽並非一開始就像現在的我們一樣。如今看起來理所當然的事情，不久以前都還沒有那回事。其實，我們那些清教徒祖先（大多是名叫約翰跟湯瑪斯的男性）可不贊同現在崇尚的媽媽陪玩那一套；就在距今不遠的一九一四年，育兒手冊還警告這種作法會「傷害嬰兒的神經」。

但如果陪玩馬拉松、忍受小暴君般的幼兒等看似本能的西方母育行為，都是源自於文化背景，而不是生物學上的根源，那這些文化習慣又是哪來的？

讓我們把嬰兒車推回去，穿過那片可怕的十八世紀墓園。

在那裡，有大量的嬰兒墳墓。

直到一九〇〇年，美國都還有百分之十的嬰兒在出生第一年內死亡，大部分母親都免不了有一個孩子夭折（尤其是貧困的媽媽）。即使到了一九四〇年代，這樣的悲劇仍很常見。我爸爸就有一位手足（當然，是個姊妹）在嬰兒床上過世。原因誰會曉得？這種情況太司空見慣，撫養另外兩個孩子長大的奶奶從來沒提起過，我一直到二十五歲才知道自己有個幼年早逝的姑姑。

在世界上許多地方，嬰兒夭折仍是許多母親的親身經歷。如今阿富汗還是有百分之十的嬰兒活不到一歲生日；在非洲撒哈拉沙漠以南地區，每三位母親就有兩人會失去一名子女，甚至更多。

但在二十世紀初，由於嬰兒保溫箱發明等科學突破、實施扶貧計畫，加上環境改善等種種因素，讓美國嬰兒死亡率急速下降。現在美國每五百個新生兒當中，只有三名死亡（如果覺得這個機率還不夠低，提醒你，其中還包括醫護人員試圖挽救的迷你早產兒；這樣的嬰兒在幾十年前是會被視為「死產」的）。我們的小孩，絕大多數都可以長大成人。

我不覺得自己有辦法承受一個孩子的死亡，實際上也可能真的承受不了，因為我們先前就提到許多喪子的現代美國媽媽會心碎而死。但讓我變成這樣的，是我的文化；我的DNA和奶奶差別並不大，可她歷經喪女的悲痛，卻靜靜地繼續過她的人生。

因此，每個嬰兒都能夠活下去這樣近乎假設的概念，是我們父母那輩才出現的，是公共政策和科學成果的勝利永久改變了母親的世界。

這可能也是美國中產階級媽媽小孩人數不如祖先的主因之一，因為我們把每個小孩都當成皇儲一樣對待，採行人類學家稱為「過度投入」的育兒策略。這也說明我們為什麼會搶著報名幼兒園的烏克麗麗課、把幼兒當成特別高尚的種族，而不是要用辣椒塗在乳頭上讓他們斷奶、派去打掃馬廄的小笨蛋。

就連使用媽媽語這種好像很古老、很自然而出於本能的行為，也很可能是因為講究科學的公共政策創造出嬰兒死亡率偏低的環境，而變得誇張許多。世界各地的母親，對孩子都一樣珍視疼愛，一樣感同身受，一樣會為孩子悲泣，但她們為孩子投入的時間和精力，無可避免地會因為知道小孩可能無法活下去而限縮。

這些代表美國的媽媽們在許多方面都反映出驚人的共同成就，即使是最筋疲力竭、飽受幼兒折磨的媽媽，也有很多慶幸的理由。我們為自己創造出新的天性。然而，我們還可以做得更多更好。

⁂

富裕國家的女性雖然享有無數令人驚嘆的優勢，像是拋棄式尿布和看寶寶長大變老的希望，但我們這些西方、高教育、工業化、富有、民主國家（Western, educated, industrialized, rich, and democratic）的母親，人類學家口中的 WEIRD（怪異）媽媽，卻往往比貧窮地區的母親更不快樂。

加州大學美熹德分校的珍妮佛・杭恩－霍布魯克對照五十六個國家的產後憂鬱症數據後，驚訝地注意到國民富有程度**並非**母親心理健康程度的預測因素。

相反地，統合分析結果顯示，嬰兒死亡率仍高出美國五倍、百分之二十五人口所得低於貧窮線的尼泊爾，反而是全球產後憂鬱症比例最低的國家，僅次於新加坡。

在社會變得更富裕的同時，母親們會失去什麼？我們失去的可能是社群連結。就如我在我們那間岌岌可危的夢想之家體會到的，住在廣闊郊區的大房子裡或許比從前的育兒環境來得優雅舒適，但也孤立得多。其實，美國媽媽那種要常陪小孩玩的衝動意念，可能是這種不自然的孤獨處境所產生的症狀。人類學家大衛・蘭西（David Lancy）指出，因紐特人是少數同樣會這樣折騰自己脖子的原住民族，因為他們也是長時間和孩子「待在室內」，只不過困住他們的是北極圈的漫漫長夜和危險冰原，而不是寬敞的房屋和廣闊的土地。

我們也可能會失去團結感。杭恩－霍布魯克整理全球數據時，發現媽媽憂鬱比例最高的國家，**所得不均的比例也最高**。全國普遍貧困的尼泊爾與生活富足的新加坡共通點不多，但新加坡比起其他富裕國家，所得不均的程度確實比較輕微。杭恩－霍布魯克告訴我，「貧富落差」對許多媽媽來說是很真實的問題。「媽媽們會**覺得**自己的資源不足。」

畢竟，母親關鍵的生物機制不只是為了爭取基本資源而存在，也是為了察覺細微的資源變動，對自己在廣大社會裡所處的階級位置做出反應。

最後，在富裕進步的社會中，女性（包括媽媽在內）雖然可以從事各式各樣很棒的工作，但媽媽們有時會得不到應有的對待，也就是母親需要特別支持和保障的共同認知。杭恩－霍布魯克也發現，在母親憂鬱程度最高的國家，育齡婦女每週工時**超過**四十小時的人數也最多。就如同嬰兒死亡率降低一樣，在家庭以外長時間工作是一種得來不易的現代成就。但若社會普遍認為媽媽在孩子還年幼時也要這樣長時間工作，就表示有各種潛藏的問題：政府提供給新手媽媽的支援不足、親族關係疏遠（無論是因為現代的家庭破裂或其他因素）、職場文化僵化，此外，低出生率的高齡化社會往往容易忽略養育小孩需要投入多少資源。

值得一提的是，杭恩－霍布魯克當時就是一位年輕的職場媽媽，家裡有一個學齡前幼兒和一個新生兒；為了在高度競爭的職場上不落於人後，她經常要挑燈夜戰。

但是，她靠著身為教授的優勢、地位，還有工作與生活的平衡，以自己的步調投入她熱愛的工作。「我兒子現在就睡在隔壁房間，」她在電話中告訴我，「這讓我非常安心。」

要探討如何讓大部分的媽媽更安心、過得更好，將經濟程度相當的兩國媽媽放在一起比較或許能帶來啟發；華盛頓州立大學（Washington State University）的瑪麗亞・加特斯坦（Maria Gartstein）便有一項針對美國和荷蘭的媽媽的研究。

加特斯坦主持一間嬰兒氣質研究室，研究各地嬰兒在個性和行為上的顯著差異。嬰兒應該還沒有受到文化的束縛，但這種影響卻很早就出現，也許在子宮裡時就已開始。加特斯坦在二〇一五年做了一些研究，將荷蘭嬰兒與美國愛達荷州和華盛頓州相同月齡的嬰兒加以比較，發現荷蘭嬰兒平均而言似乎天生比較開朗、比較常笑，也比較容易安撫。而六個月和十二個月大的美國嬰兒，則是「整體負向情緒性較高，較多恐懼、挫折和悲傷情緒」。

這個消息不完全是出人意料。聯合國兒童基金會（UNICEF）二〇一三年做的研究就發現，荷蘭嬰兒不僅比較開朗，還是全球最快樂的寶寶，而美國嬰兒的排名只有第二十六名，跟立陶宛寶寶和羅馬尼亞寶寶差不多。

不過，加特斯坦這個美國嬰兒不太快樂的發現觸到了某個痛處。

「我接到一堆電話，」她表示，「有很多人問『是因為我們過度刺激寶寶嗎？』」這點頗讓人意外，因為美國人並不覺得自己跟同樣屬於 WEIRD 的荷蘭人差別很大。（舉例來說，似乎沒什麼人反射性地認為原因出在遺傳差異。）

為了找出癥結所在，加特斯坦展開第二項研究，這次的比較對象是嬰兒的**媽媽**，也就是美荷兩國的孕婦。結果顯示，荷蘭準媽媽是一群相當幸福的孕婦，而美國媽媽則相對比較不幸福，她們不快樂和憂慮的程度很高。

「我認為這是因為我們給國內的媽媽們製造了很多壓力，」加特斯坦表示，「她們在醫療照顧或職場上沒有獲得充分的支持。」她相信媽媽的不快樂會傳染給腹中的寶寶，在某種程度上經由惡性循環「決定」小孩的氣質。

什麼是荷蘭的媽媽們有，而我們沒有的？

嗯，最明顯的就是**婦嬰護理師**。

※※※

但在介紹婦嬰護理師之前，我們得先了解政治和文化上的改變並不容易。

有些媽媽研究者（附帶一提，是資金比較充裕的）努力想證明足部按摩或兩週一次的視訊通話等簡單的方法，能夠稍微改變難以動搖的母性行為，並不是因為忽視那些影響心智的明顯因素，而是因為那些因素往往太過龐大（例如長期貧困）或是太過細微（像是可能要追溯好幾個世代、而且肉眼看不見的DNA甲基化模式），並非一個人手不足的研究室所能處理。

真正能改變母親轉變經驗的做法，必須面對數個最棘手的政治議題：不只是所得不均，還有醫療、教育和其他長期讓政府傷腦筋的問題。此外，還要完全正視種族歧視這個和美國歷史一樣久的威脅，我們直到最近才完全揭露這個問題這對母性行為帶來的可怕影響。這種最幽微而不易察覺的社會壓力來源，似乎會對母體造成實際的傷害，導致懷孕的黑人婦女血壓偏高，並增加妊娠糖尿病、早產及死亡的風險。黑人母親體內的胎盤細胞染色體端粒比白人女性來得短，顯示這個孕育胎兒的重要器官在子宮內提早老化，或是「衰老」了。黑人媽媽獲得產後憂鬱症治療的比例較低，而且相較於鼓勵哺乳，她們在醫院被建議使用配方奶的機率高出很多倍。

除了這些舊有的問題，還有新的挑戰，例如鴉片類藥物氾濫。麻醉劑會挾持服用者的多巴胺路徑，竊據原本是為了嬰兒而非藥物形成的獎勵系統。無論男女，用藥者對通常會引起讚嘆的嬰兒照片都出現獎勵反應抑制的現象；嬰兒的暗示行為是母親敏感度的基礎，但藥物成癮的媽媽對寶寶的暗示行為似乎沒有那麼注意。如今，有越來越多鴉片類藥物成癮者生下小孩，也有越來越多新手媽媽對藥物上癮（想想有多少媽媽面臨育兒困境、帶有創傷的過去、充滿壓力的當下和不確定的未來，就不難理解為何會如此）。有將近百分之二的新手媽媽永久迷上她們在醫院得到的止痛藥。

還有一個沒那麼可怕、但更為常見的問題，就是科技產品在母親生活中變得越來越重要。在媽媽要開始擔心小孩的螢幕使用時間之前，她自己使用的科技產品就已經在分散她對寶寶實際的注意力——從小孩出生後第一個值得拍照貼上 Instagram 的瞬間，到她每一次邊哺乳邊滑手機的時候。對嬰兒暗示行為的擾亂，也就是所謂的「科技干擾」（technoference），會造成許多改變，從媽媽如何讀書給小孩聽，到她們如何哄小孩吃下朝鮮薊的菜心。我和很多媽媽都常在嬰兒推車的把手後面傳訊息，而不是和寶寶聊天。這些竊取注意力的科技產品，是孤獨媽媽的另一種應對機制，但這些競爭的刺激來源也可能非常危險。二〇〇七年左右，因腦部外傷前往急診室就醫的兒童明顯增加，有些蘋果橘子經濟學的支持者認為原因在於經濟大衰退，以及連帶對母親造成的壓力。不過，耶魯大學研究結果並未發現這種令人憂心的激增情形與當時的經濟蕭條有關聯，而是認為與手機普及並造成母親分心有關。

這些問題有的很古老，有的很新穎，但都同樣艱鉅而複雜，沒有快速簡易的解決之道。不過，根據來自世界各地的想法和計畫，還是有很多可以開始面對的方法——就像寶寶學走路，一步一步來。

給母親們更多金錢顯然是最簡單的對策。我的意思並不是指要接受歐洲多國如今明目張膽在我這種多胎媽媽面前晃來晃去的賄賂。我若是在義大利，根據最近提出（而且相當直截了當）的「生小孩換土地」法案，大概可以因為生下第三胎獲得一塊公有農地。在匈牙利，我的第四胎可以讓我不用再繳所得稅；若在波蘭，我還可以領終生的補助金。

其中一些方案可能是出於對母親的衷心關懷，其他則比較像是因生育率遽降產生的恐慌使然。不過，影響比動機來得更重要：政府承諾的物質獎勵並非只是給媽媽的補貼，而是一種生物性的激勵，讓母親們更有安全感，也讓準媽媽們更樂觀。

美國給出的方案是兒童抵稅額，因為相較之下沒那麼大方，就沒有那麼令人安心。但是華盛頓特區的政治人物已經提出一些讓這套方案更有效益的措施，像是給予更多抵免額度或發放育兒補助（某種家庭基本收入的保障），也就是說，美國媽媽的固定最低收入，只差立法機構催生了——抱歉用了這麼有畫面的比喻。

接著，讓我們來看看醫院。即使是在美國，各地產房的品質也良莠不齊，不同醫院的剖腹產比例從百分之七到將近百分之七十都有；一位媽媽接受重大手術的機率，會根據她走進哪間醫院的大門而增加或減少十倍。最常動刀的醫療院所通常位於最貧窮的地區。但是醫院內受到高度控管、提供全方位照護的環境，對於初為人母的媽媽來說，仍然是個良好的生產場所。對於執行經科學實證有益媽媽的各種做法，例如哺乳、母嬰肌膚接觸、適當產後飲食等，醫院是個完美的起點。

話雖如此，產後平均短短兩天的留院時間，就連建立這些簡單的習慣都遠遠不夠，更遑論引導那些又驚嚇又疲累的初產婦女發展什麼母育能力。（日本建議新手媽媽住院一週以上，感覺合理多了。）

醫院內的條件也未必理想。所有的哺乳動物媽媽，在人為限制或擁擠的環境下都會受到負面影響，從綿羊到大猩猩皆然，有些動物甚至會因此疏忽小孩。人類也不例外：根據研究顯示，住單人房的新手媽媽壓力較小，哺乳的機率也較高，而且差異會持續到出院之後。然而，即使是有全額保險、在美國頂尖醫院生產的媽媽，也得要為一間小小的單人恢復室和基本的隱私權付出**每晚**幾百美元的代價。相反的，以色列等國家很重視母親的舒適度，單人房只是基本條件，他們的「產婦飯店」設施包括熱水浴池、果汁吧、按摩、「精心擺放的死海沐浴產品」，還有真正的羽絨枕（對於任何在醫院病床上整夜無止盡輾轉反側的新手媽媽來說，這可能是最棒的）。美國有幾個延續慣例的猶太社區現在也為「Kimpatorin」（產後婦女）提供類似的休閒處所。

在新手媽媽「誕生」時，為她接生的人也很重要。需要各種協助的新手媽媽，很自然會將產房護理師視為自己的守護天使和近乎摯友的對象，但他們沒多久就換班了。護理師的排班是根據工會契約，並不會考量是否對母親的健康最有利，這代表剛生產的母親無法由同一批護理人員持續照護，有違我們對於社會支持的認知。有位研究人員向我建議，醫院應該改制，讓每位媽媽、或者至少風險最高的媽媽，從入院到出院都能由同樣幾位熟知她狀況的護理人員照護，即使不是從頭到尾都由同一個護理師照顧也無妨（就算我們自己沒得睡，人家還是要休息）。目前的產科病房會給人一種非常怪異的既視感，因為妳要一直對不同人重複相同的資訊，然後還是會有醫學生在凌晨三點推醒妳，詢問妳上次月經週期的第一天是什麼時候。

另一個問題是，據我了解，這些具備專業技巧、隨時待命的護理人員，如今被高層正式要求盡量不要將新生兒帶離母親身邊。執行這項措施的「母嬰親善」醫院是以科學名義，強調要建立母嬰連結。然而母嬰連結雖然重要，並不代表要真的將媽媽和寶寶綁在一起。媽媽，尤其是沒有伴侶或產後傷口還非常疼痛的媽媽，在生物學上並不適合獨力照顧新生兒。孤單感不會激發母性本能，只會讓這種本能停止。而一夜好眠對任何人來說，都是一劑良藥。

接下來，美國的媽媽們出院時，會得到一條嬰兒毯、一頂好笑的條紋帽子（如果生女嬰的話上面可能還會有個大蝴蝶結），還有一些奶粉試用包或其他促銷的免費贈品。我都會在出院前盡量多拿幾件大號的網眼內褲，能拿多少就拿多少。但除此之外，我們就是兩手空空地離開醫院。

不過，在芬蘭，每位媽媽都會分配到同樣豪華的生存裝備，裡面有十幾種物品，包括嬰兒床墊、臨時嬰兒床，還有（因為是在芬蘭）一套小小的防雪裝。這些東西並不是單純的實體禮物，也是強心針。它們讓媽媽可以少煩惱幾樣要準備的物品，而且代表在某個地方有人在乎我們和小孩的需求有沒有獲得滿足。此外，對於意識到階級存在的媽媽們來說，知道每個媽媽一開始都會獲得同樣的嬰兒禮盒，也有安撫的作用。

對美國的媽媽們來說，舒服好摸的寶寶鞋和可愛的迷你床墊可能是奢求。但家裡幫寶適尿布存貨不足顯然是我們的一大煩惱，既然如此，如果每位媽媽出院時都能獲得一年份尿布的配給券，不是很棒嗎？以零售價來算大約價值美金九百元，相較於誕下新生命所需的總醫療成本只是九牛一毛，從能讓一位媽媽免於走投無路來看，這是相當小的代價。

最後，在新手媽媽回家之後，要能有時間與新生兒相處、學會照顧嬰兒的生理需求，以及弄清楚如何讓自己在心理方面步上軌道。最能夠確保媽媽有時間和寶寶相處的方法，就是提供有薪產假；包括海倫娜．拉塞福在內的一些專家更認為，產假應該從生產前幾週就開始，讓女性能減少壓力並做好準備。女性在產後休假期間做的事情，隨著文化的不同而異——在法國，妳可以享有公費資助的陰道治療，聽起來確實很法國——不過整體而言，無論在哪裡，產假都是越長越好。有薪產假可以提升母乳餵養的意願，並有助於增進母嬰之間的互動，研究也顯示增加十週有薪產假，可讓嬰兒死亡率降低百分之五。產假少於八週則與新手媽媽的憂鬱比例增加有正相關。

愛沙尼亞提供最多八十五週的有薪假，挪威多達九十一週，芬蘭則可長達三年，位居各國之冠。

但在美國，只有五分之一的州保證產婦能享有區區十二週的有薪產假，而大多數美國女性是**無薪**休假十週——儘管就科學角度來說，榨乾新手媽媽的銀行戶頭肯定是對母性行為的一大打擊。

現在已經有人在倡議立法修正這種現象；我們只需要深吸一口氣，吐氣吹熄想像中的蠟燭，然後用力推。我們不會明天醒來就變成瑞典，但十二週有薪產假的基本保障應該要成為美國人與「生」俱來的權利。

✕✕✕

由於每位女性都是獨立的個體，而且很難設計出一套能預見並符合每個人需求的公共系統，我比較支持以適性（或者說具有可塑性）的支持系統來解決可預測的困境。

這就要回頭來談談幸運的荷蘭媽媽。她們已經具備許多有利條件，像是免費的陪產員服務、至少四個月的有薪產假，還有普及的托育服務。

但除了一般最有用的「金錢」和「時間」，荷蘭媽媽還享有一些專屬計畫，而且這些計畫似乎有考量到母性科學，並應用了相關研究結果。美國媽媽平均只能在醫院待上短短兩天就要離開，這時的我們幾乎就像是被丟棄街頭，完全失去專業支持。沒錯，我們大多有權利和醫療機構預約四到六週後一次二十分鐘的回診，但大約有四成的美國媽媽連這次回診都去不成，可能是因為工作需要或產後憂鬱症造成的負擔，也可能是因為我們根本連自己的車鑰匙都找不到。

但在荷蘭，每位產後休養中的媽媽在分娩後將近兩週內，天天都會有專門的嬰兒護理人員家訪，也就是令人驚豔的婦嬰護理師，而且**一天最多可待八小時**。專屬的婦嬰護理師會解答各種讓妳困惑的問題，像是包皮環切手術的傷口、脆脆的臍帶殘端是否真的有一天會掉下來；她也會幫妳照顧其他小孩、跑腿買東西、端出切好的鯡魚和醃黃瓜（還有其他荷蘭美食）當晚餐，在妳的大腦和身體都還在適應成為母親的這個階段，為妳完成各種感覺格外艱鉅的事情。

當然，這樣的戰友在生物學上能夠有效促進媽媽的轉變。有其他小孩的經產媽媽或許更需要婦嬰護理師的援手，但初產的新手媽媽可能光是在這樣的陪伴之下就能獲益。

想獲得十天像這樣的產後服務，美國媽媽得自掏腰包付出美金四千元，更遑論要找到一位保母包萍[9]需要什麼樣的人脈和心力。光是這個標價牌，就幾乎表示那些貧困孤立、壓力沉重而最需要援手的女性注定得不到支援。

但是荷蘭的婦嬰護理師通常是免費的，最多只需要付出相當於幾百美元的金額。

除了低地諸國，紐澳兩國也有幾項在已開發世界中對母親比較友善的政策。澳洲的新手媽媽在成為媽媽的前三年當中，可以隨時使用自己的保險方案**帶著小孩回到醫**

9 譯註 Mary Poppins，英國童書作者 P.L. Travers 筆下的魔法保母，故事曾由迪士尼改編成電影《歡樂滿人間》。

**學中心**住五天。這不僅適用於完全符合病徵的產後精神病，或是任何美國醫院會提供住院治療的疾患，就連寶寶無法培養固定的睡眠作息（這不就幾乎包含所有的寶寶）或有幼兒行為問題也都適用。順帶一提，不是每個文化都會特別看待幼兒，不過澳洲對他們很友善。這項政策似乎顯示整個國家都認知到，儘管女性有可能順利成為母親，但這個轉變並非一蹴可及、自然而然，也不是保證順利的。

旁邊的紐西蘭——這是第一個給女性投票權的國家，我在寫作本書時的總理就是新手媽媽，或許並非巧合——則有普倫基特基金會（Plunket Society）的護理師，這些聽起來很拘謹的人員會在每個小孩出生後**五年**內持續追蹤媽媽的情況。這不是匆匆完成的訪查，而是長期維繫的關係。普倫基特基金會由一位生了八個小孩的貴族媽媽發想，如今在全國已有數百間辦公室，並為偏遠地區的媽媽提供行動診所。除了分享實用的健康資訊，他們還建立「玩具圖書館」、提供汽車座椅租用、分享如廁訓練的經驗，並為孤獨的媽媽們組織咖啡團和早茶聚會。

普倫基特基金會也會協助女性脫離暴力關係，幫忙尋找比較好的住處，這對媽媽而言不只是關係到育兒環境的美學。就和在醫院裡一樣，母親在擁擠吵鬧的環境中，育兒行為往往會出現問題；當母親被重新安置到綠意較多、較寧靜的街區之後，育兒行為通常也會有良好發展。

如果美國無法提供像神仙教母這樣的人員，至少我們可以在產後幾個月、甚至後續幾年內，提供媽媽們更多檢查，並且在新手媽媽沒來回診時主動致電追蹤。即使是看起來有條有理、擁有優勢和種種物質條件的媽媽，也可能有著不為人知的痛苦。此外，我們應該要提供類似婦嬰護理師這樣的協助給最脆弱的新手媽媽，也就是初產婦女，尤其是符合單身、年輕、有色人種、有憂鬱病史或創傷經歷、剖腹產且在哺乳方面遇到困難、母親過世或遠在他方、需要在六週內復職等條件的初產媽媽。

其他姑且不論，至少我們的政府不該選在這個最脆弱不穩定的母親蛻變期剝奪任何女性的資源。許多貧窮的美國媽媽在懷孕期間受到聯邦醫療補助（Medicaid）保障，但其效期只到產後兩個月，往往造成一些可預見的心理影響。

「沒有比這更糟糕的時間點了，」凱瑟琳・蒙克表示，「對她們來說，那就像從懸崖掉下去一樣。」

當然，在我寫這些文字的同時，新型冠狀病毒已經讓更多媽媽的處境岌岌可危，更別提心理狀態，這使得每一項已知的挑戰都變得更加艱鉅。單身的職業媽媽最為絕望，因為酒吧和餐廳有營業，但學校關閉或採行線上授課，這種對比突顯出政府並不關心（我用詞已經很溫和）負擔過重的母親和我們的母性機制。同時，我們也大多無法與自己的父母和過去提供支持的其他親友往來，比從前任何時候都更覺得茫然疏離。種族和階級的鴻溝更加擴大，優渥富裕的媽媽們可以花錢為孩子安排私人學習小組和家教，勞動階級的媽媽們卻得每天冒著染疫風險工作，才能負擔三餐、租金和那些討厭的尿布。疫情期間比過去任何時候，更令人覺得孤立無援、沒有誰會為我們挺身而出。

隨著母親憂鬱問題和失眠的比例激增、財務狀況岌岌可危，生育率很可能會繼續降低。一個母親人數更少的美國，幾乎無可避免地會對母職更不友善——這個病毒造成的兩難困境，即使在後疫情時代也沒有明顯的解決之道。要是如此，我們就會在全球生育率下降趨勢和選擇永遠不生育的女性之中成為另一個數據點。

此時，我是用指甲剪得過短的指頭打出這些壞消息的，有幾片指甲上塗了 Pepto-Bismol 腸胃藥瓶身那種怪異的粉紅色，因為關在家裡已經五個月的女兒們幫我做美甲做到不耐煩，丟著工具就跑掉了。

但無論如何，這個景象還是讓我忍不住微笑。

也可能是我有點精神恍惚，因為就在全球各國疫情正熾的時候，我當然還是得把前面提到的第四胎生下來。

我原本把這一胎視為補償的機會，可以說是彌補上次的種種挫敗，不過這次生的是個大（很多的）女孩。這回，我老公應該可以好好地去幫我買冰淇淋，不會搖搖晃晃地漫遊到附近的森林裡，財務危機應該已經遠遠拋在後頭，我應該不會那麼常在房間裡放聲痛哭；說不定，我會終於自己動手製作寶寶的副食品。

然而在我懷孕七個月時，我老公搭飛機出國，回來後就因呼吸困難被送進急診室，我和孩子們很快地也開始感覺不舒服。剛開始，沒人知道我們一家人得了Covid-19會怎麼樣，尤其是還沒出生的寶寶會有什麼影響，這點很可怕。（「我馬上過去。」我媽一聽到我們生病就這麼說，毫無懼意。但在她還來不及發動那台老改裝車衝到我們家門前，我們就都被隔離了。）在我們康復後，我有好幾週被禁止去做產檢，學校和正常生活都停擺了，我們的經濟再次瀕臨崩潰。而且我又再次困在閣樓，試著寫完一本書（就是這本）。

有件糟糕的事情讓我很害怕。就在染疫之前，不知怎麼回事，倉鼠小橘生出了一窩淡粉色的寶寶。儘管我們盡全力用紅蘿蔔向牠保證生活無憂，牠還是把寶寶一隻一隻全部吃掉了，對我這個媽媽來說彷彿是凶兆。由於我正懷著孕，我很擔憂這個場面對孩子們來說會顯得更可怕。我化身成最兇猛的熊媽媽，將寵物店的倉鼠飼育員怒罵一頓，譴責他讓我可憐的孩子們遇到這麼殘暴的事情，最後他幾乎是懇求我們把小橘退回去，另挑一隻沒有殺嬰前科的母倉鼠來當我們家的吉祥物，不用付錢。

然而，女兒們決定要留下這隻倉鼠媽媽。

「妳知道嘛，沒有人是完美的。」二女兒對我說。

不知道為什麼，聽到她這句話，我突然熱淚盈眶。

我準備進行第四次剖腹產時，正值疫情的高峰。產科病房看起來和停屍間一樣陰森，沒有成串的空飄氣球，也不見過度積極的新生兒攝影師，護理師的面罩遮住了臉上的表情。

但我情況還不錯——至少比上次好得多。寫這本書對我很有用：在仔細查閱過研究報告後，現在的我突然能夠清楚意識到自己的助力和阻力。比方說，我知道疫病爆發可能會扭曲育兒行為，但隨著時間過去，人們發現這種疾病對大部分的小孩傷害較小，這對母親們來說無疑是一種恩典。我現在也看出自己的弱點，並且懂得欣賞自己的長處。我身材走樣，不過很多人也是。作為有社會階級區分的生物，我懂得比較自己與他人處境的惡劣程度，而這次的災難感覺對所有人都一視同仁。如今我也知道，家人和我交的新朋友，那些在乎我和腹中孩子的人們，都在關注著我們。我可能有一陣子無法和摯愛的人們相見，但我知道他們就在身邊，因為他們在我家門前堆滿了食物。

我老公有待在醫院陪我，當時原本不確定他能否陪產，因為一度有人提議禁止伴侶進入產房，節省防護裝備——最後這項禁令在抗議聲浪下撤銷。這個小小勝利讓我精神大振，不只是因為我現在完全體會到伴侶在身邊支持的力量，也因為這件事證明了其他人注意到媽媽的困境、傾聽我們的心聲，並且做出改變。一如以往，母親們是彼此最好的聲援者。

儘管現在大家極度重視社交距離，但在醫院裡，我也發現自己幸運來到一家每個人都很有愛心的醫療院所。注射麻醉藥時，我老公只能在外面等待；當那像劍一樣的針頭滑入脊椎、我整個人顫抖不已時，醫生竟然主動握住我的手。

雖然我在手術台上都會自然而然像屍體一樣緊閉眼睛，假裝我在任何不是這裡的地方，但不知為何，醫生似乎感覺到我熱愛一探究竟，說服我嘗試體驗科學界在我上次生產後才推出的新發明：在關鍵時刻上場的剖腹產透明布簾。這塊布可以優雅地遮住我的內臟器官，同時讓我透過它首次看到嬰兒取出的瞬間，以及整個忙亂的過程。

就這樣——經過四次懷孕、好幾次失敗的羊舍田野調查，還有讀完大約一百萬篇母性生物機制的論文之後——我終於有機會目睹哺乳動物誕生的瞬間，那就和傳言中一樣奇妙。

寶寶的出生體重有三千九百六十九克，是孩子們當中最重的一個。我以我媽媽的名字為她取名。

✕✕✕

我很期待這個新成員和她的姊姊們有朝一日成為人母，為此，我最後要補充一些建言，既是因為我們做媽媽的超愛給建議，也是因為我們的人生往往受到狀況外的政府、壓力超大的曾曾祖母，甚至是以前的我們所影響。

去當臨時保母。多吃魚。多花點錢買玻璃製的食物容器，不要買塑膠的。結交忠實可靠的朋友，尤其是女生，和她們保持一輩子的友情。

訂定合乎並且尊重妳生物機制的通盤計畫。盡力爭取最好的教育，不過要注意大學學貸造成的負擔。挑選伴侶要非常、非常謹慎，因為他的基因可能會干擾妳的。還有要注意，雖說現在戀愛關係跟男人基本上已經不是當媽的必要條件，但在美國，擁有最多優勢和選擇的媽媽大多還是已婚而且沒離婚的女人。

別太早有孩子，但也別拖太晚。挑選老闆和婦產科醫生時都要極度慎重。如果一心想生男孩，就把早餐盤子裝滿鬆餅吧，但也別忘了，女孩同樣可愛。請個陪產員。想辦法弄到單人房。

多抱抱妳的寶寶，因為這樣做很可能會從此改變孩子的大腦，但不用逼自己背莎士比亞給小孩聽（除非妳還記得起一兩句），也不用在遊戲室的地墊上把自己扭成一團。只要情況允許，產假能請幾週就休幾週。別住在沒有人行道的郊區。找一間附近有遊樂場的房子。找一間離我近一點的房子。

最重要的是，我要說：為孩子盡妳所能，但不要放棄廣大的世界。那樣對妳真的不好，而且，我們還有好多事情可以做。母職這個要重頭開始建立的事業，有時會帶來許多不便，但也可以是一份禮物。媽媽們可以用嶄新的視角看待世界。除了母親在環境中必須擁有的安全感和掌控力，我想增加一點挑戰的成分。

妳可以成立一間為藥物成癮的母親做治療的醫療院所，就像艾蜜莉如今在做的。妳可以在專門協助難民媽媽的學校擔任校長，像我另一位摯友一樣。妳可以成為神經科學家——或羊農、攝影師，也可以……對了，當個婦嬰護理師。妳可以寫本書。妳可以投母親們一票，或是自己出來參選。

還有，隨時關心其他女性，尤其是在困境中掙扎的婦女。因為只有我們明白，重生成為另一個人是怎麼回事。

# 致謝

我要感謝數十位與我大方分享研究內容和看法的科學家（包括在書中寫出姓名的和幕後協助的研究人員），特別感激幾位學者歡迎我到研究室參觀實驗現場。

謝謝我生命中的幾位母親，尤其是我的媽媽莫琳・塔克（Maureen Tucker），還有祖母伊娃・格溫多琳・塔克（Iva Gwendolyn Tucker）和海倫・派翠西亞・歐尼爾（Helen Patricia O'Neill）。

特別感謝我親愛的好友阿曼達・本森・菲格爾（Amanda Bensen Fiegl），她的網站 www.lifeupstaged.com 保留了她生前的文字。

謝謝 Gallery Books 優秀又不懼困難的編輯卡琳・馬庫斯（Karyn Marcus），在這個寫作計畫還沒成形時就大力支持。（我們兩個這次大概都太愛把寫書比喻成生小孩了！）也感謝表現出色的麗貝卡・史特博（Rebecca Strobel）像接生婆一樣大力幫忙，還有總是及時協助的研究人員維琪・海雷特（Vicky Hallett）。（也謝謝 Celeste 讓我借用媽媽。）

謝謝瓦克斯曼版權代理公司（Waxman Literary Agency）的史考特・瓦克斯曼

（Scott Waxman）和艾許莉・羅培茲（Ashley Lopez）對我的多年支持。謝謝泰利・蒙曼尼（Terry Monmaney）與《史密森尼》（*Smithsonian*）雜誌的編輯和同仁在我幾次消失去生小孩時的體貼和理解。

很感謝我妹妹茱蒂絲・塔克（Judith Tucker）幫忙維護和更新我的網站，這網站是她孕育出來的心血結晶；也感謝可愛的艾蒙（Amon，她真正的小孩），以及優秀的父親和姨丈史蒂芬・唐（Steven Dang）。謝謝艾蜜莉・布魯納（Emily Brunner）一路上陪著我跌跌撞撞前進。謝謝我已故的父親哈羅德・塔克（Harold Tucker），以及所有曾經給我建議、安慰我、讓我分心還有用其他方式幫忙的人：珍妮・斯諾（Jeanne Snow）、派翠西亞・斯諾（Patricia Snow）、查爾斯・杜塔（Charles Douthat）、茱莉・萊夫（Julie Leff）、安妮・墨菲・保羅（Annie Murphy Paul）、艾米・薩德米爾（Amy Sudmyer）、安姬・佩平（Angie Pepin）、史蒂夫・基爾（Steve Kiehl）、希拉蕊・納夫洛茨基（Hilary Nawrocki）、維吉尼亞・席勒（Virginia Shiller）、瑞秋・霍斯汀（Rachel Horsting）、琳・加利提（Lyn Garrity）、蘿拉・荷姆斯（Laura Helmuth）、理查・普蘭（Richard Prum）、海蒂・亨德里克斯（Heide Hendricks）、雪倫（Sharon）和薩蒂什・雷格（Satish Rege），以及莎拉・瑪赫林（Sarah Mahurin，她可愛的鼻子證明了盡心盡力的媽媽們不需要有正常的嗅覺）。還有件沒什麼人知道的事：多虧山姆・莫因（Sam Moyn）和他超棒的甜點，我的媽媽腦現在有百分之八十七的成分是蛋糕，不多不少。

特別感謝所有曾幫我看小孩的人，尤其是黛比．惠尼（Debbie Whitney）、艾米．蘇尼加（Amy Zuniga），還有因德拉尼．納里尼（Indrani Narine）。我還要在此向孩子們所有強大的小學老師致敬。謝謝克莉絲塔．多蘭（Christa Doran）和塔夫女子健身中心（Tuff Girl Fitness）的教練們，如果有壓力爆表的媽媽（或任何人）想在優秀教練的陪伴下鍛鍊股四頭肌，不妨報名遠距課程：www.tuffgirlfitnessct.com。此外，若想看看堅強的母親是什麼樣子，請造訪克莉絲塔的個人網站：www.lessonsfromlea.com。

我永遠感謝讓我一見鍾情的孩子們，他們每天都在塑造我和毀滅我。給格溫多琳（Gwendolyn）、艾莉諾（Eleanor）、尼可拉斯（Nicholas）和羅絲瑪莉．莫琳（Rosemary Maureen）：正在讀書學認字的你們，如果讀到哪幾句話讓你們把嘴裡的 Cheerios 燕麥片噴出來，要知道你們的老媽只是要想辦法湊出贖金給正顎醫生，她是打從心底喜愛你們。

還有羅斯（Ross），我體貼又有耐心到不可思議的老公，也是我生命中的摯愛：感謝你讓我分享你明淨光潔的內心，還有你的基因、你的披薩邊、你抽鼻子的聲音、你失眠的夜晚，以及你快樂的日子。

346 我們大多都有權利和醫療機構預約：Nina Martin, "Redesigning Maternal Care: OBGYNs Are Urged to See New Mothers Sooner And More Often," NPR/ProPublica, Apr. 23, 2018, https://www.npr.org/2018/04/23/605006555/redesigning-maternal-care-ob-gyns-are-urged-to-see-new-mothers-sooner-and-more-often.

346 但在荷蘭，每位產後休養中的媽媽：Charlotte Hutting, "What Is a Kraamverzorgster and Where Can I Find One?," Amsterdam Mamas, https://amsterdam-mamas.nl/articles/what-kraamverzorgster-and-where-can-i-find-one; Gaby Hinsliff, "Here's What It's Like to Live In A Country That Actually Cares About Mothers," *Huff-Post*, July 17, 2019, https://www.huffpost.com/entry/maternity-leave-postpartum-america-best-countries_n_5d1dc5f4e4b0f312567f5277.

347 澳洲的新手媽媽：例如 https://www.tresillian.org.au/about-us/what-we-do/residential-stay/.

348 旁邊的紐西蘭：Kimberly Paterson, "Plunket nurse," Kiwi Families, https://www.kiwifamilies.co.nz/articles/plunket-nurse/.

350 隨著母親憂鬱問題和失眠的比例激增：Margie H. Davenport et al., "Moms Are Not OK: COVID-19 and Maternal Mental Health," *Frontiers in GlobalWomen's Health* 1, no. 1 (June 2020); Tim Henderson, "Mothers Are 3 Times More Likely Than Fathers to Have Lost Jobs in Pandemic," Pew Stateline, Sept. 28, 2020, https://www.pewtrusts.org/en/research-and-analysis/blogs/stateline/2020/09/28/mothers-are-3-times-more-likely-than-fathers-to-have-lost-jobs-in-pandemic; Kim Elsesser, "Moms Cut Work Hours Four Times More Than Dads During Pandemic," Forbes.com, July 19, 2020, https://www.forbes.com/sites/kimelsesser/2020/07/17/moms-cut-work-hours-four-times-more-than-dads-during-pandemic/?sh=376fe98a49ca.; Ghadir Zreih et al., "Maternal perceptions of sleep problems among children and mothers during the coronavirus disease 2019 (COVID-19) pandemic in Israel," *Journal of Sleep Research* (Sept. 29, 2020): e13201.

353 雖然我在手術台上都會自然而然：Maressa Brown, "How Clear C-Section Drapes Let Moms Meet Their Babies in a New Way," *Parents*, Sept. 16, 2019.

342 人類也不例外……住單人房的新手媽媽壓力較小：Rachelle Jones, Liz Jones, and Anne-Marie Feary, "The Effects of Single-Family Rooms on Parenting Behavior and Maternal Psychological Factors, *Journal of Obstetric, Gynecological & Neonatal Nursing* 45, no. 3 (May–June 2016): 359–70; Bente Silnes Tandberg et al., "Parent-Infant Closeness, Parents' Participation, and Nursing Support in Single-Family Room and Open Bay NICUs," *Journal of Perinatal & Neonatal Nursing* 32, no. 4 (Oct./Dec. 2018): e22–e32; Nancy Feeley, et al., "A comparative study of mothers of infants hospitalized in an open ward neonatal intensive care unit and a combined pod and single-family room design," *BMC Pediatrics* 20, no. 38 (2020).

343 相反的，以色列等國家：Debra Kamin, "These upscale Israeli hotels are designed for new moms and babies," Times of Israel, Feb. 4, 2017, https://www.timesofisrael.com/these-upscale-israeli-hotels-are-designed-for-new-moms-and-babies/.

343 美國有幾個延續慣例的猶太社區："Women's Resort Opens Lakewood," COLlive, May 1, 2018, https://collive.com/womens-resort-opens-lakewood/.

344 執行這項措施的「母嬰親善」醫院是以科學名義：Carrie Arnold, "Do 'Baby-Friendly' Hospitals Work for All Moms?," *New York Times*, Apr. 18, 2020.

344 不過，在芬蘭，每位媽媽都會分配到：Sarah Gardner, "Finland's 'baby box' is a tradition full of nudges," Marketplace, Dec. 28, 2016, https://www.marketplace.org/2016/12/28/baby-box/.

345 女性在產後休假期間做的事情，隨著文化的不同而異：Catherine Pearson, "What the French Get So Right About Taking Care of Newborns," *HuffPost*, Jan. 17, 2017, https://www.huffpost.com/entry/what-the-french-get-so-right-about-taking-care-of-new-moms_n_587d27b4e4b086022ca939c4.

345 有薪產假可以提升母乳餵養的意願，並有助於：Maureen Sayres Van Niel et al., "The Impact of Paid Maternity Leave on the Mental and Physical Health of Mothers and Children: A Review of the Literature and Policy Implications," *Harvard Review of Psychiatry* 28, no. 2 (Mar./Apr. 2020): 113–26.

345 產假少於八週則與新手媽媽的憂鬱比例增加有正相關：ibid.

345 愛沙尼亞提供最多八十五週的有薪假：ibid.258 *Norway ponies up ninety-one:* Christopher Ingraham, "The world's richest countries guarantee mothers more than a year of paid maternity leave. The U.S. guarantees them nothing," *Washington Post*, Feb. 5, 2018.

345 芬蘭則可長達三年：ibid.

340 對嬰兒暗示行為的擾亂，也就是所謂的「科技干擾」：Brandon T. McDaniel and Jenny S. Radesky, "Technoference: Parent Distraction With Technology and Association With Child Behavior Problems," *Child Development* 89, no. 1 (Jan./Feb. 2018): 100–109; Tiffany G. Munzer et al., "Differences in Parent-Toddler Interactions with Electronic Versus Print Books," Pediatrics 143, no. 4 (Apr. 1, 2019); Jenny Radesky et al., "Maternal Mobile Device Use During a Structured Parent-Child Interaction Task," *Academic Pediatrics* 15, no. 2 (Mar. 1, 2015): 238–44.

341 二〇〇七年左右，因腦部外傷前往急診室就醫的兒童明顯增加：Joanne N. Wood et al., "Local Macroeconomic Trends and Hospital Admissions for Child Abuse, 2000–2009," *Pediatrics* 130, no. 2 (Aug. 2012): e358–e364; William Schneider, Jane Waldfogel, and Jeanne Brooks-Gunn, "The Great Recession and risk for child abuse and neglect," *Children and Youth Services Review* 72 (Jan. 2017): 71–81.

341 不過，耶魯大學研究結果：Beth Greenfield, "The Surprising Reason More Kids Are Getting Hurt at the Playground," Yahoo Parenting, Nov. 13, 2014, https://www.yahoo.com/news/the-surprising-reason-more-kids-are-getting-hurt-at-the-102543542767.html.

341 我若是在義大利，根據最近提出：Sabina Castelfranco, "Italy Launches 'Land for Children' Plan to Fight Declining Birthrate," VOA News, Nov. 2, 2018, https://www.voanews.com/europe/italy-launches-land-children-plan-fight-declining-birthrate.

341 在匈牙利，我的第四胎：Holly Elyatt, "Have four or more babies in Hungary and you'll pay no income tax for life, prime minister says," CNBC, Feb. 11 2019, https://www.cnbc.com/2019/02/11/have-four-or-more-babies-in-hungary-and-youll-pay-no-income-tax-for-life.html; "Poland to grant pensions to stay-at-home mums of four," Reuters, Jan. 22, 2019, https://www.reuters.com/article/us-poland-benefit/poland-to-grant-pensions-to-stay-at-home-mums-of-four-idUSKCN1PG1RM.

342 但是華盛頓特區的政治人物已經提出：Dylan Matthews, "Mitt Romney and Michael Bennet just unveiled a basic income plan for kids," Vox, Dec. 16, 2019, https://www.vox.com/future-perfect/2019/12/16/21024222/mitt-romney-michael-bennet-basic-income-kids-child-allowance.

342 即使是在美國，各地產房的品質也良莠不齊：Katy Backes Kozhimannil, Michael R. Law, and Beth A. Virnig, "Cesarean Delivery Rates Vary Tenfold Among US Hospitals; Reducing Variation May Address Quality and Cost Issues," *Health Affairs* 32, no. 3 (Mar. 2013).

342 最常動刀的醫療院所通常位於最貧窮的地區：Carine Milcent and Saad Zbiri, "Prenatal care and socioeconomic status: effect on cesarean delivery," *Health Economics Review* 8, no. 7 (2018).

338 而六個月和十二個月大的美國嬰兒：Jimin Sung et al., "Exploring temperamental differences in infants from the USA and the Netherlands," *European Journal of Developmental Psychology* 12, no. 1 (2015): 15–28.

338 這個消息不完全是出人意料：Peter Adamson, "Child Well-being in Rich Countries: A Comparative Overview," *Innocenti Report Card* no. 11, UNICEF, Apr. 2013.

338 為了找出癥結所在，加特斯坦展開第二項研究：Maria A. Gartstein et al., "Is prenatal maternal distress context-dependent? Comparing United States and the Netherlands," *Journal of Affective Disorders* 260 (Jan. 1, 2020): 710–15.

339 這種最幽微而不易察覺的社會壓力來源：Tyan Parker Dominguez et al., "Racial differences in birth outcomes: The role of general, pregnancy, and racism stress," *Health Psychology* 27, no. 2 (Mar. 2008): 194–203; Clayton J. Hilmert, "Lifetime racism and blood pressure changes during pregnancy: Implications for fetal growth," *Healthy Psychology* 33, no. 1 (2014): 43–51; Linda Villarosa, "Why America's Black Mothers and Babies Are in a Life-or-Death Crisis," *New York Times Magazine*, Apr. 11, 2018.

339 黑人母親體內的胎盤細胞染色體端粒：Christopher W. Jones et al., "Differences in placental telomere length suggest a link between racial disparities in birth outcomes and cellular aging," *American Journal of Obstetrics and Gynecology* 26, no. 3 (Mar. 1, 2017): 294.e1–294.e8.

340 黑人媽媽獲得產後憂鬱症治療的比例較低：Nina Feldman and Aneri Pattani, "Black mothers get less treatment for postpartum depression than other moms," KHN, Dec. 6, 2019, https://khn.org/news/black-mothers-get-less-treatment-for-postpartum-depression-than-other-moms/; Chelsea O. McKinney et al., "Racial and Ethnic Differences in Breastfeeding," *Pediatrics* 138, no. 2 (Aug. 2016): e20152388.

340 無論男女，用藥者對通常會引起讚嘆的嬰兒照片：Helena J. V. Rutherford et al., "Disruption of maternal parenting circuitry by addictive process: rewiring of reward and stress systems," *Frontiers in Psychiatry* 2, no. 37 (July 6, 2011); Sohye Kim et al., "Mothers with substance addictions show reduced reward responses when viewing their own infant's face," *Human Brain Mapping* 38, no. 11 (Nov. 2017): 5421–39.

340 如今，有越來越多鴉片類藥物成癮者生下小孩：S. C. Haight et al., "Opioid Use Disorder Documented at Delivery Hospitalization—United States, 1999–2014," *Morbidity and Mortality Weekly Report* 67 (2018): 845–49.

340 有將近百分之二的新手媽媽：Alex F. Peahl et al., "Rates of New Persistent Opioid Use After Vaginal or Cesarean Birth Among US Women," *Obstetrics and Gynecology* 2, no. 7 (July 26, 2019): e197863.

332 有項研究是請一百一十八位女性：Marc H. Bornstein et al., "Modalities of Infant-Mother Interaction in Japanese, Japanese American Immigrant, and European American Dyads," *Child Development* 83, no. 6 (Nov./Dec. 2012): 2073–88; Linda R. Cote et al., "The Acculturation of Parenting Cognitions: A Comparison of South Korean, Korean Immigrant, and European American Mothers," *Journal of Cross-Cultural Psychology* 46, no. 9 (Oct. 1, 2015): 1115–30..

332 此外還有一些很明顯的改變：Ben Ost and Eva Dziadula, "Gender preference and age at arrival among Asian immigrant mothers in the US," *Economics Letters* 145 (Aug. 2016), 286–90.

332 不過歷史紀錄顯示：Jean M. Twenge, Emodish M. Abebe, and W. Keith Campbell, "Fitting In or Standing Out: Trends in American Parents' Choices for Children's Names, 1880–2007," *Social Psychological and Personality Science* 1, no. 1(Jan. 2010): 19–25.

332 隨著東亞走向現代化：Sapolsky, Behave, 276–77.

333 其實，我們那些清教徒祖先：David Lancy, *The Anthropology of Childhood: Cherubs, Chattel, Changelings* (Cambridge, UK: Cambridge University Press: 2008), 249.

333 直到一九〇〇年，美國都還有百分之十的嬰兒在出生第一年內死亡：Golden, *Babies Made Us Modern*, 207.

333 如今阿富汗還是有百分之十的嬰兒活不到一歲生日：Sapolsky, *Behave*, 272.

333 在非洲撒哈拉沙漠以南地區：Emily Smith-Greenaway and Jenny Trinitapoli, "Maternal cumulative prevalence measures of child mortality show heavy burden in sub-Saharan Africa," *PNAS* 117, no. 8 (Feb. 25, 2020): 4027–33.

334 現在美國每五百個新生兒當中，只有三名死亡："Why American infant mortality rates are so high," Science Daily, Oct. 13, 2016, https://www.sciencedaily.com/releases/2016/10/161013103132.htm.

334 這可能也是美國中產階級媽媽：Giudice and Belsky, "Parent–Child Relationships," 75.

334 就連使用媽媽語這種好像很古老：Lancy, *Raising Children*, 38.

335 加州大學美熹德分校的珍妮佛・杭恩－霍布魯克：Jennifer Hahn-Holbrook, Taylor Cornwell-Hinrichs, and Itzel Anaya, "Economic and Health Predictors of National Postpartum Depression Prevalence: A Systematic Review, Meta-analysis, and Meta-Regression of 291 Studies from 56 Countries," *Frontiers in Psychiatry* 8, no. 248 (Feb. 1, 2017).

336 人類學家大衛・蘭西指出：David Lancy, "Accounting for Variability in Mother-Child Play," *American Anthropologist* 109, no. 2 (June 2007).

327 傳統一點的談話療法似乎比較有希望：James E. Swain et al., "Parent-child intervention decreases stress and increases maternal brain activity and connectivity during own baby-cry: An exploratory study," *Development and Psychopathology* 29, no. 2 (May 2017): 535–53.

328 美國紐澤西州為了改善新手媽媽的心理健康：Katy Backes Kozhimannil et al., "New Jersey's Efforts to Improve Postpartum Depression Care Did Not Change Treatment Patterns for Women on Medicaid," *Health Affairs* 30, no. 2 (Feb. 2011).

330 在某個社會中，寶寶的星盤可能是：Chih Ming Tan, Xiao Wang, and Xiaobo Zhang, "It's all in the stars: The Chinese zodiac and the effects of parental investments on offspring's cognitive and noncognitive skill development" (IFPRI Discussion Paper 1708, International Food Policy Research Institute, 2018).

330 美國大約有百分之九十三的媽媽：Traig, *Act Natural,* 104; Ruth Franklin, "No Book Will Fix What's Wrong With American Parenting," *New Republic,* Feb. 22, 2012, https://newrepublic.com/article/100955/druckerman-parenting-french-children-bebe-brooklyn.

330 美國媽媽覺得小孩最難照顧的兩個階段，據說是幼兒和青少年：Traig, *Act Natural,* 164–65, 173.

330 但歐洲人，尤其是移民美洲的歐洲後裔：Sapolsky, *Behave,* 276–79.

331 這些分歧顯然在許多方面影響著現代的母育行為：Stacey N. Doan and Qi Wang, "Maternal Discussions of Mental States and Behaviors: Relations to Emotion Situation Knowledge in European American and Immigrant Chinese Children," *Child Development* 81, no. 5 (Sept.–Oct. 2010): 1490–503; Sapolsky, *Behave,* 276; Suero Toda, Alan Fogel, and Masatoshi Kawai, "Maternal speech to three-month-old infants in the United States and Japan," *Journal of Child Language* 17, no. 2 (June 1990): 279–94; Anne Fernald and Hiromi Morikawa, "Common Themes and Cultural Variations in Japanese and American Mothers' Speech to Infants," *Child Development* 64, no. 3 (June 1993): 637–56.

331 據說東亞媽媽：Hyun-Joo Lim and Tina Skinner, "Culture and motherhood: Findings from a qualitative study of East Asian mothers in Britain," Families, *Relationships, and Societies* 1, no. 3 (Nov. 2012): 327–43; Harkness and Super, "Culture and Parenting," 273; Meg Murphy, "Surprising number of Japanese kids still bathe with their parents up until high school," Japan Today, Jan. 25, 2016, https://japantoday.com/category/features/lifestyle/surprising-number-of-japanese-kids-still-bathe-with-their-parents-up-until-high-school.

331 有些科學家推測媽媽的集體主義或個人主義傾向：Sapolsky, *Behave,* 279–281.

321 至少博西的實驗對象不是平白喪偶：Oliver J. Bosch et al., "Abandoned prairie vole mothers show normal maternal care but altered emotionality: Potential influence of the brain corticotropin-releasing factor system," *Behavioural Brain Research* 341 (Apr. 2, 2018): 114–21.

## 第十章：母親之鄉

326 近年來，研究人員嘗試了各種有創意的媽媽療法：Michal Bat Or, "Clay sculpting of mother and child figures encourages mentalization," Arts in Psychotherapy 37, no. 4 (Sept. 2010): 319–27; Deirdre Timlin and Ellen Elizabeth Anne Simpson, "A preliminary randomized control trial of the effects of Dru yoga on psychological well-being in Northern Irish first time mothers," *Midwifery* 46 (Mar. 2017): 29–36; Jamshid Tabeshpour et al., "A double-blind, randomized, placebo-controlled trial of saffron stigma (Crocus sativus L.) in mothers suffering from mild-to-moderate postpartum depression," *Phytomedicine* 36 (Dec. 1, 2017): 145–52; R. F. Slykerman et al., "Effect of Lactobacillus rhamnosus HN001 in Pregnancy on Postpartum Symptoms of Depression and Anxiety: A Randomised Double-blind Placebo-controlled Trial," *EBioMedicine* 24 (Oct. 2017): 159–65; Rachel Y. Moon et al., "Comparison of Text Messages Versus E-mail When Communicating and Querying with Mothers About Safe Infant Sleep," *Academic Pediatrics* 17, no. 8 (Nov.–Dec. 2017): 871–78; Erin M. Murphy et al., "Randomized Trial of Harp Therapy During In Vitro Fertilization–Embryo Transfer," *Journal of Evidence-Based Complementary and Alternative Medicine* 19, no. 2 (Apr. 2014): 93–8; Dan A. Oren et al., "An Open Trial of Morning Light Therapy for Treatment of Antepartum Depression," *American Journal of Psychiatry* 159, no. 4 (Apr. 2002): 666–9.

326 但結果顯示，催產素未必能提升母育行為或心理健康：R. Ne'eman et al., "Intranasal administration of oxytocin increases human aggressive behavior," *Hormones and Behavior* 80, (Apr. 2016): 125–131; Ritu Bhandari et al., "Effects of intranasal oxytocin administration on memory for infant cues: Moderation by childhood emotional maltreatment," *Social Neuroscience* 9, no. 5 (June 2014): 536–47.

327 抗憂鬱劑的效果比較好：Whitney P. Witt et al., "Access to Adequate Outpatient Depression Care for Mothers in the USA: A Nationally Representative Population-Based Study," *Journal of Behavioral Health Services & Research* 38, no. 2 (Apr. 2011): 191–204.

327 二〇一九年，美國食品藥品管理局核准第一款："FDA approves first treatment for post-partum depression," FDA news release, Mar. 19, 2019, https://www.fda.gov/news-events/press-announcements/fda-approves-first-treatment-post-partum-depression.

316 對於代間傳遞的虐兒行為：Rand D. Conger et al., "Disrupting intergenerational continuity in harsh and abusive parenting: The importance of a nurturing relationship with a romantic partner," *Journal of Adolescent Health 53*, no. 4, suppl. (Oct. 1, 2013): S11–S17.

316 有伴侶給予支持的媽媽們：Bornstein, "Determinants of Parenting," 35, 37; Holden, *Parents and the Dynamics of Child-Rearing*, 77.

316 有幾項關於震災倖存者的研究顯示：Jian-Hua Ren et al., "Mental Disorders of Pregnant and Postpartum Women After Earthquakes: A Systematic Review," *Disaster Medicine and Public Health Preparedness* 8, no. 4 (Aug. 2014): 315–25.

316 有一項針對瑞典育嬰假新政策做的研究發現：Petra Persson and Maya Rossin-Slater, "When Dad Can Stay Home: Fathers' Workplace Flexibility and Maternal Health" (NBER Working Paper 25902, National Bureau of Economic Research, Oct. 2019).

316 另一方面，爸爸的缺席：Tomás Cabeza de Baca et al., "Lack of partner impacts newborn health through maternal depression: A pilot study of low-income immigrant Latina women," *Midwifery* 64 (Sept. 2018): 63–68; T. Colton, B. Lanzen, and W. Laverty, "Family structure, social capital, and mental health disparities among Canadian mothers," *Public Health* 129, no. 6 (June 2015): 639–47; Raeburn, *Do Fathers Matter?*, 78.

317 女性若原本就擁有健康的支持關係：Amar Hamoudi and Jenna Nobles, "Do Daughters Really Cause Divorce? Stress, Pregnancy, and Family Composition," *Demography* 51, no. 4 (Aug. 2014): 1423–49.

317 有一項對紐約州阿第倫達克地區虐兒爸爸所做的研究：Rebecca L. Burch and Gordon G. Gallup Jr., "Perceptions of paternal resemblance predict family violence," *Evolution and Human Behavior* 21, no. 6 (Nov. 2000): 429–35.

318 加州大學戴維斯分校的莉亞・希貝爾找來多對小孩月齡六個月的父母：Leah C. Hibel et al., "Marital conflict sensitizes mothers to infant irritability: A randomized controlled experiment," *Infant and Child Development* 28, no. 3 (May/June 2019): e2127.

318 不健康的伴侶關係往往會讓母親的行為惡化：Nadia Pancsofar et al., "Family relationships during infancy and later mother and father vocabulary use with young children," *Early Childhood Research Quarterly* 23, no. 4 (4th Quarter 2008): 493–503.

318 儘管婚姻狀態仍是母育品質的預測因素之一："Children in single-mother-by-choice families do just as well as those in two-parent families," ScienceDaily, July 5, 2017, https://www.sciencedaily.com/releases/2017/07/170705095332.htm.

304 根據死亡率來看，美國壓力最沉重的媽媽族群：Erika L. Sabbath et al., "The long-term mortality impact of combined job strain and family circumstances: A life course analysis of working American mothers," *Social Science & Medicine* 146 (Dec. 2015): 111–19; Peter Hepburn, "Work Scheduling for American Mothers, 1990 and 2012," Social Problems 67, no. 4 (Nov. 2020): 741–762. Kerri M. Raissian and Lindsey Rose Bullinger, "Money matters: Does the minimum wage affect child maltreatment rates?," *Children and Youth Services Review* 72 (Jan. 2017): 60–70. Erin K. Kaplan, Courtney A. Collins, and Frances A. Tylavsky, "Cyclical unemployment and infant health," *Economics & Human Biology* 27, pt. #A (Nov. 2017): 281–88.

304 「自由且有選擇權的感覺」："What makes a happy working mom?," ScienceDaily, Dec. 6, 2017, https://www.sciencedaily.com/releases/2017/12/171206122517.htm.

304 有研究發現孕期長途通勤可能對孕婦造成危害：Bhashkar Mazumder and Zachary Seeskin, "Breakfast Skipping, Extreme Commutes, and the Sex Composition at Birth," *Biodemography and Social Biology* 61, no. 2 (2015): 187–208.

307 我很高又胖：Paula Sheppard, Justin R. Garcia, and Rebecca Sear, "A-Not-So-Grim Tale: How Childhood Family Structure Influences Reproductive and Risk-Taking Outcomes in a Historical U.S. Population," *PLoS ONE* 9, no. 3 (Mar. 5, 2014): e89539.

308 窮媽媽和富媽媽之間有很多可以量化的差異：Xiaozhong Wen et al., "Sociodemographic differences and infant dietary patterns," *Pediatrics* 134, no. 5 (Nov. 2014): e1387–e1398.

311 許多國家甚至不曾追蹤母親自殺的數據：Kimberly Mangla et al., "Maternal self-harm deaths: an unrecognized and preventable outcome," *American Journal of Obstetrics and Gynecology* 221, no. 4 (Oct. 1, 2019): 295–303.

312 日本某一年死亡的孕婦和新手媽媽："Giving life and dying of loneliness: many new mothers commit suicide in Japan," AsiaNews.it, Sept. 11, 2018, http://www.asianews.it/news-en/Giving-life-and-dying-of-loneliness:-many-new-mothers-commit-suicide-in-Japan-44902.html.

315 哺乳動物的配偶連結雖然很罕見：Ker Than, "Wild Sex: Where Monogamy Is Rare," LiveScience, Nov. 20, 2006, https://www.livescience.com/1135-wild-sex-monogamy-rare.html.

316 就給予媽媽的社會支持來說，爸爸們絕對不亞於母系祖母：Mary J. Levitt, Ruth A. Weber, and M. Cherie Clark, "Social network relationships as sources of maternal support and well-being," *Developmental Psychology* 22, no. 3 (1986): 310–16.

301 演化心理學家哈拉德．A．歐伊勒指出：Euler, "Grandparents and Extended Kin," in Salmon and Shackelford, *Oxford Handbook,* 187.

301 祖父們參與育兒的程度落差很大：Hrdy, *Mothers and Others,* 266.

302 連雌吸血蝙蝠：Gerald G. Carter, Damien R. Farine, and Gerald S. Wilkinson, "Social bet-hedging in vampire bats," *Biology Letters* 13, no. 5 (May 24, 2017): 20170112.

302 女性的友誼很可能是從儲備代理母親開始：Hrdy, *Mothers and Others,* 272.

302 女同性戀可能源自類似機制：Barry X. Kuhle and Sara Radtke, "Born Both Ways: The Alloparenting Hypothesis for Sexual Fluidity in Women," *Evolutionary Psychology* (April 1, 2013).

302 波士頓大部分的新手媽媽或許不會輪流照顧彼此的寶寶：Ellison, *Mommy Brain,* 95–96.

303 有項針對四歲小孩的媽媽所做的研究發現：Kay Donahue Jennings, Vaughan Stagg, and Robin E. Connors, "Social Networks and Mothers' Interactions with Their Preschool Children," *Child Development* 62, no. 5 (Oct. 1991): 966–78.

303 職場是許多年輕媽媽的社交中樞：DeWolf, "12 Stats About Working Women."

303 學者的看法是有些類型的工作對媽媽有害：Ben Renner, "Cruelty Begets Cruelty: A Toxic Workplace Turns Women Into Worse Mothers, Study Finds," Study Finds.org, Oct. 12, 2019, https://www.studyfinds.org/cruelty-begets-cruelty-toxic-workplace-turns-women-into-worse-mothers/; Klaus Preisner et al., "Closing the Happiness Gap: The Decline of Gendered Parenthood Norms and the Increase in Parental Life Satisfaction," *Gender & Society* 34, no. 1 (Feb. 1, 2020): 31–55.

303 有些職業媽媽過得很辛苦：Elizabeth Mendes, Lydia Saad, and Kyley McGeeney, "Stay-at-Home Moms Report More Depression, Sadness, Anger," Gallup.com, May 18, 2012, https://news.gallup.com/poll/154685/stay-home-moms-report-depression-sadness-anger.aspx.

304 媽媽產後不到一個月就返回鹽礦工作：Richard J. Petts, "Time Off After Childbirth and Mothers' Risk of Depression, Parenting Stress, and Parenting Practices," *Journal of Family Issues* 39, no. 7 (May 1, 2018): 1827–54.

304 產後不得不受命工作的負面影響：Emma Goldberg, "When the Surgeon Is a Mom," *New York Times,* Dec. 20, 2019.

297 「你的媽媽不是你的媽媽」：Marc Naguib, Melanie Kober, and Fritz Trillmich, "Mother is not like mother: Concurrent pregnancy reduces lactating guinea pigs' responsiveness to pup calls," *Behavioural Processes* 83, no. 1 (Jan. 2010): 79–81.

297 在狨猴等新世界猴當中：Sarah Blaffer Hrdy, "Meet the Alloparents," *Natural History Magazine*, Apr. 2009; Natalie Angier, "Weighing the Grandma Factor: In Some Societies, It's a Matter of Life and Death," *New York Times*, Nov. 5, 2002.

298 現在有一大堆科學文獻在讚頌人類祖母：Susan C. Alberts et al., "Reproductive aging patterns in primates reveal that humans are distinct," PNAS 110, no. 33 (Aug. 13, 2013): 13440–5; Lauren J. N. Brent et al., "Ecological Knowledge, Leadership, and the Evolution of Menopause in Killer Whales," *Current Biology* 25, no. 6 (Mar. 16, 2015): 746–50.

298 「考慮到她的身體在逐漸衰老」：Hrdy, *Mother Nature*, 47. 220

298 生過很多小孩的年老女性：Cindy K. Barha et al., "Number of Children and Telomere Length in Women: A Prospective, Longitudinal Evaluation," *PLoS ONE* 11, no. 1 (Jan. 5, 2016): e0146424.

299 針對芬蘭工業化前出生紀錄所做的最新研究顯示：Bridget Alex, "The Grandmother Hypothesis Could Explain Why Women Live So Long," *Discover*, Apr. 1, 2019, https://www.discovermagazine.com/planet-earth/the-grandmother-hypothesis-could-explain-why-women-live-so-long.

299 母系祖母更是普遍與孕期健康有關：David Waynforth, "Grandparental investment and reproductive decisions in the longitudinal 1970 British cohort study," *Proceedings of the Royal Society B* 279 11, no. 1(Sept. 14, 2012): 1155–60.

299 有一項對兩百一十位婦女做的荷爾蒙調查發現：Jennifer Hahn-Holbrook et al., "Placental Corticotropin-Releasing Hormone Mediates the Association Between Prenatal Social Support and Postpartum Depression," *Clinical Psychological Science* 1, no. 3 (July 1, 2013): 253–64.

299 奈及利亞的祖母：Scelza and Hinde, "A Biocultural Study."

299 中國祖母會將豬腳和薑一起燉煮：ibid. Anne Noyes Saini, "Pigs' feet and roasted ginger made my traditional postpartum month off," *The World*, Dec. 17, 2014, https://www.pri.org/stories/2014-12-17/pigs-feet-and-roasted-ginger-made-my-traditional-post partum-month.

299 在一項對波多黎各孕婦所做的研究中：Scelza and Hinde, "A Biocultural Study."

301 某些可能破壞感恩節晚餐氣氛的研究發現：ibid. 222

301 一項對中國媽媽所做的研究：*moms:* Ellen Y. Wan et al., "Postpartum depression and traditional postpartum care in China: Role of Zuoyuezi," *International Journal of Gynecology & Obstetrics* 104, no. 3 (Mar. 2009): 209–13.

## 第九章：沒有媽媽是孤島


286 我也有一些可能造成周產期情緒障礙的潛在危險因子：American Society of Anesthesiologists, "Postpartum depression linked to mother's pain after childbirth," ScienceDaily, Oct. 14, 2018, https://www.sciencedaily.com/releases/2018/10/181014142700.htm.

286 第三胎的誕生似乎預告著：Sarah Wilson, "The Other Costs of Children: Motherhood, Substance Use, and Depression," (abstract), Nov. 2019, https://ssrn.com/abstract=3483569.

287 孕婦的支持系統強度：Walsh et al., "Maternal prenatal stress phenotypes."

287 有親友支持的產婦分娩過程會比較順利：Brooke A. Scelza and Katie Hinde, "Crucial Contributions: A Biocultural Study of Grandmothering During the Perinatal Period," *Human Nature* 30 (Dec. 2019): 371–97.

287 偶爾有外人收費探訪（例如護理人員）的孕婦：Hrdy, *Mothers and Others,* 104.

287 有專業陪產員協助的女性：Corter and Fleming, "Psychobiology," 150.

290 就連實驗室裡的大鼠媽媽，也對社會線索相當敏感：James P. Curley and Frances A. Champagne, "Influence of maternal care on the developing brain: mechanisms, temporal dynamics and sensitive periods," *Frontiers in Neuroendocrinology* 40 (Jan. 2016): 52–66.

294 梅斯崔皮耶里與其他專家研究了七十隻獼猴：Eric Michael Johnson, "A primatologist discovers the social factors responsible for maternal infanticide," ScientificAmerican .com, Nov. 22, 2010, https://blogs.scientificamerican.com/guest-blog/a-primatologist-discovers-the-social-factors-responsible-for-maternal-infanticide/.

295 當周圍有其他位序高的獼猴：Stuart Semple, Melissa S. Gerald, and Dianne N. Suggs, "Bystanders affect the outcome of mother–infant interactions in rhesus macaques," *Proceedings of the Royal Society B* 276, no. 1665 (Mar. 11, 2009): 2257–62.

296 母親和女兒的小屋距離：Scelza and Hinde, "A Biocultural Study."

296 貧窮女性往往住得離父母比較近：Quoctrung Bui and Claire Cain Miller, "The Typical American Lives Only 18 Miles From Mom," *New York Times,* Dec. 23, 2015.

296 在近親會照顧年輕媽媽的文化中：B. Campos et al., "Familialism, social support, and stress: Positive implications for pregnant Latinas," *Cultural Diversity & Ethnic Minority Psychology* 14, no. 2 (2008): 155–62.

297 草原犬鼠在小孩斷奶之後：Verdolin, *Raised by Animals,* 3.

297 棕熊媽媽一找到新男友：Bjorn Dahle and Jon E. Swenson, "Family Breakup in Brown Bears: Are Young Forced to Leave?," *Journal of Mammalogy* 84, no. 2 (May 30, 2003): 536–40.

279 或許是出於類似的原因，在二〇一五年巴黎恐怖攻擊：Tim A. Bruckner et al., "Preterm birth and selection in utero among males following the November 2015 Paris attacks," *International Journal of Epidemiology* 48, no. 5 (Oct. 2019): 1614–22.

279 在充滿壓力的時期順利誕生的男嬰：Tim A. Bruckner and Jenna Nobles, "Intrauterine stress and male cohort quality: The case of Sept. 11, 2001," *Social Science & Medicine* 76 (Jan. 2013): 107–114; Timothy A. Bruckner, et al., "Culled males, infant mortality and reproductive success in a pre-industrial Finnish population," *Proceedings of the Royal Society B* 282 (Jan. 22, 2015): 20140835; Ralph Catalano et al., "Selection against small males in utero: a test of the Wells hypothesis," *Human Reproduction* 27, no. 4 (Apr. 2012): 1202–8.

279 即使是最不易察覺的壓力因素……都有可能稍微降低女性生下男孩的機率：Madhukar Shivajirao Dama, "Parasite Stress Predicts Offspring Sex Ratio," *PLoS ONE* 7, no. 9 (Sept. 26, 2012): e46169; Nicholas J. Sanders and Charles F. Stoecker, "Where Have All the Young Men Gone? Using Gender Ratios to Measure Fetal Death Rates" (NBER Working Paper 17434, National Bureau of Economic Research, Sept. 2011); Ralph Catalano, Tim A. Bruckner, and Kirk R. Smith, "Ambient temperature predicts sex ratios and male longevity," *PNAS* 105, no. 6 (Feb. 12, 2008): 2244–47.

280 就算只是不吃早餐：Fiona Mathews, Paul J. Johnson, and Andrew Neil, "You are what your mother eats: evidence for maternal preconception diet influencing foetal sex in humans," *Proceedings of the Royal Society B* 275, no. 1643 (Apr. 22, 2008): 1661–68.

281 以猴子來說，吸收較多皮質醇的幼猴成長快速：Katie Hinde et al., "Cortisol in mother's milk across lactation reflects maternal life history and predicts infant temperament," *Behavioral Ecology* 26, no. 1 (Jan.–Feb. 2015): 269–81.

281 孩子的氣質與母乳所含的壓力荷爾蒙有關：Katherine R. Grey et al., "Human milk cortisol is associated with infant temperament," *Psychoneuroendocrinology* 38, no. 7 (July 2013): 1178–85.

282 「如果沒有將情境考慮進去，討論所謂好的育兒方式或不好的育兒方式」：Tomás Cabeza de Baca, Aurelio José Figueredo, and Bruce J. Ellis, "An Evolutionary Analysis of Variation in Parental Effort: Determinants and Assessment," *Parenting* 12, nos. 2–3 (2012): 94–104.

275 就算只是住在過於擁擠的環境中：Robert H. Bradley, "Environment and Parenting," in Bornstein, *Handbook of Parenting*, 2:290.

275 光是蟑螂橫行這個環境因素：Snehal N. Shah et al., "Housing Quality and Mental Health: the Association between Pest Infestation and Depressive Symptoms among Public Housing Residents," *Journal of Urban Health* 95 (2018): 691–702.

275 就如同內心深埋創傷的影響：Pilyoung Kim et al., "Socioeconomic disadvantage, neural responses to infant emotions, and emotional availability among first-time new mothers," *Behavioural Brain Research* 325, pt. B (May 15, 2017): 188–96; Pilyoung Kim, Christian Capistrano, and Christina Congleton, "Socioeconomic disadvantages and neural sensitivity to infant cry: Role of maternal distress," *Social Cognitive and Affective Neuroscience* 11, no. 10 (Oct. 2016): 1597–607.

278 哥倫比亞大學近年研究兩百位壓力程度各不相同的新手媽媽：Kate Walsh et al., "Maternal prenatal stress phenotypes associate with fetal neurodevelopment and birth outcomes," *PNAS* 116, no. 48 (Nov. 26, 2019): 23996–4005.

278 哥大另一個研究團隊則分析美國近年出生的四千八百名嬰兒：Douglas Almond and Lena Edlund, "Trivers–Willard at birth and one year: evidence from US natality data 1983–2001," *Proceedings of the Royal Society B* 274, no. 1624 (Oct. 7, 2007): 2491–96.

278 還有一些很有意思的證據顯示，環境特別優渥的女性：Elissa Z. Cameron and Fredrik Dalerum, "A Trivers-Willard Effect in Contemporary Humans: Male-Biased Sex Ratios among Billionaires," *PLoS ONE* 4, no. 1 (Jan. 14, 2009): e4195.

278 這些模式的影響不只在於出生：Shige Song, "Spending patterns of Chinese parents on children's backpacks support the Trivers-Willard hypothesis: Results based on transaction data from China's largest online retailer," *Evolution and Human Behavior* 39, no. 3 (May 2018): 336–42; Rosemary L. Hopcroft and David O. Martin, "Parental Investments and Educational Outcomes: Trivers–Willard in the U.S.," *Frontiers in Sociology* 1, no. 3 (Mar. 31, 2016).

279 在不景氣的時候，有些針對男孩／女孩的花費模式似乎也會改變："Parents Spend More on Girls Than on Boys in a Recession," NBCNews.com, May 19, 2015, https://www.nbcnews.com/better/money/parents-spend-more-girls-boys-recession-n361441.

279 在這種時期產下的男嬰經由剖腹產出生：Tim A. Bruckner et al., "Economic downturns and male cesarean deliveries: A time-series test of the economic stress hypothesis," *BMC Pregnancy and Childbirth* 14, no. 198 (2014).

279 男性胎兒夭折的情況：Tim A. Bruckner, Ralph Catalano, and Jennifer Ahern, "Male fetal loss in the U.S. following the terrorist attacks of Sept. 11, 2001," *BMC Public Health* 10, no. 273 (2010).

271 日本福島核電廠發生爐心熔毀事故之後：Aya Goto et al., "Immediate effects of the Fukushima nuclear power plant disaster on depressive symptoms among mothers with infants: a prefectural-wide cross-sectional study from the Fukushima Health Management Survey," *BMC Psychiatry* 15, no. 59 (2015); Evelyn J. Bromet, "Emotional Consequences of Nuclear Power Plant Disasters," *Health Physics* 106, no. 2 (Feb. 2014): 206–10.

271 難民營裡的媽媽……精神遭受重大打擊的母親們在不習慣的混亂狀況下掙扎度日，嬰兒死亡率也隨之飆升：Liz Ford, "Young lives hang by a thread as past haunts Rohingya mothers," Guardian, Mar. 29, 2018; Sammy Zahran et al., "Maternal exposure to hurricane destruction and fetal mortality," *Journal of Epidemiology and Community Health 68*, no. 8 (Aug. 2014): 760–66.

272 金素慧和研究同仁找了數十位中產階級媽媽：Sohye Kim et al., "Mothers' unresolved trauma blunts amygdala response to infant distress," *Social Neuroscience* 9, no. 4 (2014): 352–63.

274 她們通常比較早生小孩：For more on this strategy, see Jay Belsky, Laurence Steinberg, and Patricia Draper, "Childhood Experience, Interpersonal Development, and Reproductive Strategy: An Evolutionary Theory of Socialization," *Child Development* 62, no. 4 (Aug. 1991): 647–70; Frances A. Champagne and James P. Curley, "The Trans-Generational Influence of Maternal Care on Offspring Gene Expression and Behavior in Rodents," in Maestripieri and Mateo, *Maternal Effects in Mammals,* 195; Laetitia A. N'Dri et al., "The Invisible Threat: Bisphenol-A and Phthalates in Environmental Justice Communities," *Environmental Justice* 8, no. 1 (Feb. 2015): 15–19; Ami R. Zota, Cassandra A. Phillips, and Susanna D. Mitro, "Recent Fast Food Consumption and Bisphenol A and Phthalates Exposures Among the U.S. Population in NHANES, 2003–2010," *Environmental Health Perspectives* 124, no. 10 (Oct. 2016): 1521–28.

275 貧窮母親比較有可能在童年時未受到適當照顧：Paul W. B. Bywaters et al., *The relationship between poverty, child abuse and neglect: an evidence review,* Joseph Rowntree Foundation, Mar. 3, 2016; Dawn E. Dailey et al., "An Exploration of Lifetime Trauma Exposure in Pregnant Low-income African American Women," *Maternal and Child Health Journal* 15, no. 3 (2011): 410–18.

275 這些媽媽容易產下體重較輕，且有相關健康問題的嬰兒：James W. Collins Jr. et al., "Women's lifelong exposure to neighborhood poverty and low birth weight: a population-based study," *Maternal and Child Health Journal* 13, no. 3 (May 2009): 326–33.

275 她們被判斷患有產後憂鬱症的機率是一般媽媽的兩倍：Linda H. Chaudron et al., "Accuracy of Depression Screening Tools for Identifying Postpartum Depression Among Urban Mothers," *Pediatrics* 125, no. 3 (Mar. 2010): e609–e617.

265 這些地方的嬰兒紛紛提早來到世上：Kyle Carlson, "Red Alert: Prenatal Stress and Plans to Close Military Bases," *American Journal of Health Economics* 4, no. 3 (Summer 2018): 287–320.

265 Covid-19 疫情產生的現象正好相反：Elizabeth Preston, "During Coronavirus Lockdown, Some Doctors Wondered: Where Are the Preemies?," *New York Times*, July 19, 2020. See also: Claire E. Margerison-Zilko et al., "Post-term birth as a response to environmental stress: The case of Sept. 11, 2001," *Evolution, Medicine, and Public Health* 2015, no. 1 (Jan. 16, 2015): 13–20.

266 有項研究算出，每有五百人被宣布裁員：Kyle Carlson, "Fear itself: The effects of distressing economic news on birth outcomes," *Journal of Health Economics* 41 (May 2015): 117–32.

266 次級房貸危機時，抵押品贖回權遭到取消的產婦所生的嬰兒體重也低於平均值：Janelle Downing and Tim Bruckner, "Subprime Babies: The Foreclosure Crisis and Initial Health Endowments," *RSF: The Russell Sage Foundation Journal of the Social Sciences: RSF* 5, no. 2 (Mar. 2019): 123–40.

266 當加州的失業人數飆升時，嬰兒猝死症案例也超乎預期地增加：Tim Bruckner and Ralph A. Catalano, "Economic Antecedents of Sudden Infant Death Syndrome," *Annals of Epidemiology* 16, no. 6 (June 2006): 415–22.

266 根據布魯克納的計算結果，加州城市的就業率每下降百分之一：Tim Bruckner, "Metropolitan Economic Decline and Infant Mortality due to Unintentional Injury," *Accident Analysis & Prevention* 40, no. 6 (Nov. 2008): 1797–803.

267 在昨天食物唾手可得、今天卻要費力覓食的情況下，這些獼猴媽媽：Jeremy D. Coplan et al., "Synchronized Maternal-Infant Elevations of Primate CSF CRF Concentrations in Response to Variable Foraging Demand," *CNS Spectrums* 10, no. 7 (July 2005): 530–36.

268 這些感受到壓力的獼猴媽媽變得執著於：Shariful Syed et al., "Glucagon like Peptide 1 as a Predictor of Telomere Length in Non Human Primate Exposed to Early Life Stress," *Biological Psychiatry* 81, no. 10, suppl. (May 15, 2017): S344.

270 人類學家羅伯・昆蘭：Robert J. Quinlan, "Human parental effort and environmental risk," *Proceedings of the Royal Society B* 274, no. 1606 (Jan. 7, 2007): 20063690.

270 除了疾病，戰爭也會增加心理上的距離：Jonathan Levy et al., "Chronic trauma impairs the neural basis of empathy in mothers: Relations to parenting and children's empathic abilities," *Developmental Cognitive Neuroscience* 38 (Aug. 2019): 100658.

270 在中國四川省發生八級地震的一年多過後：Zhiyong Qu et al., "The Impact of the catastrophic earthquake in China's Sichuan province on the mental health of pregnant women," *Journal of Affective Disorders* 136, nos. 1–2 (Jan. 2012): 117–23.

256 我最近看到一段短片："Watch: Man makes life-saving catch as mother throws young son from burning balcony in Arizona," CTV News video, July 8, 2020, https://www.youtube.com/watch?v=NsTup6SukWc.

257 壓力過大的母親比較有可能改用另一隻手：Nadja Reissland et al., "Maternal stress and depression and the lateralisation of infant cradling," *Journal of Child Psychology and Psychiatry* 50, no. 3 (Mar. 2009): 263–69.

257 德國歌德大學的大衛・史萊特利偏好使用所謂的「約束測試」：Katherine M. Hillerer et al., "Lactation-induced reduction in hippocampal neurogenesis is reversed by repeated stress exposure," *Hippocampus* 24, no. 6 (June 2014): 673–83.

259 圈養環境下會出現忽略小孩的情況：Holekamp and Dloniak, "Fissiped Carnivores," 232.

260 但若……我們也沒辦法生小孩或泌乳：Hrdy, *Mother Nature*, 125.

260 在玻利維亞的播種季節：Trevathan, *Ancient Bodies*, 71.

260 在衣索比亞，距離上次收成的時間越久，哺乳媽媽的上臂圍就會縮減得越多：Kedir Teji Roba et al., "Seasonal variation in nutritional status and anemia among lactating mothers in two agro-ecological zones of rural Ethiopia: A longitudinal study," *Nutrition* 31, no. 10 (Oct. 2015): 1213–8.

260 設置新的自來水管道系統後：Trevathan, *Ancient Bodies*, 45.

261 舉例來說，吃飽的獵豹媽媽：Holekamp and Dloniak, "Fissiped Carnivores," 237.

261 飢腸轆轆的哺乳動物媽媽則可能怠忽職守：Cathy M. Dwyer, "Genetic and physiological determinants of maternal behavior and lamb survival: implications for low-input sheep management," *Journal of Animal Science 86, supp.* 14 (Apr. 2008): E246–58.

261 有篇科學文獻的標題便是以懶散媽媽的角度：Winston Paul Smith, "Maternal Defense in Columbian White-Tailed Deer: When is it Worth It?" *American Naturalist* 130, no. 2 (Aug. 1987): 310–16.

264 經濟學家早就明白生育率與經濟息息相關：Lisa J. Dettling and Melissa S. Kearney, "House prices and birth rates: The impact of the real estate market on the decision to have a baby," *Journal of Public Economics* 110 (Feb. 2014): 82–100.

265 如果某個地區由於開採燃煤等因素發了橫財：Melissa S. Kearney and Riley Wilson, "The Family Formation Response to a Localized Economic Shock: Evidence from the Fracking Boom," Nov. 10, 2016, https://papers.ssrn.com/sol3/papers.cfm?abstract_id=2866663.

265 丹麥有項……失業率研究顯示：Tim A. Bruckner, Laust H. Mortensen, and Ralph A. Catalano, "Spontaneous Pregnancy Loss in Denmark Following Economic Downturns," *American Journal of Epidemiology* 183, no. 8 (Apr. 15, 2016): 701–8.

248 過去已有學者發現 BPA 與許多問題有關：For example, Danielle Della Seta et al., "Bisphenol-A exposure during pregnancy and lactation affects maternal behavior in rats," *Brain Research Bulletin* 65, no. 3 (Apr. 2005): 255–60; Sarah A. Johnson et al., "Disruption of Parenting Behaviors in California Mice, a Monogamous Rodent Species, by Endocrine Disrupting Chemicals," *PLoS One* 10, no. 6 (June 3, 2015): e0126284; Sofiane Boudalia et al., "A multi-generational study on low-dose BPA exposure in Wistar rats: Effects on maternal behavior, flavor intake and development," *Neurotoxicology and Teratology* 41 (Jan.–Feb. 2014): 16–26.

250 根據目前在囓齒動物身上做的塑膠物質研究顯示：Mary C. Catanese and Laura N. Vandenberg, "Bisphenol S (BPS) Alters Maternal Behavior and Brain in Mice Exposed During Pregnancy/Lactation and Their Daughters," *Endocrinology* 158, no. 3 (Mar. 1, 2017): 516–30.

253 有科學家像偵探一樣尾隨我們，觀察我們處理午後的各種雜事：Holden, "Avoiding Conflict," 1983; Holden, *Parents and the Dynamics of Child Rearing,* 73; Bornstein, "Determinants of Parenting," 34–35.

253 媽媽們在晚上打小孩屁股的機率是早上的兩倍：Holden, *Parents and the Dynamics of Child Rearing,* 71–72.

253 某項研究調查了佛羅里達州五歲到十一歲兒童的媽媽們：Melissa A. Bright et al., "Association of Friday School Report Card Release With Saturday Incidence Rates of Agency-Verified Physical Child Abuse," *JAMA Pediatrics* 173, no. 2 (Feb. 2019): 176–82.

253 「不要問某種基因做了什麼，要問它在特定的脈絡下做了什麼」：Robert Sapolsky, *Behave: The Biology of Humans at Our Best and Worst* (New York: Penguin Press, 2017), 256.

253 曾接觸某些殺蟲劑的草原林跳鼠：Mary C. Catanese, Alexander Suvorov, and Laura N. Vandenberg, "Beyond a means of exposure: a new view of the mother in toxicology research," *Toxicology Research* 4, no. 3 (May 2015): 592–612.

254 脂肪含量偏高的飲食：Clara V. Perani et al., "High-fat diet prevents adaptive peripartum-associated adrenal gland plasticity and anxiolysis," *Scientific Reports* 5 (Oct. 2015): 14821.

254 從好的方面來說，吃魚：Kei Hamazaki et al., "Dietary intake of fish and n-3 polyunsaturated fatty acids and risk of postpartum depression: a nationwide longitudinal study—the Japan Environment and Children's Study (JECS)," *Psychological Medicine* 50 (Sept.–Oct. 2020): 1–9.

255 每十胎當中，大概就有一胎會被媽媽以這樣直接的方式拋棄：Hrdy, *Mother Nature,* 93.

255 耶魯大學兒童研究中心：Anna E. Austin and Megan V. Smith, "Examining Material Hardship in Mothers: Associations of Diaper Need and Food Insufficiency with Maternal Depressive Symptoms," *Health Equity* 1, no. 1 (Sept. 1, 2017): 127–33.

245 某些對兒子的偏好：Associated Press "Study Finds Boys Preferred as Firstborns," *New York Times*, July 6, 1982.

245 現在美國媽媽們普遍希望兒女雙全：Francine Blau et al., "Declining son preference in the US," VoxEU/CEPR, Mar. 12, 2020, https://voxeu.org/article/declining-son-preference-us; Ashley Larsen Gibby and Kevin J. A. Thomas, "Adoption: A Strategy to Fulfill Sex Preference of U.S. Parents," *Journal of Marriage and Family* 81, no. 2 (Apr. 2019): 531–41. Jacques D. Marleau and Jean-François Saucier, "Preference for a First-Born Boy in Western Societies," *Journal of Biosocial Science* 34, no. 1 (Jan. 2002): 13–27; Robert Lynch, Helen Wasielewski, and Lee Cronk, "Sexual conflict and the Trivers-Willard hypothesis: Females prefer daughters and males prefer sons," *Scientific Reports* 8 (2018): 15463.

245 現在的美國媽媽平均花費更多時間和金錢在女兒身上：Michael Baker and Kevin Milligan, "Boy-Girl Differences in Parental Time Investments: Evidence from Three Countries," *Journal of Human Capital* 10, no. 4 (Winter 2016): 399–441.

245 在一九七〇年代，只生兒子的家庭會投資較多：Sabino Kornrich and Frank Furstenberg, "Investing in Children: Changes in Parental Spending on Children, 1972–2007," *Demography* 50, no. 1 (2013): 1–23.

245 趨勢到二〇〇七年就已逆轉，最大手筆的消費者變成了只有女兒的家庭：Lambrianos Nikiforidis et al., "Do Mothers Spend More on Daughters While Fathers Spend More on Sons?," *Journal of Consumer Psychology* 28, no. 1 (Jan. 2018): 149–56.

246 當然，也有一些明顯的例外：Douglas Almond and Yi Cheng, "Perinatal Health among 1 Million Americans," NBER, Working Paper (Aug. 2019).

## 第八章：母愛溫度計

248 BPA 在世界上無所不在：Hidekuni Inadera, "Neurological Effects of Bisphenol A and its Analogues," *International Journal of Medical Sciences* 12, no. 12 (Oct. 30, 2015): 926–36; Jerome Groopman, "The Plastic Panic," New Yorker, May 31, 2010.

243 男孩的媽媽會花較多時間在家事上，零用錢也給得比較多：Claire Cain Miller, "A 'Generationally Perpetuated' Pattern: Daughters Do More Chores," The Upshot, *New York Times*, Aug. 8, 2018, https://www.nytimes.com/2018/08/08/upshot/chores-girls-research-social-science.html.

243 在某些文化中，男孩媽媽通常會持續哺乳更久：Seema Jayachandran and Ilyana Kuziemko, "Why Do Mothers Breastfeed Girls Less Than Boys? Evidence and Implications for Child Health in India," *Quarterly Journal of Economics* 126, no. 3 (Aug. 2011): 1485–538.

243 就像某些對兒子癡迷的猴子媽媽：Amanda M. Dettmer et al., "Firsttime rhesus monkey mothers, and mothers of sons, preferentially engage in face-to-face interactions with their infants," *American Journal of Primatology* 78, no. 2 (2016): 238–46.

243 如果有隻八十歲的虎鯨媽媽死亡：Sindya N. Bhanoo, "Orca Mothers Coddle Adult Sons, Study Finds," *New York Times*, Sept. 17, 2012.

243 這些可憐的女性應當得到比其他媽媽更多的實質回報，但：Samuli Helle and Virpi Lummaa, "A trade-off between having many sons and shorter maternal post-reproductive survival in pre-industrial Finland," *Biology Letters* 9, no. 2 (Feb. 23, 2013): 20130034.

244 「女人都想要兒子，」人類學家瑪格麗特．米德提及：Sarah Harkness and Charles M. Super, "Culture and Parenting," in Bornstein, *Handbook of Parenting*, 2:257.

244 在今日的印度，懷有男孩的母親：Prashant Bharadwaj and Leah K. Lakdawala, "Discrimination Begins in the Womb: Evidence of Sex-Selective Prenatal Investments," *Journal of Human Resources* 48, no. 1 (Winter 2013): 71–113.

244 分娩之後，這些國家的母親平均花較多時間陪伴兒子：Seema Jayachandran and Ilyana Kuziemko, "Why Do Mothers Breastfeed Girls Less Than Boys? Evidence and Implications for Child Health in India," *Quarterly Journal of Economics* 126, no. 3 (Aug. 2011): 1485–538; Silvia H. Barcellos, Leandro S. Carvalho, and Adriana Lleras-Muney, "Child Gender and Parental Investments in India: Are Boys and Girls Treated Differently?," *American Economic Journal: Applied Economics* 6, no. 1 (Jan. 2014): 157–89.

244 印度某間人工流產診所……八千個終止妊娠的胎兒中，只有三個是男性：Hrdy, *Mother Nature*, 322; Lisa R. Roberts and Susanne B. Montgomery, "India's Distorted Sex Ratio: Dire Consequences for Girls," *Journal of Christian Nursing* 33, no. 1 (Jan.–Mar. 2016): E7–E15.

244 在土庫曼的某個部落：David Lancy, *Raising Children: Surprising Insights from Other Cultures* (Cambridge, UK: Cambridge University Press, 2017), 123.

245 過去幾個世紀，美國的媽媽們可能也有類似的偏見：Nora Bohnert et al., "Offspring Sex Preference in Frontier America," *Journal of Interdisciplinary History* 42, no. 4 (2012): 519–41.

242 至於哪個性別的胎兒會讓媽媽的胸部變得更雄偉，目前答案仍懸而未決：Agnieszka □ela□niewicz and Bogus□aw Paw□owski, "Breast size and asymmetry during pregnancy in dependence of a fetus's sex," *American Journal of Human Biology* 27, no. 5 (Sept.–Oct. 2015): 690–6; Andrzej Galbarczyk, "Unexpected changes in maternal breast size during pregnancy in relation to infant sex: An evolutionary interpretation," *American Journal of Human Biology* 23, no. 4 (July–Aug. 2011): 560–2.

242 有項研究調查了麻薩諸塞州幾十位健康的媽媽：Camilla E. Powe, Cheryl D. Knott, and Nancy Conklin-Brittain, "Infant sex predicts breast milk energy content," *American Journal of Human Biology* 22, no. 1 (Jan.–Feb. 2010): 50–54.

242 許多哺乳動物都會為雄性幼獸分泌脂肪含量較高的乳汁：Bondar, *Wild Moms,* 153–54.

242 乳牛是有趣的例外：Katie Hinde et al., "Holsteins Favor Heifers, Not Bulls: Biased Milk Production Programmed during Pregnancy as a Function of Fetal Sex," *PLoS ONE* 9, no. 2 (Feb. 3, 2014): e86169.

242 動物研究也顯示，母乳的化學成分會因寶寶性別而異：Katie Hinde et al., "Daughter dearest: Sex-biased calcium in mother's milk among rhesus macaques," *American Journal of Physical Anthropology* 151, no. 1 (May 2013): 144–50; Katie Hinde and Lauren A. Milligan, "Primate milk: proximate mechanisms and ultimate perspectives," *Evolutionary Anthropology* 20, no. 1 (Jan.–Feb. 2011): 9–23.

242 經典的「X 寶寶」實驗發現，當媽媽們與陌生的幼兒相處時：Bornstein, "Parenting × Gender × Culture × Time," 92.

242 還有許多奇妙的漣漪效應：Shelly Lundberg and Elaina Rose, "Investments in Sons and Daughters: Evidence from the Consumer Expenditure Survey," Department of Economics, University of Washington (Feb. 2003); Vicki L. Bogan, "Household Investment Decisions and Offspring Gender: Parental Accounting," *Applied Economics* 45, no. 31 (2013): 4429–4442; Rose Eveleth, "Young Girls Are More Likely to Want Braces Than Boys," Smithsonianmag.com, Nov. 25, 2013, https://www.smithsonianmag.com/smart-news/young-girls-are-more-likely-to-want-braces-than-boys; KJ Dell'Antonia, "Mothers Talk Less to Young Daughters About Math," *Motherlode* (blog), New York Times, Feb. 24, 2012, https://parenting.blogs.nytimes.com/2012/02/24/mothers-talk-less-to-young-daughters-about-math/.

242 有項研究發現，美國女孩媽媽的政治立場比較可能傾向右派：Byungkyu Lee and Dalton Conley, "Does the Gender of Offspring Affect Parental Political Orientation?," *Social Forces* 94, no. 3 (Mar. 2016): 1103–27.

236 其他研究則發現，在雙胞胎嬰兒八個月大時：David F. Bjorklund, Jennifer L. Yunger, and Anthony D. Pelligrini, "The Evolution of Parenting and Evolutionary Approaches to Childrearing," in Bornstein, *Handbook of Parenting,* 2:20.

236 最讓人難忘的……可能是母親會更努力保護長得好看的孩子：Viki McCabe, "Abstract Perceptual Information for Age Level: A Risk Factor for Maltreatment?" *Child Development* 55, no. 1 (Feb. 1984): 267–76.

236 二〇一七年，有研究者請媽媽們配戴具備眼球追蹤功能的眼鏡：Holly Rayson et al., "Effects of Infant Cleft Lip on Adult Gaze and Perceptions of 'Cuteness,' " *Cleft Palate–Craniofacial Journal* 54, no. 5 (Sept. 2017): 562–70.

236 另一項研究則發現，及早採取手術治療唇裂，不僅能解決外觀問題：Lynne Murray et al., "The effect of cleft lip and palate, and the timing of lip repair on mother-infant interactions and infant development," *Journal of Child Psychology and Psychiatry* 49, no. 2 (Feb. 2008): 115–23.

240 懷有男胎的女性："Why baby's sex may influence risk of pregnancy-related complications," Obs Gynae & Midwifery News, July 23, 2018, https://www.ogpnews.com/2018/07/why-babys-sex-may-influence-risk-of-pregnancy-related-complications/31725.

241 我們因懷孕出現憂鬱問題的機率多了七成：Sarah Myers and Sarah E. Johns, "Male infants and birth complications are associated with increased incidence of postnatal depression," *Social Science & Medicine* 220 (Jan. 2019): 56–64.

241 我們在第一和第二孕期時對厭惡的東西明顯較為敏感：Agnieszka □ela□niewicz and Bogus□aw Paw□owski, "Disgust in pregnancy and fetus sex—Longitudinal study," *Physiology & Behavior* 139 (Feb. 2015): 177–81.

241 我們也可以多攝取百分之十的熱量：Ellison, *Mommy Brain,* 147, Claire M. Vanston and Niel V. Watson, "Selective and persistent effect of foetal sex on cognition in pregnant women," *NeuroReport* 16, no. 7 (May 12, 2005): 779–82.

241 在不知不覺中將媽媽「程序化」的胎動，也會因胎兒性別而異：J. A. DiPietro and K. M. Voegtline, "The gestational foundation of sex differences in development and vulnerability," *Neuroscience* 342 (Feb. 7, 2017): 4–20.

234 某項研究發現，長相討人喜歡的嬰兒在新生兒加護病房的預後情形較佳：Lina Kurdahi Badr and Bahia Abdallah, "Physical attractiveness of premature infants affects outcome at discharge from the NICU," *Infant Behavior and Development* 24, no. 1 (2001): 129–33.

234 日間托育中心的育幼人員容易低估不可愛的小孩：Rita J. Casey and Jane M. Ritter, "How infant appearance informs: Child care providers' responses to babies varying in appearance of age and attractiveness," *Journal of Applied Developmental Psychology* 17, no. 4 (Oct.–Dec. 1996): 495–518.

234 可愛與否也是預測孤兒領養結果的一大指標：Anthony Volk and Vernon L. Quinsey, "The influence of infant facial cues on adoption preferences," *Human Nature* 13 (2002): 437–55.

234 沒人要的嬰兒……被登在報紙上徵求收養：Janet Golden, *Babies Made Us Modern: How Infants Brought America into the Twentieth Century* (Cambridge, UK: Cambridge University Press, 2018), 39.

234 追蹤許多與父親分居的美國家庭……鎖定一個問題的答案：Marlon R. Tracey and Solomon W. Polachek, "If looks could heal: Child health and paternal investment," *Journal of Health Economics* 57 (Jan. 2018): 179–90.

235 法國有項研究：A. Alvergne, C. Faurie, and M. Raymond, "Are parents' perceptions of offspring facial resemblance consistent with actual resemblance? Effects on parental investment," *Evolution and Human Behavior* 3, no. 1 (Jan. 2010): 7–15.

235 另一個在塞內加爾的研究團隊：A. Alvergne, C. Faurie, and M. Raymond, " Father-offspring resemblance predicts paternal investment in humans," *Animal Behaviour* 7, no. 1 (Aug. 2009): 61–69.

235 就算是領養的小孩，爸爸們顯然也比較喜歡自己的迷你翻版：Volk and Quinsey, "The influence of infant facial cues."

235 父親能帶來的這些好處，或許解釋了：Guidice and Belsky, "Parent-Child Relationships," in Salmon and Shackelford, *Oxford Handbook*, 74; Salmon and Malcolm, "Parent-Offspring Conflict," 89.

235 一九九〇年代，有心理學家進駐：Judith H. Langlois et al., "Infant attractiveness predicts maternal behaviors and attitudes," *Developmental Psychology* 31, no. 3 (1995): 464–72.

236 得知寶寶們也相當膚淺……讓我覺得心裡稍微舒坦一點：Hrdy, *Mother Nature*, 410.

236 亞伯達大學的研究員在探討購物車安全：Nicholas Bakalar, "Ugly Children May Get Parental Short Shrift," *New York Times*, May 3, 2005.

230 現代母親的幸福：Johannes Schwarze and Rainer Winkelmann, "Happiness and altruism within the extended family," *Journal of Population Economics* 24 (2011): 1033–51; "Heart risk higher for moms raising kids with birth defects," News Health, Sept. 22, 2018.

231 有幾項令人感到不舒服的長期研究持續追蹤義大利的早產兒：Erica Neri et al., "Mother-preterm infant interactions at 3 months of corrected age: Influence of maternal depression, anxiety and neonatal birth weight," *Frontiers in Psychology* 6, no. 1234 (Sept. 1, 2015).

231 當這些寶寶進入學步期後：Paola Salvatori et al., "Pattern of mother-child feeding interactions in preterm and term dyads at 18 and 24 months," *Frontiers in Psychology* 6, no. 1245 (Aug. 19, 2015).

231 另一項研究則發現……瑞典媽媽：Douglas Almond, Lena Edlund, and Marten Palme, "Chernobyl's Subclinical Legacy: Prenatal Exposure to Radioactive Fallout and School Outcomes in Sweden," *Quarterly Journal of Economics* 124, no. 4 (Nov. 2009): 1729–72.

231 據說約有八成的媽媽疼愛某一個孩子甚於其他子女：Jennifer Traig, *Act Natural: A Cultural History of Misadventures in Parenting* (New York: HarperCollins, 2019), 191.

232 根據美國「啟蒙」學術計畫：Anna Aizer and Flávio Cunha, "The Production of Human Capital: Endowments, Investments and Fertility" (NBER Working Paper 18429, National Bureau of Economic Research, Sept. 2012); Douglas Almond and Bhashkar Mazumder, "Fetal Origins and Parental Responses," *Annual Review of Economics* 5 (Aug. 2013): 37–56.

232 二〇一九年有份來自馬拉威的研究報告：Rebecca Dizon-Ross, "Parents' Beliefs about Their Children's Academic Ability: Implications for Educational Investments," *American Economic Review* 109, no. 8 (Aug. 2019): 2728–65.

232 如果男人真的要找：Richard O. Prum, *The Evolution of Beauty: How Darwin's Forgotten Theory of Mate Choice Shapes the Animal World—and Us* (New York: Doubleday, 2017), 329.

233 研究者在非裔美國家庭中發現一個令人不安的偏心現象：Antoinette M. Landor et al., "Exploring the impact of skin tone on family dynamics and race-related outcomes," *Journal of Family Psychology* 27, no. 5 (2013): 817–26.

233 例如剛孵化的侏儒鱷：Daniel J. Kruger and Steven A. Miller, "Non-Mammalian Infants Dependent on Parental Care Elicit Greater Kindchenschema-Related Perceptions and Motivations in Humans," *Human Ethology Bulletin* 31, no. 3 (Sept. 30, 2016): 15–24.

233 研究人員將某些人嬰兒時期的照片：Marissa A. Harrison et al., "You must have been a beautiful baby: Ratings of infant facial attractiveness fail to predict ratings of adult attractiveness," *Infant Behavior and Development* 34, no. 4 (Dec. 2011): 610–16.

223 大約四分之一的母性行為差異可以歸因於小孩的遺傳特徵：R. Avinun and A. Knafo, "Parenting as a Reaction Evoked by Children's Genotype: A Meta-Analysis of Children-as-Twins Studies," *Personality and Social Psychology Review* 18, no. 1 (Feb. 2014): 87–102; A. M. Klahr and S. A. Burt, "Elucidating the etiology of individual differences in parenting: A meta-analysis of behaviorial genetic research," *Psychological Bulletin* 140, no. 2 (Mar. 2014): 544–86.

223 但被領養的小孩體內的基因仍像回音一樣：A. M. Klahr et al., "Birth and Adoptive Parent Antisocial Behavior and Parenting: A Study of Evocative Gene–Environment Correlation," *Child Development* 88, no. 2 (Mar. 2017): 505–13; Xiaojia Ge et al., "The developmental interface between nature and nurture: A mutual influence model of child antisocial behavior and parent behaviors," *Developmental Psychology* 32, no. 4 (1996): 574–89.

223 在一九七九年開始的一項早期研究中，研究人員找了一群「過動男孩」：Russell A. Barkley and Charles E. Cunningham, "The Effects of Methylphenidate on the Mother-Child Interactions of Hyperactive Children," *Archives of General Psychiatry* 36, no. 2 (Feb. 1979): 201–8.

223 近年有另一項在非洲模里西斯島進行的長期研究：Jill Portnoy et al., "Reductions of intimate partner violence resulting from supplementing children with omega-3 fatty acids: A randomized, double-blind, placebo-controlled, stratified, parallel-group trial," *Aggressive Behavior* 44, no. 5 (May 20, 2018).

228 淘汰也可能是出於人為……唐氏症胎兒的墮胎率：For UK: Alison Gee, "A World without Down's Syndrome?," BBC News Magazine, Sept. 29, 2016, https://www.bbc.com/news/magazine-37500189; For Iceland and Denmark: Julian Quinones and Arijeta Latka, "'What kind of society do you want to live in?': Inside the country where Down syndrome is disappearing," CBS News, Aug. 14, 2017, https://www.cbsnews.com/news/down-syndrome-iceland/.

228 這個驚人的事實：Hrdy, *Mother Nature*, 177.

229 仍有一些貧困地區的婦女會殺嬰：Nancy Scheper-Hughes, *Death Without Weeping: The Violence of Everyday Life in Brazil* (Berkeley: University of California Press, 1992), 356.

229 即使是在今日的美國，最有可能害死一週大嬰兒的人依然是生母：Susan Hatters Friedman and Phillip J. Resnick, "Child murder by mothers: patterns and prevention," *World Psychiatry* 6, no. 3 (2007): 137–41; "Infant Homicide," Child Trends Databank, February 2015, https://www.childtrends.org/wp-content/uploads/2016/03/indicator_1457608611.364.html.

229 或許，母親在產下新生兒後出現情感麻木的現象之所以極為普遍……是為了抵銷剛當上媽媽的興高采烈：Periss and Bjorklund, "Trials and Tribulations," 159.

217 或許這能解釋為什麼有些媽媽在小孩還沒出生時，就對他們有「異常透徹」的了解：C. H. Zeanah, P. D. Zeanah, and L. K. Stewart, "Parents' constructions of their infants' personalities before and after birth: A descriptive study," *Child Psychiatry and Human Development* 20 (Spring 1990): 191–206.

217 有「母體程序化」之稱：Laura M. Glynn, Mariann A. Howland, and Molly Fox, "Maternal programming: Application of a developmental psychopathology perspective," *Development and Psychopathology* 30, no. 3 (Aug. 2018): 905–19.

220 脾氣不好的寶寶似乎會讓媽媽更沮喪消沉：Megan Quist et al., "Interactive Effects of Infant Gestational Age and Infant Fussiness on the Risk of Maternal Depressive Symptoms in a Nationally Representative Sample," *Academic Pediatrics* 19, no. 8 (Nov. 1, 2019): 917–24.

220 抑鬱的媽媽對來自嬰兒的刺激比較沒有反應：Benjamin W. Nelson, Heidemarie Laurent, and Nick Allen, "How a Mother's Depression Shows Up in Her Baby's DNA," Smithsonianmag.com, Jan. 22, 2018, https://www.smithsonianmag.com/science-nature/when-mom-feels-depressed-her-babys-cells-might-feel-it-too.

220 這些嬰兒在幾個月大的時候：Rebecca Jones et al., "Infant interest in their mother's face is associated with maternal psychological health," *Infant Behavior and Development* 36, no. 4 (Dec. 2013): 686–93; Marc H. Bornstein et al., "Discrimination of facial expression by 5-month-old infants of nondepressed and clinically depressed mothers," *Infant Behavior and Development* 34, no. 1 (Feb. 2011): 100–106.

221 有很多研究提出可能是關鍵所在的小孩基因：For example, see Roni Pener-Tessler et al., "Boys' serotonin transporter genotype affects maternal behavior through self-control: A case of evocative gene–environment correlation," *Development and Psychopathology* 25, no. 1 (Feb. 2013): 151–62; Katie Kryski et al., "Evidence for evocative gene–environment correlation between child oxytocin receptor (OXTR) genotype and caregiver behavior," *Personality and Individual Differences* 64 (July 2014): 107–10.

222 雙胞胎的媽媽比較容易早逝：Emily Grundy and Oystein Kravdal, "Do short birth intervals have long-term implications for parental health? Results from analyses of complete cohort Norwegian register data," *Journal of Epidemiology & Community Health* 68, no. 10 (2014): 958–64.

205 另一項由耶魯大學所做的研究則顯示：Pilyoung Kim et al., "Perceived quality of maternal care in childhood and structure and function of mothers' brain," *Developmental Science* 13, no. 4 (July 2010): 662–73.

205 反過來說，遭受母親不當對待的女性：Chloe Thompson-Booth et al., "Ghosts in the nursery: An experimental investigation of a parent's own maltreatment experience, attention to infant faces, and dyadic reciprocity," *Emotion* 19, no. 6 (2019): 1093–1102.

205 而且似乎比較容易因為嬰兒的哭聲而不高興：Madelon M. E. Riem et al., "Attachment in the brain: adult attachment representations predict amygdala and behavioral responses to infant crying," *Attachment & Human Development* 14, no. 6 (2012): 533–51.

205 有個英國研究團隊：Christina Moutsiana et al., "Insecure attachment during infancy predicts greater amygdala volumes in early adulthood," *Journal of Child Psychology and Psychiatry* 56, no. 5 (May 2015): 540–48.

206 小孩與領養者關係最準確的預測指標：Hrdy, *Mothers and Others*, 291.

206 畢竟，當女兒還是妳肚子裡的胎兒時，就已經有數百萬個卵子在她體內：Trevathan, *Ancient Bodies*, 51–52.

## 第七章：你當我小孩嗎？

211 一九七六年時，生四胎以上的媽媽占了四成：Gretchen Livingston, "Family Size Among Mothers," Social & Demographic Trends, Pew Research Center, May 7, 2015, https://www.pewsocialtrends.org/2015/05/07/family-size-among-mothers/.

212 二〇一八年時，一群來自明尼蘇達大學雙城分校的研究人員：Emily A. Willoughby et al., "Free Will, Determinism, and Intuitive Judgments About the Heritability of Behavior," *Behavior Genetics* 49 (Mar. 2019): 136–53.

215 我們可以用一些工具粗魯地提高母親的警醒度：Janet A. DiPietro, Kathleen A. Costigan, and Edith D. Gurewitsch, "Fetal response to induced maternal stress," *Early Human Development* 74, no. 2 (Nov. 2003): 125–38.

216 但在重新檢查數據之後，證實了這個模式：Janet A. DiPietro et al., "The psychophysiology of the maternal–fetal relationship," *Psychophysiology* 41, no. 4 (July 2004): 510–20.

216 迪皮特羅……設計了一個實驗情境：Janet A. DiPietro et al., "Physiological reactivity of pregnant women to evoked fetal startle," *Journal of Psychosomatic Research* 75, no. 4 (Oct. 2013): 321–26.

200 某些關於母性行為循環的有趣研究還真的跟猴子媽媽有關：Stephen J. Suomi, "Early determinants of behaviour: evidence from primate studies," *British Medical Bulletin* 53, no. 1 (Jan. 1997): 170–84.

200 黑面長尾猴與幼猴相處的時間：Dario Maestripieri, "Maternal Influences on Offspring Growth, Reproduction, and Behavior in Primates," in Maestripieri and Mateo, *Maternal Effects in Mammals*, 280.

201 而在普通獼猴當中，母猴的虐兒行為：Dario Maestripieri, "The Role of the Brain Serotonergic System in the Origin and Transmission of Adaptive and Mal adaptive Variations in Maternal Behavior in Rhesus Macaques," in Bridges, *Neurobiology of the Parental Brain*, 165.

201 二〇〇五年，有項研究帶來了重大轉折：Dario Maestripieri, "Early experience affects the intergenerational transmission of infant abuse in rhesus monkeys," *PNAS* 102, no. 27 (July 5, 2005): 9726–29.

201 大約十五年前，在加拿大麥基爾大學的某間研究室：Ian C. G. Weaver et al., "Epigenetic programming by maternal behavior," *Nature Neuroscience* 7 (2004): 847–54; Frances Champagne, "Epigenetics of Mammalian Parenting," in *Ancestral Landscapes in Human Evolution: Culture, Childrearing and Social Wellbeing*, ed. Darcia Narvaez et al. (New York: Oxford University Press, 2014), 18–37; Frances A. Champagne, "Early Environments, Glucocorticoid Receptors, and Behavioral Epigenetics," *Behavioral Neuroscience* 127, no. 5 (2013): 628–36.

204 加拿大卑詩省兒童醫院做了一項驚人的研究：Sarah R. Moore et al., "Epigenetic correlates of neonatal contact in humans," *Development and Psychopathology* 29, no. 5 (Dec. 2017): 1517–38; David Nield, "Babies Who Are Cuddled More Seem to Have Their Genetics Altered for Years Afterwards," ScienceAlert, Oct. 12, 2019, https://www.sciencealert.com/babies-who-are-cuddled-more-seem-to-have-their-genetics-altered-for-years-afterwards.

205 二〇〇九年有一項小型研究對自殺者採集腦部組織切片：Patrick O. McGowan et al., "Epigenetic regulation of the glucocorticoid receptor in human brain associates with childhood abuse," *Nature Neuroscience* 12 (2009): 342–48.

205 另一項對受虐兒童做的小型研究：Julie R. Hoye et al., "Preliminary indications that the Attachment and Biobehavioral Catch-up Intervention alters DNA methylation in maltreated children," *Development and Psychopathology* (Dec. 19, 2019): 1–9.

205 有一項由貝勒學院主導的研究找來三十位初產媽媽：Lane Strathearn et al., "Adult Attachment Predicts Maternal Brain and Oxytocin Response to Infant Cues," *Neuropsychopharmacology* 34 (2009): 2655–66.

196 再來還有個問題：For example, Andrea Ganna et al., "Large-scale GWAS reveals insights into the genetic architecture of same-sex sexual behavior," *Science* 365, no. 6456 (Aug. 30, 2019).

197 她曾經耗費研究生涯中的許多年，在全球最有影響力的母性行為研究室：V. Mileva-Seitz et al., "Serotonin transporter allelic variation in mothers predicts maternal sensitivity, behavior and attitudes toward 6-month-old infants," *Genes, Brain and Behavior* 10, no. 3 (Apr. 2011): 325–33; W. Jonas et al., "Genetic variation in oxytocin rs2740210 and early adversity associated with postpartum depression and breastfeeding duration," *Genes, Brain and Behavior* 12, no. 7 (Oct. 2013): 681–94; V. Mileva-Seitz et al., "Dopamine receptors D1 and D2 are related to observed maternal behavior," *Genes, Brain and Behavior* 11, no. 6 (Aug. 2012): 684–94; V. Mileva-Seitz et al., "Interaction between Oxytocin Genotypes and Early Experience Predicts Quality of Mothering and Postpartum Mood," *PLoS ONE* 8, no. 4 (Apr. 18, 2013): e61443.

198 育兒模式會以一種類似俄羅斯娃娃的效應出現在不同世代：R. Arocho and C. M. Kamp Dush, "Like mother, like child: Offspring marital timing desires and maternal marriage timing and stability," *Journal of Family Psychology* 31, no. 3 (Apr. 2017): 261–72; Holden, *Parents and the Dynamics of Child Rearing*, 63.

199 媽媽給妳的感受，會大幅影響妳和孩子的關係：Peter Fonagy, Howard Steele, and Miriam Steele, "Maternal Representations of Attachment during Pregnancy Predict the Organization of Infant-Mother Attachment at One Year of Age," *Child Development* 62, no. 5 (Oct. 1991): 891–905.

200 這場危機對七百位七年級學童的成長教養有何影響：Rand D. Conger, Thomas J. Schofield, and Tricia K. Neppl, "Intergenerational Continuity and Discontinuity in Harsh Parenting," *Parenting* 12, nos. 2–3 (2012): 222–31.

200 從英國到印尼，許多國家都有類似的研究：Rahma et al., "Predictors of sensitive parenting in urban slums in Makassar, Indonesia," *Attachment & Human Development* (2018); N. M. Kovan, A. L. Chung, and L. A. Sroufe, "The intergenerational continuity of observed early parenting: A prospective, longitudinal study," *Developmental Psychology* 45, no. 5 (Sept. 2009): 1205–13; Vaishnavee Madden et al., "Intergenerational transmission of parenting: findings from a UK longitudinal study," *European Journal of Public Health* 25, no. 6 (Dec. 2015): 1030–35.

200 有一項紐西蘭的研究從受試兒童三歲開始追蹤：Jay Belsky et al., "Intergenerational Transmission of Warm-Sensitive-Stimulating Parenting: A Prospective Study of Mothers and Fathers of 3-Year-Olds," *Child Development* 76, no. 2 (Mar.–Apr. 2005): 384–96.

189 動物護衛幼獸……很可能有基因上的關聯性：S. P. Turner and A. B. Lawrence, "Relationship between maternal defensive aggression, fear of handling and other maternal care traits in beef cows," *Livestock Science* 106, nos. 2–3 (Feb. 2007): 182–88.

190 「如果家畜對飼育人員或進入放牧區的民眾出現攻擊行為」：Marie J. Haskell, Geoff Simm, and Simon P. Turner, "Genetic selection for temperament traits in dairy and beef cattle," *Frontiers in Genetics* 5, no. 368 (Oct. 21, 2014).

190 在二〇〇八年，他們找到了大家口中的「忠誠基因」：Hasse Walum et al., "Genetic variation in the vasopressin receptor 1a gene (AVPR1A) associates with pair-bonding behavior in humans," PNAS 105, no. 37 (Sept. 16, 2008): 14153–56; Eva G. T. Green and Alain Clémence, "Discovery of the faithfulness gene: A model of transmission and transformation of scientific information," *British Journal of Social Psychology* 47, pt. 3 (Sept. 2008): 497–517.

190 也有科學家找到「愛漂泊基因」：Mark Ellwood and Laura Dannen Redman, "The Science of Wanderlust," *Conde Nast Traveler*, June 12, 2017.

190 最有名的大概就是「戰士基因」了：John Horgan, "Code rage: The 'warrior gene' makes me mad! (Whether I have it or not)," *Cross Check* (blog), ScientificAmerican.com, Apr. 26, 2011, https://blogs.scientificamerican.com/cross-check/code-rage-the-warrior-gene-makes-me-mad-whether-i-have-it-or-not.

191 這些實驗通常……「隱密地安裝在天花板上」：Ashlea M. Klahr et al., "Evocative gene–environment correlation in the mother–child relationship: A twin study of interpersonal processes," *Developmental Psychopathology* 25, no. 1 (Feb. 2013): 105–18.

192 在以色列的某個實驗中，研究人員請媽媽和三歲大的小孩一起玩：Reut Avinun, Richard P. Ebstein, and Ariel Knafo, "Human maternal behaviour is associated with arginine vasopressin receptor 1A gene," *Biology Letters* 8, no. 5 (Oct. 23, 2012): 212.0492.

192 為十八個月大的小孩讀一本「沒有字的圖畫書」：R. Bisceglia et al., "Arginine vasopressin 1a receptor gene and maternal behavior: evidence of association and moderation," *Genes, Brain and Behavior* 11, no. 3 (Apr. 2012): 262–68.

192 芝加哥大學的研究團隊給媽媽們帶來了真正的考驗：Kalina J. Michalska et al., "Genetic imaging of the association of oxytocin receptor gene (OXTR) polymorphisms with positive maternal parenting," *Frontiers in Behavioral Neuroscience* 8, no. 21 (Jan. 3, 2014).

193 在二〇一七年，利爾克斯和研究同仁發表了一篇論文：E. M. Leerkes et al., "Variation in mothers' arginine vasopressin receptor 1a and dopamine receptor D4 genes predicts maternal sensitivity via social cognition," *Genes, Brain and Behavior* 16, no. 2 (Feb. 2017): 233–40.

## 第六章：尋找媽媽的基因

180 社會科學中最大的謎團之一：For an excellent overview, see A.M. Lomanowska et al., "Parenting begets parenting: A neurobiological perspective on early adversity and the transmission of parenting styles across generations," *Neuroscience* 342 (Feb. 7, 2017): 120–39.

184 科學家對普通姊妹、同卵雙胞胎姊妹和收養的姊妹做了比較：Sandra H. Losoya et al., "Origins of familial similarity in parenting: A study of twins and adoptive siblings," *Developmental Psychology* 33, no. 6 (Nov. 1997): 1012–23.

186 母獸的「生育能力和母性本能」，幾乎和「產肉率」同樣：For instance, "Sheepvention 2018: Texel sheep breed at peak performance," Weekly Times, June 25, 2018; Dustin McGuire, "Common Beef Breeds of Oregon," Oregon State University—Beef Cattle Library, Apr. 2013: BEEF105.

186 她決定透過一連串實地調查來證實謠言的真偽：Cathy M. Dwyer, "Genetic and physiological determinants of maternal behavior and lamb survival: Implications for low-input sheep management," *Journal of Animal Science* 86, no. 14, suppl. (Apr. 2008): E246–E258.

187 為了排除這個變因，德威爾做了一連串的胚胎移植手術：Cathy M. Dwyer and A. B. Lawrence, "Ewe–ewe and ewe–lamb behaviour in a hill and a lowland breed of sheep: a study using embryo transfer," *Applied Animal Behaviour Science* 61, no. 4 (Jan. 1999): 319–34.

187 畢竟，在許多馴化動物的不同品種之間，都能看到這種顯著的育兒行為差異：Holekamp and Dloniak, "Fissiped Carnivores," 231; M. X. Zarrow, V. H. Denenberg, and W. D. Kalberer, "Strain differences in the endocrine basis of maternal nest-building in the rabbit," *Reproduction* 10, no. 3 (Dec. 1965): 397–401; Anstiss H. McIver and Wendell E. Jeffrey, "Strain differences in maternal behavior in rats," *Behaviour* 28, nos. 1/2 (1967): 210–16.

189 不過，剔除輾壓者可沒有説起來那麼容易：Inger Lise Andersen, Synne Berg, and Knut Egil Boe, "Crushing of piglets by the mother sow (*Sus scrofa*)—purely accidental or a poor mother?," *Applied Animal Behaviour Science* 93, nos. 3–4 (Sept. 2005): 229–43.

189 為了發掘所謂的「超級豬媽媽」：Marko Ocepek et al., "Can a super sow be a robust sow? Consequences of litter investment in purebred and crossbred sows of different parities," *Journal of Animal Science* 94, no. 8 (Aug. 2016): 3550–60; B. Hellbrügge et al., "Genetic aspects regarding piglet losses and the maternal behaviour of sows. Part 2. Genetic relationship between maternal behaviour in sows and piglet mortality," *Animal* 2, no. 9 (Sept. 2008): 1281–88.

171 生過兩胎以上的媽媽也較常觸碰嬰兒：Sari Goldstein Ferber, "The nature of touch in mothers experiencing maternity blues: the contribution of parity," *Early Human Development* 79, no. 1 (Aug. 2004): 65–75.

171 孕育第二胎的獵豹媽媽懂得挑選更好的巢穴：Kay E. Holekamp and Stephanie M. Dloniak, "Maternal Effects in Fissiped Carnivores," in Maestripieri and Mateo, *Maternal Effects in Mammals*, 231.

171 經產的母羊在產後會更快把寶寶舔乾：Levy, "Neural Substrates," 31.

171 老練的海獅媽媽幾乎絕對不會餵錯寶寶：Bondar, *Wild Moms*, 162.

171 在實驗室測試中，生育過的大鼠媽媽能更快抓到蟋蟀：Lambert and Franssen, "Dynamic Nature," 31–32.

171 以大猩猩和狒狒等人類近親而言：Hrdy, *Mother Nature*, 155; Bondar, Wild Moms, 190; Bornstein, "Determinants," 29.

172 有經驗的大鼠媽媽遇到陌生公鼠會更快展開攻擊 ：Robert S. Bridges, "Long-term alterations in neural and endocrine processes induced by motherhood in mammals," *Hormones and Behavior* 77 (Jan. 2016): 193–203.

173 對大鼠和綿羊所做的研究顯示：Frances A. Champagne and James P. Curley, "Plasticity of the Maternal Brain Across the Lifespan," in *Maternal Brain Plasticity: Preclinical and Human Research and Implications for Intervention*, ed. Helena J. V. Rutherford and Linda C. Mayes (San Francisco: Jossey-Bass, 2016), 16–17; Emis M. Akbari et al., "The Effects of Parity and Maternal Behavior on Gene Expression in the Medial Preoptic Area and the Medial Amygdala in Postpartum and Virgin Female Rats: A Microarray Study," *Behavioral Neuroscience* 127, no. 6 (Dec. 2013): 913–22.

173 有三個小孩的媽媽……更難記住聽過的話：Laura M. Glynn, "Increasing parity is associated with cumulative effects on memory," *Journal of Women's Health* 21, no. 10 (Oct. 2012): 1038–45.

173 生越多的媽媽，酗酒的可能性也越高：Jee-Yeon K. Lehmann, Ana Nuevo-Chiquero, and Marian Vidal-Fernandez, "The Early Origins of Birth Order Differences in Children's Outcomes and Parental Behavior," *Journal of Human Resources* 53, no. 1 (Winter 2018): 123–56

164 科學家對兩百一十一隻猴子做了剖腹產手術：Jay S. Rosenblatt, "Hormonal Bases of Parenting in Mammals," in Bornstein, *Handbook of Parenting*, 2:50.

165 有項研究調查了產後二到四週的剖腹產媽媽：James E. Swain et al., "Maternal brain response to own baby-cry is affected by cesarean section delivery," *Journal of Child Psychology and Psychiatry* 49, no. 10 (Oct. 2008): 1042–52; Swain, "Parental Brain Determinants," 132.

165 另一項研究則是觀察經歷過一系列恐怖攻擊的以色列媽媽：Marsha Kaitz, Guy Stecklov, and Noa Devor, "Anxiety symptoms of new mothers during a period of recurrent, local terror," *Journal of Affective Disorders* 107, nos. 1–3 (Apr. 2008): 211–15.

165 這類產婦罹患產後憂鬱症的機率多了百分之十五：Valentina Tonei, "Mother's mental health after childbirth: Does the delivery method matter?," *Journal of Health Economics* 63 (Jan. 2019): 182–96.

166 在哺乳的大鼠腦部，與乳頭和胸部相關的皮質：Ellison, *Mommy Brain*, 161.

166 相較於沒有乳房漏奶問題的配方奶媽媽，科學家發現哺乳中的媽媽對於嬰兒的哭聲更為敏感：Corter and Fleming, "Psychobiology," 152–3; Pilyoung Kim et al., "Breastfeeding, brain activation to own infant cry, and maternal sensitivity," *Journal of Child Psychology and Psychiatry* 52, no. 8 (Aug. 2011): 907–15.

167 根據博伊西州立大學對哺乳媽媽做的研究：Jennifer M. Weaver, Thomas J. Schofield, and Lauren M. Papp, "Breastfeeding duration predicts greater maternal sensitivity over the next decade," *Developmental Psychology* 54, no. 2 (2018): 220–27.

167 還有一項研究調查了超過七千名來自不同背景的澳洲媽媽：Lane Strathearn et al., "Does Breastfeeding Protect Against Substantiated Child Abuse and Neglect? A 15-Year Cohort Study," *Pediatrics* 123, no. 2 (Feb. 2009): 483–93.

167 人類的母性本能十分強大：J. Dunne et al., "Milk of ruminants in ceramic baby bottles from prehistoric child graves," *Nature* 574 (2019): 246–48.

171 這點讓二寶媽在許多母育能力的評估中占有優勢：For an overview, see Corter and Fleming, "Psychobiology," 141–81; Angela N. Maupin et al., "Investigating the association between parity and the maternal neural response to infant cues," *Social Neuroscience* 14, no. 2 (Apr. 2019): 214–25.

171 新手媽媽要花更久的時間：Jane E. Drummond, Michelle L. McBride, and C. Faye Wiebe, "The Development of Mothers' Understanding of Infant Crying," *Clinical Nursing Research* 2, no. 4 (Nov. 1993): 396–410.

160 未成年媽媽受到心理健康問題影響的機率：Ryan J. Van Lieshout et al., "The Mental Health of Young Canadian Mothers," *Journal of Adolescent Health* 66, no. 4 (Apr. 1, 2020): 464–69; Dawn Kingston et al., "Comparison of Adolescent, Young Adult, and Adult Women's Maternity Experiences and Practices," *Pediatrics* 129, no. 5 (May 2012): e1228–e1237.

160 最有可能殺害新生兒的兇手：Catherine A. Salmon and James Malcolm, "Parent-Offspring Conflict" and Virginia Periss and David F. Bjorklund, "Trials and Tribulations of Childhood: An Evolutionary Perspective," in Salmon and Shackelford, *Oxford Handbook*, 85 and 158.

161 有項在西維吉尼亞州阿帕拉契鄉村地區對媽媽們做的研究：Marc H. Bornstein, Diane L. Putnick, and Joan T. D. Suwalsky, "A Longitudinal Process Analysis of Mother-Child Emotional Relationships in a Rural Appalachian European American Community," *American Journal of Community Psychology* 50, nos. 1–2 (Sept. 2012): 89–100.

161 另一項在非洲撒哈拉沙漠以南地區做的研究：Caroline Uggla and Ruth Mace, "Parental investment in child health in sub-Saharan Africa: A cross-national study of health-seeking behaviour," *Royal Society Open Science* 3, no. 2 (Feb. 2016): 150460.

162 雖然很多人因此認為人類「天生」可以早早懷孕生子：Hrdy, *Mother Nature*, 191.

162 考慮到智力會影響母親的育兒品質好壞：Bornstein, "Determinants of Parenting," 16.

162 經歷懷孕……仍在記憶作業上表現較佳的女性：Helena J. V. Rutherford et al., "Executive Functioning Predicts Reflective Functioning in Mothers," *Journal of Child and Family Studies* 27 (2018): 944–52; Helena J. V. Rutherford et al., "Investigating the relationship between working memory and emotion regulation in mothers," *Journal of Cognitive Psychology* 28, no. 1 (2016): 52–59; Elsie Chico et al., "Executive function and mothering: challenges faced by teenage mothers," *Developmental Psychobiology* 56, no. 5 (July 2014): 1027–35.

163 四十一歲時願意為獨生子女付出生命的媽媽：Hrdy, *Mother Nature*, 94.

163 對於年長媽媽的奉獻決心：Bondar, *Wild Moms*, 198–99; Wilson and Festa-Bianchet, "Wild Ungulates," 88.

164 虎鯨媽媽最後一胎的存活率：Eric J. Ward et al., "The role of menopause and reproductive senescence in a long-lived social mammal," *Frontiers in Zoology* 6, no. 4 (Feb. 3, 2009).

164 在人類身上，有些科學家甚至懷疑：Trevathan, *Ancient Bodies*, 71.

164 不過根據這個理論：Tim A. Bruckner et al., "Down syndrome among primiparae at older maternal age: A test of the relaxed filter hypothesis," *Birth Defects Research* 111, no. 20 (Dec. 2019): 1611–17.

158 科學家檢查了會背著初生幼猴移動的處女狨猴，發現牠們的泌乳素濃度和其他狨猴不同：Ellison, *Mommy Brain,* 153; Kaitlyn M. Harding and Joseph S. Lonstein, "Extensive juvenile 'babysitting' facilitates later adult maternal responsiveness, decreases anxiety, and increases dorsal raphe tryptophan hydroxylase–2 expression in female laboratory rats," *Developmental Psychobiology* 58, no. 4 (May 2016): 492–508.

159 現在的美國媽媽平均在二十六歲生第一胎：Quoctrung Bui and Claire Cain Miller, "The Age That Women Have Babies: How a Gap Divides America" *New York Times,* Aug. 4, 2018.

159 隨著近幾年全美出生率下降：Olga Khazan, "The Rise of Older Mothers," *Atlantic,* May 17, 2018.

159 但是就許多母育評估指標來看，年長媽媽反而勝出：Hrdy, *Mother Nature,* 276, 314.

159 科學家在其他哺乳動物當中也發現……尤其是較年長的象鼻海豹媽媽：Joanne Reiter, Kathy J. Panken, and Burney J. Le Boeuf, "Female competition and reproductive success in northern elephant seals," *Animal Behaviour* 29, no. 3 (Aug. 1981): 670–87; T. S. McCann, "Aggressive and maternal activities of female southern elephant seals (*Mirounga leonina*)," *Animal Behaviour* 30, no. 1 (Feb. 1982): 268–76; W. Don Bowen, "Maternal Effects on Offspring Size and Development in Pinnipeds," in Maestripieri and Mateo, *Maternal Effects in Mammals,* 111.

160 差異在懷孕初期就看得出來：Monica Akinyi Magadi, Alfred O. Agwanda, and Francis O. Obare, "A comparative analysis of the use of maternal health services between teenagers and older mothers in sub-Saharan Africa: Evidence from Demographic and Health Surveys (DHS)," *Social Science & Medicine* 64, no. 6 (Mar. 2007):1311–25; Ban al-Sahab et al., "Prevalence and predictors of 6-month exclusive breastfeeding among Canadian women: A national survey," *BMC Pediatrics* 10, no. 20 (2010); Katherine Apostolakis-Kyrus, Christina Valentine, and Emily DeFranco, "Factors Associated with Breastfeeding Initiation in Adolescent Mothers," *Journal of Pediatrics* 163, no. 5 (Nov. 2013): 1489–94; Bondar, *Wild Moms,* 190; Trevathan, *Ancient Bodies,* 169.

160 在寶寶一歲前……更注重睡眠安全守則等問題：Michelle Caraballo et al., "Knowledge, Attitudes, and Risk for Sudden Unexpected Infant Death in Children of Adolescent Mothers: A Qualitative study," *Journal of Pediatrics* 174 (July 1, 2016): 78–83.e2.

160 尤其是和十幾歲的年輕媽媽相比時：Katherine M. Krpan et al., "Experiential and hormonal correlates of maternal behavior in teen and adult mothers," *Hormones and Behavior* 47, no. 1 (Jan. 2005): 112–22; Jennifer Giardino et al., "Effects of motherhood on physiological and subjective responses to infant cries in teenage mothers: A comparison with non-mothers and adult mothers," *Hormones and Behavior* 53, no. 1(Jan. 2008): 149–58.

152 「『追求完美』是否會帶來更多壓力？」的研究顯示：Neil Howlett, Elizabeth Kirk, and Karen J. Pine, "Does 'Wanting the Best' create more stress? The link between baby sign classes and maternal anxiety," *Infant and Child Development* 20, no. 4 (July/Aug. 2011): 437–45.

153 曾經學習過樂器的媽媽：Christine E. Parsons et al., "Music training and empathy positively impact adults' sensitivity to infant distress," *Frontiers in Psychology* 5, no. 1440 (Dec. 19, 2014) : 1440.

155 我們或許無法從經驗得知如何安撫因腸絞痛爆哭的嬰兒：Corter and Fleming, "Psychobiology," 151 and 158–61.

156 有項實驗找來許多成年人，測試他們能否判斷嬰兒哭聲的神祕原因：George W. Holden, "Adults' Thinking about a Child-rearing Problem: Effects of Experience, Parental Status, and Gender," *Child Development* 59, no. 6 (Dec. 1988): 1623–32.

156 科學家讓一組快要成年的黑猩猩接觸小猩猩：Kim A. Bard, "Primate Parenting," in Bornstein, *Handbook of Parenting,* 2:125.

156 狨猴媽媽和獅狨媽媽如果沒有接觸過其他同類的寶寶：Charles T. Snowdon, "Family Life and Infant Care: Lessons from Cooperatively Breeding Primates," in Wilcox and Kline, *Gender and Parenthood,* 51.

156 牠們會在生活史的某些階段開始找機會實際照顧小孩：Sarah Blaffer Hrdy, *Mothers and Others: The Evolutionary Origins of Mutual Understanding* (Cambridge, MA: Harvard University Press, 2009), 217–19.

156 為了幫助第一次懷孕的大猩猩發展母性，華盛頓特區史密森尼國家動物園的飼育員："#GorillaStory: Maternal Training with Calaya," Smithsonian National Zoo, Animal News Archive, Feb. 9, 2018, https://nationalzoo.si.edu/animals/news/gorillastory-maternal-training-calaya.

157 烏干達基巴萊國家公園的野生黑猩猩研究也有個令人開心的發現：Sonya M. Kahlenberg and Richard W. Wrangham, "Sex differences in chimpanzees' use of sticks as play objects resemble those of children," *Current Biology* 20, no. 24 (Dec. 21, 2010): R1067–R1068.

157 不幸的是，澳洲有項大規模研究發現：Sally A. Brinkman et al., "Efficacy of infant simulator programmes to prevent teenage pregnancy: A schoolbased cluster randomised controlled trial in Western Australia," *Lancet* 388, no. 10057 (Nov. 5, 2016): 2264–71.

157 這其實完全不讓人意外，根據芝加哥大學的研究：Dario Maestripieri and Suzanne Pelka, "Sex differences in interest in infants across the lifespan: A biological adaptation for parenting?," *Human Nature* 13, no. 3 (Sept. 2002): 327–44.

157 育兒經驗對爸爸們或許還是有好處：Hrdy, *Mothers and Others,* 171.

150 加州某間研究室發現，從女性懷孕中期時的黃體素和雌激素比例：Laura M. Glynn et al., "Gestational hormone profiles predict human maternal behavior at 1-year postpartum," *Hormones and Behavior* 85 (Sept. 2016): 19–25.

151 第一次懷孕的媽媽如果體內皮質醇濃度較高：Corter and Fleming, "Psychobiology," 149.

151 此外，有一些媽媽的多巴胺系統對於嬰兒的臉部表情暗示比較不敏感：Lane Strathearn, "Maternal Neglect: Oxytocin, Dopamine and the Neurobiology of Attachment," *Journal of Neuroendocrinology* 23, no. 11 (Nov. 2011): 1054–65.

151 不意外地，催產素的影響力最大：Ruth Feldman et al., "Natural variations in maternal and paternal care are associated with systematic changes in oxytocin following parent-infant conflict," *Psychoneuroendocrinology* 35, no. 8 (Sept. 11, 2010): 1133–41.

151 有些媽媽對小孩非常關注，比其他媽媽更常注視小孩：: Sohye Kim et al., "Maternal oxytocin response predicts mother-to-infant gaze," *Brain Research* 1580 (Sept. 11, 2014): 133–42; Yael Apter-Levi, Orna Zagoory-Sharon, and Ruth Feldman, "Oxytocin and vasopressin support distinct configurations of social synchrony," *Brain Research* 1580 (Sept. 2014): 124–32; Ruth Feldman et al., "Evidence for a Neuroendocrinological Foundation of Human Affiliation: Plasma Oxytocin Levels Across Pregnancy and the Postpartum Period Predict Mother-Infant Bonding," *Psychological Science* 18, no. 11 (Nov. 2007).

151 動物界也有類似的差異……越是對寶寶寸步不離的灰海豹媽媽：Kelly J. Robinson et al., "Maternal Oxytocin Is Linked to Close Mother-Infant Proximity in Grey Seals (*Halichoerus grypus*)," *PLoS ONE* 10, no. 12 (Dec. 13, 2015): e144577.

151 科學家追蹤在 MRI 掃描中顯示腦部灰質減少最嚴重的婦女：Hoekzema, *Nature Neuroscience* 287–96.

151 有項針對四十位準媽媽做的 EEG 研究：Joanna Dudek et al., "Changes in Cortical Sensitivity to Infant Facial Cues From Pregnancy to Motherhood Predict Mother-Infant Bonding," *Child Development* 91, no. 1 (Dec. 2018: e198–e217.

152 舉例來說，當眼前閃現許多自己小孩的照片時：James E. Swain, "Parental Brain Determinants for the Flourishing Child : Evolution, Family, and Society," *in Contexts for Young Child Flourishing,* ed. Darcia Narvaez et al. (New York: Oxford University Press, 2016), 134.

152 約有九成的美國媽媽會利用少得可憐的閒暇時間閱讀育兒書籍：Ellison, *Mommy Brain*, 182.

148 曾有人測量過媽媽們的握力：Jeremy Atkinson et al., "Voice and Handgrip Strength Predict Reproductive Success in a Group of Indigenous African Females," *PLoS ONE* 7, no. 8 (Aug. 3, 2012): e41811; Emily Sutcliffe Cleveland, "Digit ratio, emotional intelligence and parenting styles predict female aggression," *Personality and Individual Differences* 58 (Feb. 2014): 9–14.

148 少數研究顯示，臉部較為女性化：Miriam J. Law Smith et al., "Maternal tendencies in women are associated with estrogen levels and facial femininity," *Hormones and Behavior* 61, no. 1 (Jan. 2012): 12–16; Denis K. Deady and Miriam J. Law Smith, "Height in women predicts maternal tendencies and career orientation," *Personality and Individual Differences* 40, no. 1 (Jan. 2006): 17–25.

148 臀部脂肪較厚的駝鹿媽媽能生下比較容易存活的幼崽：Alastair J. Wilson and Marco Festa-Bianchet, "Maternal Effects in Wild Ungulates," in *Maternal Effects in Mammals*, ed. Dario Maestripieri and Jill M. Mateo (Chicago: University of Chicago Press, 2009), 89; Hrdy, *Mother Nature*, 126.

148 科學家盛讚我們高腰牛仔褲裡的內容物：Trevathan, *Ancient Bodies*, 31.

148 不過，至少在實際生產、開始養育孩子之後：Benedict C. Jones et al., "No compelling evidence that more physically attractive young adult women have higher estradiol or progesterone," *Psychoneuroendocrinology* 98 (Dec. 2018): 1–5.

148 為了分析女性的育兒表現：George W. Holden, "Avoiding Conflict: Mothers as Tacticians in the Supermarket," *Child Development* 54, no. 1 (1983): 233–40; Adriana G. Bus and Marinus H. van Ijzendoorn, "Affective dimension of mother-infant picturebook reading," *Journal of School Psychology* 35, no. 1 (Spring 1997): 47–60; Clare E. Holley, Claire Farrow, and Emma Haycraft, "If at first you don't succeed: Assessing influences associated with mothers' reoffering of vegetables to preschool age children," *Appetite* 123 (Apr. 1, 2018): 249–55.

149 研究人員從每秒十六影格的影片中，分析：George W. Holden, *Parents and the Dynamics of Child Rearing* (Boulder, CO: Westview Press, 1997), 33.

149 有項研究是讓媽媽待在隔音室裡，由受過音樂訓練的專家監聽：Tonya R. Bergeson and Sandra E. Trehub, "Signature tunes in mothers' speech to infants," *Infant Behavior and Development* 30, no. 4 (Dec. 2007): 648–54.

149 「這些行為相當複雜，」某個研究團隊在報告中如此寫著：Alison S. Fleming et al., "Plasticity in the Maternal Neural Circuit: Experience, Dopamine, and Mothering," in Bridges, *Neurobiology of the Parental Brain*, 524.

139 媽媽失憶症的部分成因，或許是某種短期的因應機制：S. McKay and T. L. Barrows, "Reliving birth: maternal responses to viewing videotape of their second stage labors," *Image: Journal of Nursing Scholarship* 24, no. 1 (Spring 1992): 27–31; Eman Elkadry et al., "Do mothers remember key events during labor?" *American Journal of Obstetrics & Gynecology* 189, no. 1 (July 2003): 195–200.

139 新手媽媽一年大約少了七百小時的睡眠：Louann Brizendine, *The Female Brain* (New York: Harmony, 2007), 105.

## 第五章：創造之母

147 一項在密西西比州水族館做的研究發現，瓶鼻海豚的育兒風格有很大的不同：Heather M. Hill et al., "All Mothers Are Not the Same: Maternal Styles in Bottlenose Dolphins (Tursiops truncatus)," *International Journal of Comparative Psychology* 20, no. 1 (2007): 35–54.

147 面對哭叫的小狨猴，某些狨猴媽媽：C. R. Pryce, M. D    beli, and R. D. Martin, "Effects of sex steroids on maternal motivation in the common marmoset (Callithrix jacchus): development and application of an operant system with maternal reinforcement," *Journal of Comparative Psychology* 107, no. 1 (Mar. 1993): 99–115.

147 有些紅松鼠媽媽特別積極尋找：Sarah E. Westrick et al., "Attentive red squirrel mothers have faster growing pups and higher lifetime reproductive success," *Behavioral Ecology and Sociobiology* 74, no. 72 (2020).

147 天竺鼠擁有不同的「育兒風格」：P. C. H. Albers, P. J. A. Timmermans, and J. M. H. Vossen, "Evidence for the Existence of Mothering Styles in Guinea Pigs (Cavia aperea f. porcellus)," *Behaviour* 136, no. 4 (May 1999): 469–79.

147 要評估兔子媽媽的母性本能：For example, Gabriela Gonzales-Mariscal and Jay S. Rosenblatt, "Maternal Behavior in Rabbits: A Historical and Multidisciplinary Perspective," in *Parental Care: Evolution, Mechanisms, and Adaptive Significance*, ed. Jay S. Rosenblatt and Charles T. Snowdon (San Diego: Academic Press, 1996), 338–39.

148 但對於人類媽媽，沒有任何標準的「封箱實驗」：Pernilla Foyer, Erik Wilsson, and Per Jensen, "Levels of maternal care in dogs affect adult offspring temperament," *Scientific Reports* 6 , no. 19253 (Jan. 13, 2016).

137 有些研究人員提出一種讓人不太舒服的說法，認為媽媽會「自我消化」腦部組織：Robert Martin, *How We Do It: The Evolution and Future of Human Reproduction* ([[City TK]]: Basic Books, 2013), 146.

137 其他不認同的科學家……其實是增進效率的「突觸修剪」現象：Jenni Gritters, "This Is Your Brain on Motherhood," *New York Times*, May 5, 2020.

137 甚至有些研究團隊認為，成為媽媽可以「讓我們變得更聰明」：Ellison, *Mommy Brain.*

137 相較於處女鼠，大鼠媽媽可以更快……處女鼠「養母」在尋找早餐麥片的任務中表現也相當優異：Lambert and Franssen, "Dynamic Nature," 21–40.

137 里奇蒙大學的大鼠研究專家製作了一個「試驗競技場」：Craig Howard Kinsley et al., "The mother as hunter: Significant reduction in foraging costs through enhancements of predation in maternal rats," *Hormones and Behavior* 66, no. 4 (Sept. 2014): 649–54.

138 有一項在喀拉哈里沙漠對豹進行的研究：J. du P. Bothma and R. J. Coertze, "Motherhood Increases Hunting Success in Southern Kalahari Leopards," *Journal of Mammalogy* 85, no. 4 (Aug. 16, 2004): 756–60.

138 為了減輕重量，脹奶的蝙蝠媽媽有時會綁架別人的小孩：Carin Bondar, *Wild Moms: Motherhood in the Animal Kingdom* (New York: Pegasus Books, 2018), 165.

138 剛生產完的象鼻海豹媽媽因為身體浮力太大：ibid., 166.

138 以智人來說，雖然也有紀錄證明媽媽會外出狩獵，但仍是少數：Madeleine J. Goodman et al., "The compatability of hunting and mothering among the Agta hunter-gatherers of the Philippines," *Sex Roles* 12 (1985): 1119–209.

138 相關研究的結果雖然混雜，而且無可避免地有爭議：Sasha J. Davies et al., "Cognitive impairment during pregnancy: a meta-analysis," *Medical Journal of Australia* 208, no. 1 (Jan. 15, 2018): 35–40.

139 一項有趣的實驗顯示，在日常生活中：Carrie Cuttler et al., "Everyday life memory deficits in pregnant women," *Canadian Journal of Experimental Psychology* 65, no. 1 (Mar. 2011): 27–37.

139 而且，我們最難記住的似乎是字詞：Laura M. Glynn, "Giving birth to a new brain: hormone exposures of pregnancy influence human memory," *Psychoneuroendocrinology* 35, no. 8 (Sept. 2010): 1148–55; Serge V. Onyper et al., "Executive functioning and general cognitive ability in pregnant women and matched controls," *Journal of Clinical and Experimental Neuropsychology* 32, no. 9 (Nov. 2010): 986–95; Jessica F. Henry and Barbara B. Sherwin, "Hormones and Cognitive Functioning During Late Pregnancy and Postpartum: A Longitudinal Study," *Behavioral Neuroscience* 126, no. 1 (Feb. 2012): 73–85.

130 研究人員向一群加州地松鼠播放響尾蛇的聲音：Ronald R. Swaisgood, Matthew P. Rowe, and Donald H. Owings, "Antipredator responses of California ground squirrels to rattlesnakes and rattling sounds: the roles of sex, reproductive parity, and offspring age in assessment and decision-making rules," *Behavioral Ecology and Sociobiology* 55 (2003): 22–31.

131 「我有種媽媽的本能，對吧？」：Jeff Lawrence, "Mom who pried cougar's jaws off son shares chilling story," CTV News, Apr. 2, 2019, https://vancouverisland.ctvnews.ca/mom-who-pried-cougar-s-jaws-off-son-shares-chilling-story-1.4363100?.

131 有位媽媽在《紐約時報》的「現代之愛」專欄中：Susan Perabo, "When Mothers Bully Back," *New York Times*, Mar. 10, 2017.

131 暴力行為甚至可能發生在媽媽之間：Jared Leone, "Florida mothers slash each other with broken coffee mug in fight over parenting methods," *Atlanta Journal-Constitution*, Nov. 10, 2018.

131 這些媽媽之間的決戰，大概可以解釋為什麼《華爾街日報》：Anna Prior, "Calling All Cars: Trouble at Chuck E. Cheese's, Again," *Wall Street Journal*, Dec. 9, 2008.

132 從在野外捕捉到的大鼠媽媽身上可以發現，位於杏仁核的腦細胞特別大，而杏仁核與攻擊行為有關：Kelly G. Lambert and Catherine L. Franssen, "The Dynamic Nature of the Parental Brain," in Wilcox and Kline, *Gender and Parenthood*, 28. 95 除了愛之外，媽媽們最常被提到的情緒就是憤怒：Jennifer Verdolin, *Raised by Animals: The Surprising New Science of Animal Family Dynamics* (New York: The Experiment, 2017), 135.

132 研究人員訓練母鼠將胡椒薄荷的氣味：Elizabeth Rickenbacher et al., "Freezing suppression by oxytocin in central amygdala allows alternate defensive behaviours and mother-pup interactions," *eLife* 6 (2017): e24080.

132 另一項針對人類的實驗則是運用了所謂的熱情陌生人典範：Beth L. Mah et al., "Oxytocin promotes protective behavior in depressed mothers: a pilot study with the enthusiastic stranger paradigm," *Depression and Anxiety* 32, no. 2 (Feb. 2015): 76–81.

133 比方說，如果讓一位哺乳中的女性在跑步機上一直跑：Ellison, *Mommy Brain*, 88. 96

133 在實驗中，研究者讓人類媽媽和一位態度粗魯惡劣、邊吃口香糖邊滑手機的對手：Jennifer Hahn-Holbrook et al., "Maternal defense: breast feeding increases aggression by reducing stress," *Psychological Science* 22, no. 10 (Aug. 26, 2011): 1288–95.

136 約有八成的新手媽媽自覺有認知功能問題：Teal Burrell, "Making Sense of Mommy Brain," *Discover*, Jan. 19, 2019.

128 另一項研究顯示：Levente L. Orbán and Farhad N. Bastur, "Shifts in color discrimination during early pregnancy," *Evolutionary Psychology* 10, no. 2 (May 2012): 238–52.

128 孕婦特別善於根據人的臉孔評估「外觀健康狀況」：B. C. Jones et al., "Menstrual cycle, pregnancy and oral contraceptive use alter attraction to apparent health in faces," *Proceedings of the Royal Society B* 272, no. 1561 (Feb. 22, 2005): 20042962.

128 不僅如此，我們對其他人的情緒也很敏銳：R. M. Pearson, S. L. Lightman, and J. Evans, "Emotional sensitivity for motherhood: Late pregnancy is associated with enhanced accuracy to encode emotional faces," *Hormones and Behavior* 56, no. 5 (Nov. 2009): 557–63.

128 小孩處於學步階段的媽媽：Ellison, Mommy Brain, 132. 92 通常女性最擅長解讀其他女性的臉：Catharina Lewin and Agneta Herlitz, "Sex differences in face recognition—Women's faces make the difference," *Brain and Cognition* 50, no. 1(Oct. 2002): 121–28.

128 不過，媽媽們似乎會把關注重點轉移到成年男性身上：Marla V. Anderson and M. D. Rutherford, "Recognition of novel faces after single exposure IS enhanced during pregnancy," *Evolutionary Psychology* 9, no. 1 (Feb. 2011) 47–60.

128 媽媽在看到犯罪嫌疑人的臉部照片時，通常會給予比較高的凶惡度評分：Daniel M. T. Fessler et al., "Stranger danger: Parenthood increases the envisioned bodily formidability of menacing men," *Evolution and Human Behavior* 35, no. 2 (Mar. 2014): 109–17.

129 我們都聽過……之類的事情：S. D. Coté, A. Peracino, and G. Simard, "Wolf, *Canis lupus*, Predation and Maternal Defensive Behavior in Mountain Goats, *Oreamnos americanus*," *Canadian Field-Naturalist* 111 (1997): 389–92.

129 也曾看過……新聞標題：Danielle Wallace, "Protective walrus mom sinks Russian navy Boat in Arctic Sea," *New York Post*, Sept. 24, 2019.

129 對人類來說，乳牛其實比公牛危險得多：Colin G. Murphy et al., "Cow-related trauma: A 10-year review of injuries admitted to a single institution," Injury 41, no. 5 (May 2010): 548–50; M. Sheehan and C. Deasy, "A Descriptive Study Of The Burden Of Animal-Related Trauma At Cork University Hospital," *Irish Medical Journal* 111, no. 1 (Jan. 10, 2018): 673. Jess Staufenberg, "Cows officially the most deadly large animals in Britain," *Independent*, Nov. 9, 2015.

129 網路上有不少乳牛把可能威脅小牛的男人撞得屁滾尿流的影片："Getting run over by an angry momma cow," YouTube video, May 21, 2016, https://www.youtube.com/watch?v=U99j7WzMAYA.

123 模擬工作面試等會造成心理壓力的情境：A. V. Klinkenberg et al., "Heart rate variability changes in pregnant and non-pregnant women during standardized psychosocial stress," *Acta Obstetrica et Gynecologica Scandinavica* 88, no. 1 (2009): 77–82.

123 我們擅長忍受生理上的不適：Kalevi Vähä-Eskeli et al., "Effect of thermal stress on serum prolactin, cortisol and plasma arginine vasopressin concentration in the pregnant and non-pregnant state," *European Journal of Obstetrics & Gynecology and Reproductive Biology* 42, no. 1 (Nov. 3, 1991): 1–8.

123 科學家請媽媽把手放在裝滿冰水的桶子裡：Martin Kammerer et al., "Pregnant women become insensitive to cold stress," *BMC Pregnancy and Childbirth* 2, no. 8 (2002).

123 我們也相對比較鎮定：Heather A. Rupp et al., "Amygdala response to negative images in postpartum vs nulliparous women and intranasal oxytocin," *Social Cognitive and Affective Neuroscience* 9, no. 1 (Jan. 2014): 48–54.

123 在經歷「重大人生事件」的女性當中：Laura M. Glynn et al., "Pregnancy affects appraisal of negative life events," *Journal of Psychosomatic Research* 56, no. 1 (Jan. 2004): 47–52.

124 災難過後，加州大學爾灣分校的母性行為研究者：Laura M. Glynn et al., "When stress happens matters: Effects of earthquake timing on stress responsivity in pregnancy," *American Journal of Obstetrics and Gynecology* 184, no. 4 (Mar. 2001): 637–42.

126 雖然我那天在地震發生後的異常鎮靜……一位銀行出納員：Kirk Johnson, "Amid 'Exploding' Houses and a Wave of Mud, a Maternal Instinct Flared," *New York Times,* Apr. 9, 2014.

127 研究顯示，哺乳動物媽媽對任何寶寶都沒有抵抗力：Susan Lingle and Tobias Riede, "Deer Mothers Are Sensitive to Infant Distress Vocalizations of Diverse Mammalian Species," *American Naturalist* 184, no. 4 (Oct. 2014): 510–22.

127 實驗室測試得到的結果也顯示，媽媽即使聽到：M. Purhonen et al., "Effects of maternity on auditory event-related potentials to human sound," *NeuroReport* 12, no. 13 (Sept. 7, 2001): 2975–79.

127 有項實驗顯示，相較於沒有孩子的女性：Christine E. Parsons et al., "Duration of motherhood has incremental effects on mothers' neural processing of infant vocal cues: a neuroimaging study of women," *Scientific Reports* 7, no. 1727 (2017).

127 產後復職的女警在值勤時：Bornstein, "Determinants of Parenting," 16.

127 有一項典型實驗：Helena J. V. Rutherford, Angela N. Maupin, and Linda C. Mayes, "Parity and neural responses to social and non-social stimuli in pregnancy," *Social Neuroscience* 14, no. 5 (Oct. 2019): 545–48.

118 有項研究找來十四位親生媽媽……在看到自己小孩時，神經都會出現格外興奮的反應：Damion J. Grasso et al., "ERP correlates of attention allocation in mothers processing faces of their children," *Biological Psychology* 81, no. 2 (May 2009): 95–102.

118 另一項研究則是讓寄養媽媽和她們照顧的小嬰兒暫時分開：Johanna Bick et al., "Foster Mother–Infant Bonding: Associations Between Foster Mothers' Oxytocin Production, Electrophysiological Brain Activity, Feelings of Commitment, and Caregiving Quality," *Child Development* 84, no. 3 (May–June 2013): 826–40.

119 這兩種媽媽對於嬰兒哭聲的反應似乎有所不同：M. Pérez-Hernández et al., "Listening to a baby crying induces higher electroencephalographic synchronization among prefrontal, temporal and parietal cortices in adoptive mothers," *Infant Behavior and Development* 47 (May 2017): 1–12; M. Hernández-González et al., "Observing videos of a baby crying or smiling induces similar, but not identical, electroencephalographic responses in biological and adoptive mothers," *Infant Behavior and Development* 42 (Feb. 2016): 1–10.

119 這並不代表哪種媽媽一定比較好：Joan T. D. Suwalsky, Charlene Hendricks, and Marc H. Bornstein, "Families by Adoption and Birth: I. Mother-Infant Socioemotional Interactions," *Adoption Quarterly* 11, no. 2 (Oct. 2008): 101–25.

## 第四章：媽咪怪怪的

121 科學家還不確定干擾媽媽睡眠的因素到底是什麼：Leigh Ann Henion, "Do New Moms Dream Differently After Giving Birth?" *New York Times*, Apr. 16, 2020.

122 比方說，不知為何，孕婦似乎比一般人更容易發生車禍：Donald A. Redelmeier et al., "Pregnancy and the risk of a traffic crash," *Canadian Medical Association Journal* 186, no. 10 (July 8, 2014): 742–50.

122 實驗也證明，媽媽們對跳蚤和狗屎等討人厭的東西沒那麼嫌惡：Pavol Prokop and Jana Fan□ovi□ová, "Mothers are less disgust sensitive than childless females," *Personality and Individual Differences* 96 (2016): 65–69.

122 我們可能會變得比以前更喜歡鹽味：Robert S. Bridges, "Long-Term Alterations in Neural and Endocrine Processes Induced by Motherhood," *Hormones and Behavior* 77 (Jan. 2016): 193–203.

122 大鼠媽媽也比當媽媽之前更火熱：Alison Fleming and Ming Li, "Psychobiology of Maternal Behavior and Its Early Determinants in Nonhuman Mammals," in Bornstein, *Handbook of Parenting*, 69.

90 妊娠足月的人類胎盤：Hrdy, *Mother Nature*, 434.

94 其他哺乳動物幾乎沒有產後大出血的紀錄，但約有百分之十的產婦會發生產後大出血：Elizabeth Abrams and Julienne Rutherford, "Framing postpartum hemorrhage as a consequence of human placental biology: An Evolutionary and Comparative Perspective," *American Anthropologist* 113, no. 3 (Sept. 2011): 417–30.

95 有間英國研究室發表了一篇令人坐立難安的論文：H. D. J. Creeth et al., "Maternal care boosted by paternal imprinting in mammals," *PLoS Biology* 16, no. 7 (July 31, 2018): e2006599.

## 第三章：母性機制

104 他們設計了一系列的實驗：Bianca J. Marlin et al., "Oxytocin enables maternal behaviour by balancing cortical inhibition," *Nature* 520 (2015): 499–504.

105 有好幾項實驗找來未生育的女性，讓她們用鼻子吸入催產素：Sarah K. C. Holtfrerich et al., "Endogenous testosterone and exogenous oxytocin influence the response to baby schema in the female brain," *Scientific Reports* 8, no. 7672 (May 16, 2018); Madelon M. E. Riem et al., "Oxytocin Modulates Amygdala, Insula, and Inferior Frontal Gyrus Responses to Infant Crying: A Randomized Controlled Trial," *Biological Psychiatry* 70, no. 3 (Aug. 1, 2011): 291–97; Helena J. V. Rutherford et al., "Intranasal oxytocin and the neural correlates of infant face processing in non-parent women," *Biological Psychology* 129 (Oct. 2017): 45–48.

109 在實驗中，母鼠還是可以叼取：Michael Numan and Keith P. Corodimas, "The effects of paraventricular hypothalamic lesions on maternal behavior in rats," *Physiology & Behavior* 35, no. 3 (Sept. 1985): 417–25.

110 實際上，有些人會將 mPOA 和腹側被蓋區這兩個具有協同作用的區域合稱：Yi-Ya Fang et al., "A Hypothalamic Midbrain Pathway Essential for Driving Maternal Behaviors," *Neuron* 98, no. 1 (Apr. 4, 2018): 192–207.

110 「媽媽們，妳們包包裡最奇怪的東西是什麼？」："Strangest thing in your mom purse?," DC Urban Moms (and Dads), Dec. 10, 2019, https://www.dcurbanmom.com/jforum/posts/list/15/844578.page.

111 雖然前面提到有些令人哀傷的證據顯示媽媽的腦部灰質會減少：Pilyoung Kim et al., "The plasticity of human maternal brain: Longitudinal changes in brain anatomy during the early postpartum period," *Behavioural Neuroscience* 124, no. 5 (Oct. 2010): 695–700.

81 近年有項針對單親爸爸所做的加拿大研究：Maria Chiu et al., "Mortality in single fathers compared with single mothers and partnered parents: a population-based cohort study," *Lancet Public Health* 3, no. 3 (Mar. 1, 2018): e115–e123.

81 男性有太多要顧及的事情：Wenda Trevathan, *Ancient Bodies, Modern Lives* (New York: Oxford University Press, 2010), 16.

81 另一位學者指出，在「絕大多數」的人類文化中，媽媽和其他女性給予嬰兒的照顧都比爸爸多：Marc H. Bornstein, "Parenting × Gender × Culture × Time," in Wilcox and Kline, *Gender and Parenthood,* 98–99.

81 我很想打賭說：Alexandra Topping, "Finland: The only country where fathers spend more time with kids than mothers," *Guardian*, Dec. 5, 2017.

81 即使是在人類學家最喜歡觀察的：Bornstein, "Parenting × Gender × Culture × Time," 98.

82 但後來發生 Covid-19 新冠肺炎疫情：Tim Henderson, "Mothers are 3 times more likely than fathers to have lost jobs in the COVID-19 pandemic," *Chicago Tribune*, Sept. 30, 2020.

83 根據科學家的計算結果，在各個人類文化圈中：Rebecca Sear and Ruth Mace, "Who keeps children alive? A review of the effects of kin on child survival," *Evolution and Human Behavior* 29, no. 1 (January 2008): 1–18.

84 在古埃及時代，法老王還會把他的胎盤放在長杖上展示：Roberto Romero, "Images of the human placenta," *American Journal of Obstetrics and Gynecology* 213, no. 4, suppl. (Oct. 1, 2015): S1–S2.

86 有人在一九八〇年代做過一系列有名的實驗：Anne C. Ferguson-Smith and Deborah Bourc'his, "The discovery and importance of genomic imprinting," *eLife* 7 (Oct. 22, 2018): e42368; Raeburn, *Do Fathers Matter?*, 46–66.

86 但是在我們的遺傳密碼中，有不到百分之一的基因組：Marco Del Giudice and Jay Belsky, "Parent-Child Relationships," in Salmon and Shackelford, *Oxford Handbook*, 74–76.

86 雖然基因銘記也會在體內其他地方發生：Xu Wang et al., "Paternally expressed genes predominate in the placenta," *PNAS* 110, no. 26 (June 25, 2013): 10705–10; Courtney W. Hanna, "Placental imprinting: Emerging mechanisms and functions," *PLoS Genetics* 16, no. 4 (Apr. 23, 2020): e1008709.

87 生物學家認為，胎盤內的基因銘記現象：T. Moore, "Review: Parent–offspring conflict and the control of placental function," Placenta 33, suppl. (Feb. 2012): S33–S36; David Haig, "Maternal–fetal conflict, genomic imprinting and mammalian vulnerabilities to cancer," *Philosophical Transactions of the Royal Society* 370, no. 1673 (July 19, 2015): 20140178.

78 環境嚴苛度就是其中之一：David F. Bjorklund and Ashley C. Jordan, "Human Parenting from an Evolutionary Perspective," in *Gender and Parenthood: Biological and Social Scientific Perspectives*, ed. W. Bradford Wilcox and Kathleen Kovner Kline (New York: Columbia University Press, 2013), 74–76.

78 但另一方面，在有傳染病流行的地區，爸爸們比較可能會拋妻棄子：Hrdy, *Mother Nature*, 233.

78 在巴西爆發茲卡病毒一年後，記者回到疫區訪查：Ueslei Marcelino, "Mothers of babies afflicted by Zika fight poverty, despair," Reuters, Oct. 17, 2018, https://www.reuters.com/article/us-health-zika-brazil-widerimage/mothers-of-babies-afflicted-by-zika-fight-poverty-despair-idUSKCN1MR0F9

78 父子血緣關係的確定程度也很重要：Harald Euler, "Grandparents and Extended Kin," in Salmon and Shackelford, *Oxford Handbook*, 183.

78 目前的最高紀錄來自納米比亞的辛巴族部落：B. A. Scelza et al., "High rate of extrapair paternity in a human population demonstrates diversity in human reproductive strategies," *Science Advances* 6, no. 8 (Feb. 19, 2020): eaay 6195.

79 某項有趣的研究發現，爸爸們難得有一項觀察能力：Haiyan Wu et al., "The male advantage in child facial resemblance detection: Behavioral and ERP evidence," *Social Neuroscience* 8, no. 6 (2013): 555–67.

80 然而，有學者（或許該說是叛徒）：Robin Wilson and Piper Fogg, "On Parental Leave, Men Have It Easier," Chronicle of Higher Education, Jan. 7, 2005, https://www.chronicle.com/article/on-parental-leave-men-have-it-easier/.

80 這或許解釋了為什麼在整個學術圈當中，已婚爸爸：Katherine Ellison, *The Mommy Brain: How Motherhood Makes Us Smarter* (New York: Basic Books, 2005), 163.

80 另一份研究指出，有許多小孩不到兩歲的學者：Steven E. Rhoads and Christopher H. Rhoads, "Gender roles and infant/toddler care: Male and female professors on the tenure track," *Journal of Social, Evolutionary, and Cultural Psychology* 6, no. 1 (2012): 13–31.

80 有人針對同性戀爸爸們做了初步研究，結果特別有趣：Eyal Abraham et al., "Father's brain is sensitive to childcare experiences," *PNAS* 111, no. 27 (July 8, 2014): 9792–97.

80 如今有百分之二十七的孩子與親生父親分居：Raeburn, Do Fathers Matter?, 220; Sara McLanahan, Christopher Jencks, "Was Moynihan Right?," Education Next, Spring 2015, https://www.educationnext.org/was-moynihan-right/55 *America has the highest rate of single-mother-headed households in the world:* Kramer, "U.S.has world's highest rate of children living in single-parent households."

74　在某些實驗中，研究人員分別播放寶寶肚子餓時的啜泣聲：Corter and Fleming, "Psychobiology," 167.

74　我們也比較擅長記住寶寶的笑臉：ibid., 157.

74　媽媽想到寶寶的頻繁度是爸爸的兩倍：Raeburn, *Do Fathers Matter?*, 130.

74　我們也更常和寶寶說話：Katharine Johnson et al., "Gender Differences in Adult-Infant Communication in the First Months of Life," *Pediatrics* 134, no. 6 (Dec. 2014): e1603–10.

74　在一項實驗中，研究人員將錄音機藏在幼兒的衣服口袋內：Kevin Dudley, "Who Uses Baby Talk More—Moms or Dads?" WSU Health Sciences Spokane Extra, May 19, 2015, https://spokane.wsu.edu/extra/2015/05/19/who-uses-baby-talk-more-moms-or-dads/.

75　但即使孩子大一點之後：Daniel Paquette, "Theorizing the Father-Child Relationship: Mechanisms and Developmental Outcomes," *Human Development* 47, no. 4 (Aug. 2004): 193–219.

75　還有，在外工作的媽媽：Adele Eskes Gottfried, Allen W. Gottfried, and Kay Bathurst, "Maternal and Dual-Earner Employment Status and Parenting," in Bornstein, *Handbook of Parenting*, 2:214.

75　我們傾向給孩子安撫和擁抱：Daniel Paquette and Marc Bigras, "The risky situation: A procedure for assessing the father–child activation relationship," *Early Child Development and Care* 180, nos. 1–2 (2010): 33–50.

76　有人在坦尚尼亞的鄉間地區做了一項實驗：Jana Vyrastekova et al., "Mothers More Altruistic than Fathers, but Only When Bearing Responsibility Alone: Evidence from Parental Choice Experiments in Tanzania," *PLoS ONE* 9, no. 6 (June 25, 2014): e99952.

76　英國新堡大學的研究團隊找來九十一位男性：C. Allen et al., "Preparation for fatherhood: A role for olfactory communication during human pregnancy?," *Physiology & Behavior* 206 (July 1, 2019): 175–80.

77　例如有項研究顯示，請長時間陪產假、在第一時間陪伴新手媽媽的父親們：Lenna Nepomnyaschy and Jane Waldfogel, "Paternity leave and fathers' involvement with their young children," *Community, Work & Family* 10, no. 4 (2007): 427–53.

77　有一項囓齒動物研究發現，小鼠媽媽：Hong-Xiang Lu et al., "Displays of paternal mouse pup retrieval following communicative interaction with maternal mates," *Nature Communications* 4 (2013): 1346.

77　但是，幾乎每個地方的爸爸都會根據當地環境決定：Fabian Probst et al., "Do women tend while men fight or flee? Differential emotive reactions of stressed men and women while viewing newborn infants," *Psychoneuroendocrinology* 75 (Jan. 2017): 213–21.

71 現代父親顯然已經掌握不少育兒技巧：Gretchen Livingston, "Growing Number of Dads Home with the Kids," *Social & Demographic Trends*, Fact Tank, Pew Research Center, June 5, 2014.

71 現在的單親爸爸比以前更多：Stephanie Kramer, "U.S. has world's highest rate of children living in single-parent households," Pew Research Center, Dec. 12, 2019, https://www.pewsocialtrends.org/2014/06/05/growing-number-of-dads-home-with-the-kids/; Raeburn, Do Fathers Matter?, 213.

72 某篇研究提出一個有趣的問題：「為什麼男人在產後感覺更有魅力？」：Alicia D. Cast, Susan D. Stewart, and Megan J. Erickson, "Why do men feel more attractive after childbirth?" *Journal of Gender Studies* 22, no. 3 (2013): 335–43.

72 舉例來說，新手爸爸常有睾固酮濃度驟降的現象：Lee T. Gettler et al., "Longitudinal evidence that fatherhood decreases testosterone in human males," *PNAS* 108, no. 39 (Sept. 27, 2011): 16194–99.

72 在嬰兒暗示實驗中，相較於還沒有孩子的男性，新手爸爸們對於嬰兒的暗示行為：Alison S. Fleming et al., "Testosterone and Prolactin Are Associated with Emotional Responses to Infant Cries in New Fathers," *Hormones and Behavior* 42, no. 4 (Dec. 2002): 399–413; Ina Schicker, "For Fathers and Newborns, Natural Law and Odor," *Washington Post*, Feb. 26, 2001.

72 有些研究發現，媽媽和爸爸在與嬰兒互動時，腦部有類似的神經模式：Jennifer S. Mascaro, Patrick D. Hackett, and James K. Rilling, "Testicular volume is inversely correlated with nurturing-related brain activity in human fathers," *PNAS* 110, no. 39 (Sept. 24, 2013): 15746–51.

72 與孩子同住的爸爸們，甚至和媽媽一樣擅於分辨孩子的哭聲：Erik Gustafsson et al., "Fathers are just as good as mothers at recognizing the cries of their baby," *Nature Communications* 4 (2013): 1698.

73 根據當時的訪問調查，在孩子出生一年半之後：Caroline Pape Cowan et al., "Transitions to Parenthood: His, Hers, and Theirs," *Journal of Family Issues* 6, no. 4 (Dec. 1985): 451–81.

74 整體而言，母親對於小孩的情緒還是比較敏感：Christine E. Parsons et al., "Interpreting infant emotional expressions: Parenthood has differential effects on men and women," *Quarterly Journal of Experimental Psychology* 70, no. 3 (Mar. 2017): 554–64.

74 當小孩哭泣時：Raeburn, *Do Fathers Matter?*, 133.

74 只有聽起來比較緊急的哭聲：David Richter et al., "Long-term effects of pregnancy and childbirth on sleep satisfaction and duration of first-time and experienced mothers and fathers," *Sleep* 42, no. 4 (Apr. 2019): zsz015.

62 萊登大學的研究室最近發現：Elseline Hoekzema et al., "Pregnancy leads to long-lasting changes in human brain structure," *Nature Neuroscience* 20 (2017): 287– 96.

62 另一項研究發現，某些媽媽腦部的灰質減少程度可達百分之七：Angela Oatridge et al., "Change in Brain Size during and after Pregnancy: Study in Healthy Women and Women with Preeclampsia," *American Journal of Neuroradiology* 23, no. 1 (Jan. 2002): 19–26.

## 第二章：爸爸基因

66 在成為父母之前，這些性別差異就已經影響了我們：Rodrigo A. Cárdenas, Lauren Julius Harris, and Mark W. Becker, "Sex differences in visual attention toward infant faces," *Evolution and Human Behavior* 34, no. 4 (July 2013): 280–87; Irene Messina et al., "Sex-Specific Automatic Responses to Infant Cries: TMS Reveals Greater Excitability in Females than Males in Motor Evoked Potentials," *Frontiers in Psychology* 6, no. 1909 (Jan. 7, 2016): Amanda C. Hahn et al., "Gender differences in the incentive salience of adult and infant faces," *Quarterly Journal of Experimental Psychology* 66, no. 1 (Jan. 2013): 200–208.

66 更妙的是，在未生育族群中，育齡婦女：R. Sprengelmeyer et al., "The Cutest Little Baby Face: A Hormonal Link to Sensitivity in Cuteness in Infant Faces," *Psychological Science* 20, no. 2 (Feb. 2009): 149–54; Janek S. Lobmaier et al., "Menstrual cycle phase affects discrimination of infant cuteness," *Hormones and Behavior* 70 (Apr. 2015): 1–6.

66 在美國國家衛生研究院所做的一項實驗中：Nicola De Pisapia et al., "Sex Differences in Directional Brain Responses to Infant Hunger Cries," *NeuroReport* 24, no. 3 (Feb. 13, 2013): 142–46; "Women's, men's brains respond differently to hungry infant's cries," National Institutes of Health news release, May 6, 2013, https://www.nih.gov/news-events/news-releases/womens-mens-brains-respond-differently-hungry-infants-cries.

67 另一項實驗則是給受試者觀看不同的人臉照片，根據受試者的臉部溫度：Gianluca Esposito et al., "Using infrared thermography to assess emotional responses to infants," *Early Child Development and Care* 185, no. 3 (2015): 438–47.

68 雌鳥沒這麼逍遙快活：Douglas W. Mock, "The Evolution of Relationships in Nonhuman Families," in *Oxford Handbook of Evolutionary Family Psychology*, ed. Catherine Salmon and Todd Shackelford (New York: Oxford University Press, 2011), 59.

70 如母性行為學者蘿拉．格林在 TEDx 演講中所言：Glynn, "Decoding the Maternal Brain."

70 我們人類媽媽在理所當然地怨嘆爸爸是「豬隊友」或時常消失之餘：Mock, "The Evolution of Relationships," 59.

55 日本科學家運用「近紅外光譜技術」：Shota Nishitani, et al., "Differential prefrontal response to infant facial emotions in mothers compared with non-mothers," *Neuroscience Research* 70, no. 2 (Feb. 2011): 183–8.

55 神經反應這種意想不到的轉變，可能有助於解釋媽媽們：Linda Mayes, "The Neurobiology of Parenting and Attachment," Sigmund Freud Institut video, Mar. 15, 2012, https://www.youtube.com/watch?v=feUjK2PRwIM.

55 其他人可能會避開情緒不佳的孩子，但媽媽們卻彷彿受到某種動力驅使而想靠近他們：Erich Seifritz et al., "Differential sex-independent amygdala response to infant crying and laughing in parents versus nonparents," *Biological Psychiatry* 54, no. 12 (Dec. 15, 2003): 1367–75.

57 寶寶在媽媽眼中獨一無二，就算在實驗中和其他小孩穿著同樣的灰衣：G. Esposito et al., "Immediate and selective maternal brain responses to own infant faces," *Behavioural Brain Research* 278 (Feb. 1, 2015): 40–43.

58 根據研究顯示，光是撫摸他們柔嫩的小手背，我們就能分辨出哪個是自己的孩子：Marsha Kaitz et al., "Infant recognition by tactile cues," *Infant Behavior and Development* 16, no. 3 (July–Sept. 1993): 333–41.

58 就連他們尿布上的獨特氣味，對我們來説也很好聞：Trevor I. Case, Betty M. Repacholi, and Richard J. Stevenson, "My baby doesn't smell as bad as yours: The plasticity of disgust," *Evolution and Human Behavior* 27, no. 5 (Sept. 2006): 357–65.

58 聽到自己五個月大的寶寶啼哭，我們的心跳會加快：Alan R Wiesenfeld, Carol Zander Malatesta, and Linda L. Deloach, "Differential parental response to familiar and unfamiliar infant distress signals," *Infant Behavior and Development* 4 (Mar. 1981): 281–95.

59 事實上，在產後四十八小時內：David Fornby, "Maternal Recognition of Infant's Cry," *Developmental Medicine & Child Neurology* 9, no. 3 (June 1967): 293–98.

60 大約九成的新手媽媽都表示自己「愛上」剛出生的寶寶：Bornstein, "Determinants of Parenting," 2.

60 母愛是地球上最原初的戀愛：Michael Numan and Larry J. Young, "Neural mechanisms of mother–infant bonding and pair bonding: Similarities, differences, and broader implications," *Hormones and Behavior* 77 (Jan. 2016): 98–112.

61 剛成為媽媽的女人心思經常在寶寶身上：Paul Raeburn, Do Fathers Matter? *What Science Is Telling Us About the Parent We've Overlooked* (New York: Farrar Straus & Giroux, 2013), 130.

61 科學家認為這種寶寶狂熱或許能解釋強迫症在演化上的基礎：Emily S. Miller et al., "Obsessive-Compulsive Symptoms During the Postpartum Period," *Journal of Reproductive Medicine* 58, nos. 3–4 (Mar.–Apr. 2013): 115–22.

41 近年有一項相當可愛的實驗：Gillian S. Forrester et al., "The left cradling bias: An evolutionary facilitator of social cognition?," *Cortex* 118 (Sept. 2019): 116–31.

42 在二〇一二年的一項研究當中，研究人員找來一些沒有子女的義大利成人，讓他們觀看陌生嬰兒：Andrea Caria et al., "Species-specific response to human infant faces in the premotor cortex," *NeuroImage* 60, no. 2 (Apr. 2, 2012): 884–93.

42 這種反應也超越了人種與民族：Gianluca Esposito et al., "Baby, You Light-Up My Face: Culture-General Physiological Responses to Infants and Culture-Specific Cognitive Judgements of Adults," *PLoS ONE* 9, no. 10 (Oct. 29, 2014): e106705.

42 英國有一項針對神經外科病患做的研究：Christine E. Parsons et al., "Ready for action: a role for the human midbrain in responding to infant vocalizations," *Social Cognitive and Affective Neuroscience* 9, no. 7 (July 2014): 977–84.

43 有項研究室實驗顯示，聽到嬰兒哭聲的成人：Christine E. Parsons et al., "Listening to infant distress vocalizations enhances effortful motor performance," *Acta Paediatrica* 101, no. 4 (2012): e189–e191.

44 在另一個以氣味為主的研究當中，研究人員給受試者聞起司、香料和嬰兒的衣服：Alison S. Fleming et al., "Postpartum factors related to mother's attraction to newborn infant odors," *Developmental Psychobiology* 26, no. 2 (Mar. 1993): 115–32.

52 同樣地，雖然我是在新生兒加護病房第一眼見到女兒時，突然感覺到難以招架的龐大愛意：Carl M. Corter and Alison S. Fleming, "Psychobiology of Maternal Behavior in Human Beings," in *Handbook of Parenting, 2nd ed.*, vol. 2, *Biology and Ecology of Parenting*, ed. Marc H. Bornstein (Mahwah, NJ: Lawrence Erlbaum 2002), 147.

53 早年曾有一項實驗，訓練剛生產完的母鼠只要按壓控制桿就能獲得鼠寶寶：W. E. Wilsoncroft, "Babies by bar-press: Maternal behavior in the rat," *Behavior Research Methods & Instrumentation* 1 (1968): 229–30.

53 你可以弄瞎牠：Frank A. Beach and Julian Jaynes, "Studies of Maternal Retrieving in Rats. III. Sensory Cues Involved in the Lactating Female's Response to Her Young," *Behaviour* 10, no. 1 (1956): 104–25. L. R. Herrenkohl, P. A. Rosenberg, "Exteroceptive stimulation of maternal behavior in the naive rat," Physiology & Behavior 8, no. 4 (Apr. 1972): 595–98.

54 在二〇一三年的一項氣味實驗中，科學家請三十位女性嗅聞某個不明物體：Johan N. Lundström et al., "Maternal status regulates cortical responses to the body odor of newborns," *Frontiers in Psychology* 4 no. 597 (Sept. 5, 2013).

54 二〇一四年有項實驗名為：Chloe Thompson-Booth et al. "Here's looking at you, kid: attention to infant emotional faces in mothers and non-mothers," *Developmental Science* 17, no. 1 (Jan. 2014): 35–46.

37 有篇報導的標題是「如廁訓練：科學上的未解之謎」（Potty Training Is a Scientific Mystery），這是媽媽們也常束手無策的難題：Melissa Dahl, "Potty Training Is a Scientific Mystery," New York, Sept. 15, 2014.

37 兒童學會控制大小便的平均年齡不斷提高：Susan Davis, "Potty Training: Seven Surprising Facts," Grow (blog), WebMD, https://www.webmd.com/parenting/features/potty-training-seven-surprising-facts#1; Zachary Crockett, "The Evolution of Potty Training," Priceonomics, Sept. 16, 2014, https://priceonomics.com/the-evolution-of-potty-training/.

37 難怪媽媽們紛紛加入像 Loom 這樣的團體：Sheila Marikar, "A Club for New Parents in Los Angeles," *New Yorker*, Sept. 11, 2017.

38 人類媽媽或許也有一點這樣的「築巢本能」：Marla V. Anderson and M. D. Rutherford, "Evidence of a nesting psychology during human pregnancy," *Evolution and Human Behavior* 34, no. 6 (Nov. 2013): 390–97.

39 基本上，研究人員在實驗觀察中可以輕易判斷是媽媽在講話：Elise A. Piazza, Marius C□t□lin Iordan, and Casey Lew-Williams, "Mothers Consistently Alter Their Unique Vocal Fingerprints When Communicating with Infants," *Current Biology* 27, no. 20 (Oct. 23, 2017): 3162–67.

39 唱歌哄寶寶也不算普遍的行為：Helen Shoemark and Sarah Arnup, "A survey of how mothers think about and use voice with their hospitalized newborn infant," *Journal of Neonatal Nursing* 20, no. 3 (June 2014): 115–21.

40 有八成左右的右撇子女性：Sarah Blaffer Hrdy, *Mother Nature: A History of Mothers, Infants and Natural Selection* (New York: Pantheon Books, 1999), 105.

40 研究人員近來在各種哺乳類媽媽身上記錄到偏好左側的現象：Andrey Giljov, Karina Karenina, and Yegor Malashichev, "Facing each other: mammal mothers and infants prefer the position favouring right hemisphere processing," *Biology Letters* 14, no. 1 (Jan. 10, 2018).

40 最近研究人員在翻閱家族相簿後發現：Gianluca Malatesta, "The left-cradling bias and its relationship with empathy and depression," *Scientific Reports* 9, no. 6141 (Apr. 2019): 1–9.

41 還有一些很有意思的研究顯示，常被母親抱在右側的嬰兒，長大後解讀他人臉部情緒的能力較為低落：M. P. Vervloed, A. W. Hendriks, and E. van den Eijnde, "The effects of mothers' past infant-holding preferences on their adult children's face processing lateralisation," *Brain and Cognition* 75, no. 3 (Apr. 2011): 248–54; A. W. Hendriks, M. van Rijswijk, and D. Omtzigt, "Holding-side influences on infant's view of mother's face," *Laterality* 16, no. 6 (2011): 641–55.

23 微軟的聰明專家們：Munmun De Choudhury, Scott Counts, and Eric Horvitz, "Major life changes and behavioral markers in social media: case of childbirth." *CSCW '13: Proceedings of the 2013 Conference on Computer Supported Cooperative Work* (Feb. 2013): 1431–42.

23 最後，我們還是關鍵選民：Jill S. Greenlee, *The Political Consequences of Motherhood* (Ann Arbor, MI: University of Michigan Press, 2014), 166.

23 本書完成時，家有未成年子女的女性議員人數已達二十多位：Julia Marin Hellwege and Lisa A. Bryant, "Congress has a record number of mothers with children at home. This is why it matters," *Monkey Cage* (blog), *Washington Post*, Feb. 15, 2019.

24 現在的準媽媽得到憂鬱症的比率，比我們媽媽那一輩高出百分之五十：Rebecca M. Pearson, et al., "Prevalence of Prenatal Depression Symptoms Among 2 Generations of Pregnant Mothers" *JAMA Network Open* 1, no. 3 (July 2018): e180725.

25 普林斯頓大學主導的一項研究顯示：The Avon Longitudinal Study of Parents and Children, Ilyana Kuziemko et al., "The Mommy Effect: Do Women Anticipate the Employment Effects of Motherhood?" (NBER Working Paper No. 24740, National Bureau of Economic Research, June 2018).

## 第一章：媽媽動力

28 綿羊為群居動物：P. Mora Medina et al., "Sensory factors involved in mother-young bonding in sheep: A review," Veterinární medicína 61, no. 11 (Jan. 2018): 595–611.

31 在一項實驗中，研究人員將小羊放在：Frédéric Lévy, Matthieu Keller, and Pascal Poindron, "Olfactory regulation of maternal behavior in mammals," *Hormones and Behavior* 46, no. 3 (Oct. 2004): 284–302; Frédéric Lévy, "Neural Substrates Involved in the Onset of Maternal Responsiveness and Selectivity in Sheep," in *Neurobiology of the Parental Brain*, ed. Robert S. Bridges (Burlington, MA: Elsevier 2008), 26.

31 生產後，母羊很快就會記住自己小孩特有的氣味：Barend V. Burger et al., "Olfactory Cue Mediated Neonatal Recognition in Sheep, Ovis aries," *Journal of Chemical Ecology* 37, no. 10 (Oct. 2011): 1150–63.

32 在一項實驗中，加拿大研究人員給新手媽媽們聞三一冰淇淋的冰淇淋桶：Alison S. Fleming, Meir Steiner, and Carl Corter, "Cortisol, Hedonics, and Maternal Responsiveness in Human Mothers," *Hormones and Behavior* 32, no. 2 (Oct. 1997): 85–98.

18 令人滿意的是，最新的科學發現呼應了：Jessica Wang, "Mindy Kaling's Mother's Day Post Is About Seeing the Holiday Through Her Daughter's Eyes," Bustle, May 10, 2020, https://www.bustle.com/p/mindy-kalings-mothers-day-post-includes-ode-to-her-daughter-22889571.

19 有一項費時數年的研究顯示，許多人類媽媽在產後母愛爆發：Lauren J. Ralph, Diana Green Foster, and Corinne H. Rocca, "Comparing Prospective and Retrospective Reports of Pregnancy Intention in a Longitudinal Cohort of U.S. Women," *Perspectives on Sexual and Reproductive Health* 52, no. 1 (2020): 39–48.

20 在澳洲，則是可以看到「衝浪媽媽」：Carina Chocano, "The Coast of Utopia," *Vanity Fair*, Aug. 2019.

22 每天，全世界都有數以萬計的女性成為母親：Marc H. Bornstein, "Determinants of parenting," in *Developmental Psychopathology*, 3rd ed., vol. 4, *Risk, Resilience, and Intervention*, ed. Dante Cicchetti (Hoboken, NJ: John C. Wiley and Sons, 2016), 1.

22 西方世界的出生率不斷下降，或許會讓人覺得：Claire Cain Miller, "The U.S. Fertility Rate Is Down, Yet More Women Are Mothers," *New York Times*, Jan. 18, 2018.

22 就連千禧世代也加入當媽的行列：Gretchen Livingston, "More than a million Millennials are becoming moms each year," *Fact Tank*, Pew Research Center, May 4, 2018, https://www.pewresearch.org/fact-tank/2018/05/04/more-than-a-million-millennials-are-becoming-moms-each-year/.

22 我們在美國勞動市場上占了驚人的比例：Mark DeWolf, "12 Stats About Working Women," U.S. Department of Labor Blog, Mar. 6, 2017, https://www.ishn.com/articles/105943-stats-about-working-women.

22 行銷公司渴望弄清楚：Joe Pinsker, "How Marketers Talk About Motherhood Behind Closed Doors," *Atlantic*, Oct. 10, 2018.

22 根據最新研究顯示，媽媽們……滑手機看購物應用程式：Connie Hwong, "4 Ways that New Babies Influence Consumer Behavior," vertoanalytics.com, Mar. 13, 2017, https://vertoanalytics.com/4-ways-babies-influence-consumer-behavior/. Bill Page et al., "Parents and children in supermarkets: Incidence and influence," *Journal of Retailing and Consumer Services* 40 (Jan. 2018): 31–39.

23 「別忘了媽媽有多『辛勞苦悶』」：Rebecca Brooks, "Mothers Have Higher Fear And Anxiety Than Fathers: What Does It Mean for Brands?," Forbes.com, Mar. 3, 2020, https://www.forbes.com/sites/forbesagencycouncil/2020/03/03/mothers-have-higher-fear-and-anxiety-than-fathers-what-does-it-mean-for-brands.

11 「這是演化生物學，」……喬德里表示：Rina J. Kara et al., "Fetal Cells Traffic to Injured Maternal Myocardium and Undergo Cardiac Differentiation," *Circulation Research* 110, no. 11 (Nov. 14, 2011) 82–93.

11 荷蘭有一項為期十年的研究：Mads Kamper-Jorgensen et al., "Male microchimerism and survival among women," *International Journal of Epidemiology* 43, no. 1 (Feb. 2014): 168–73.

11 有個著名案例是這樣的：Kirby L. Johnson et al., "Significant fetal cell microchimerism in a nontransfused woman with hepatitis C: evidence of long-term survival and expansion," *Hepatology* 36, no. 5 (Nov. 2002): 1295–97.

12 媽媽們只要曾經看過孩子……都會了解這種甜蜜的背叛：William F. N. Chan et al., "Male Microchimerism in the Human Female Brain," *PLoS ONE* 7, no. 9 (Sept. 26, 2012): e45592.

15 某篇科學文獻相當刻薄地記載了……典型媽媽體態：Jonathan C. K. Wells, Lewis Griffin, and Philip Treleaven, "Independent changes in female body shape with parity and age: A life-history approach to female adiposity," *American Journal of Human Biology* 22, no. 4 (July–Aug. 2010): 456–62.

15 我們也發現，老人家說的：Stefanie L. Russell, Jeannette R. Ickovics, and Robert A. Yaffe, "Exploring Potential Pathways Between Parity and Tooth Loss Among American Women," *American Journal of Public Health* 98, no. 7 (July 2008): 1263–70; Frank Gabel et al, "Gain a child, lose a tooth? Using natural experiments to distinguish between fact and fiction," *Journal of Epidemiology and Community Health* 72, no. 6 (2018): 552–556.

15 牙齒掉光的老媽媽們：Tara Bahrampour, "Women's reproductive history may predict Alzheimer's risk," *Washington Post*, July 23, 2018.

15 雖然有五成以上的新手媽媽：Jeffery C. Mays, "1 in 5 Mothers Gets Post-Partum Depression. New York City Plans to Help," *New York Times*, Feb. 5, 2020; "Baby Blues After Pregnancy," March of Dimes, Feb. 2017.

16 舉例來說，女性在產後第一個月：Laura M. Glynn, Mariann A. Howland, and Molly Fox, "Maternal programming: Application of a developmental psychopathology perspective," *Development and Psychopathology* 30, no. 3 (Aug. 2018): 905–19; Esther Landhuis, "Why Women May Be More Susceptible to Mood Disorders," ScientificAmerican.com, Apr. 14, 2020, https://www.scientificamerican.com/article/why-women-may-be-more-susceptible-to-mood-disorders.

18 一個世紀前，甚至是在更接近現在的年代：Ira Henry Freeman, "Kidnapper Seized; Baby Well, Happy," *New York Times*, May 21, 1953; "Kidnappings Laid to 'Mother Mania,' " *New York Times*, Aug. 26, 1923. "Wife Who Leaves Explains Herself," *New York Times*, July 30, 1912.

# | 參考資料 |

## 序言：老鼠和媽咪

6 約有百分之五十的媽媽會自動好轉：Gregory Lim, "Do fetal cells repair maternal hearts?," Nature Reviews Cardiology 9, no. 67 (Feb. 2012); G. M. Felker et al., "Underlying Causes and Long-Term Survival in Patients with Initially Unexplained Cardiomyopathy," *New England Journal of Medicine* 342, no. 15 (Apr. 13, 2000): 1077–84.

6 有些媽媽甚至在短短一兩週之內，心臟功能就恢復到像新的一樣：Lili Barouch, "Peripartum Cardiomyopathy," Johns Hopkins Heart and Vascular Institute, accessed Oct. 21, 2020, https://www.hopkinsmedicine.org/health/conditions-and-diseases/peripartum-cardiomyopathy; Felker et al. "Underlying Causes."

9 對於地球上人數約莫二十億左右的人類媽媽，科學界還有許多事情有待研究：Save the Children, *State of the World's Mothers 2000*, May 2000, https://www.savethechildren.org/content/dam/usa/reports/advocacy/sowm/sowm-2000.pdf.

9 全世界有超過九成的女性成為媽媽：Laura Glynn, "Decoding the Maternal Brain," TEDx Talks video, July 3, 2014, https://www.youtube.com/watch?v=71LT-MnfMEY.

10 一直到二〇一四年，美國國家衛生研究院才承認在研究上「過度依賴雄性動物和細胞」：Janine A. Clayton and Francis S. Collins, "Policy: NIH to balance sex in cell and animal studies," Nature 509, no. 7500 (May 14, 2014): 282–83.

10 現在終於有越來越多學者：R. Lee et al., "Through babies' eyes: Practical and theoretical considerations of using wearable technology to measure parent-infant behaviour from the mothers' and infants' view points," *Infant Behavior and Development* 47 (May 2017): 62–71.

10 把麥克風縫在寶寶的連身服裡：Laura Sanders, "Here's some slim science on temper tantrums," ScienceNews, Apr. 22, 2016.

11 雖然喬德里和研究團隊希望他們的微嵌合研究：Sangeetha Vadakke-Madathil et al., "Multipotent fetal-derived Cdx2 cells from placenta regenerate the heart," *PNAS* 116, no. 24 (June 11, 2019): 11786–95; Amy M. Boddy et al., "Fetal microchimerism and maternal health: A review and evolutionary analysis of cooperation and conflict beyond the womb," *BioEssays* 37, no. 10 (Oct. 2015): 1106–18.

earth 018

# 母性是本能？最新科學角度解密媽媽基因

原著書名／Mom Genes: Inside the New Science of Our Ancient Maternal Instinct
作　　者／艾比蓋爾．塔克（Abigail Tucker）
譯　　者／黃于薇
企畫選書／辜雅穗
責任編輯／辜雅穗

總 編 輯／辜雅穗
總 經 理／黃淑貞
發 行 人／何飛鵬
法律顧問／台英國際商務法律事務所　羅明通律師
出　　版／紅樹林出版
臺北市中山區民生東路二段 141 號 7 樓
電話：(02) 2500-7008　傳真：(02) 2500-2648
發　　行／英屬蓋曼群島商家庭傳媒股份有限公司城邦分公司
聯絡地址：台北市中山區民生東路二段 141 號 2 樓
書虫客服服務專線：(02) 25007718．(02) 25007719
24 小時傳真服務：(02) 25001990．(02) 25001991
服務時間：週一至週五 09:30-12:00．13:30-17:00
郵撥帳號：19863813　戶名：書虫股份有限公司
讀者服務信箱 email：service@readingclub.com.tw
城邦讀書花園：www.cite.com.tw
香港發行所／城邦（香港）出版集團有限公司
地址：香港灣仔駱克道 193 號東超商業中心 1 樓
email：hkcite@biznetvigator.com
電話：(852)25086231　傳真：(852) 25789337
馬新發行所／城邦（馬新）出版集團 Cité(M)Sdn. Bhd.
41, Jalan Radin Anum, Bandar Baru Sri Petaling,
57000 Kuala Lumpur, Malaysia.
電話：(603 ) 90578822　傳真：(603) 90576622
email:cite@cite.com.my

封面設計／李東記
內頁排版／葉若蒂
印　　刷／卡樂彩色製版印刷股份有限公司
經 銷 商／聯合發行股份有限公司
電話：(02)291780225　傳真：(02)29110053

2022 年 3 月初版　　Printed in Taiwan
定價 650 元

ISBN 978-986-06810-7-9

Mom Genes: Inside the New Science of Our Ancient Maternal Instinct
by Abigail Tucker

國家圖書館出版品預行編目 (CIP) 資料

母性是本能？最新科學角度解密媽媽基因 / 艾比蓋爾 . 塔克 (Abigail Tucker) 作 ; 黃于薇譯 . -- 初版 . -- 臺北市 : 紅樹林出版 : 英屬蓋曼群島商家庭傳媒股份有限公司城邦分公司發行 , 2022.03　416 面 ; 14.8*21 公分 . -- (earth ; 18)
譯自 : Mom Genes: Inside the New Science of Our Ancient Maternal Instinct.
ISBN 978-986-06810-7-9( 平裝 )

1.CST: 母親 2.CST: 女性心理學

544.141　　111002217